CROSSBILL GUIDES

Irland

Crossbill Guides: Irland
Ausgabe 2023
Erstmals erschienen in englischer Sprache: 2022

Text und Recherche: Carsten Krieger
Redaktion: Dirk Hilbers, John Cantelo, Sean McKay, Kim Lotterman
Übersetzung: Carsten Krieger
Illustrationen: Horst Wolter
Karten: Alex Tabak, Dirk Hilbers
Layout: Oscar Lourens
Druck: ORO grafic projectmanagment / PNB Letland

ISBN 978-94-91648-29-8

Dieses Buch wurde auf FSC- und PEFC-zertifiziertem Papier gedruckt. Unser Druckprozess ist CO2-neutral. Um die CO2-Emissionen des Druckprozesses zu kompensieren, haben wir in das Projekt "Nachhaltige Landwirtschaft für die Zukunft" investiert. Mehr Informationen finden Sie unter www.southpole.com unter dem aufgeführten Projekt. Das Zertifikat für den CO2-Ausgleich finden Sie auf unserer Website unter Downloads auf der Seite des Irland-Führers.

www.crossbillguides.org
www.saxifraga.nl

SAXIFRAGA foundation

CROSSBILL
GUIDES
FOUNDATION

Der vorliegende Reiseführer ist ein Produkt der gemeinnützigen Stiftung Crossbill Guides. Mit der Veröffentlichung unserer Bücher möchten wir dem Leser die Schönheit des europäischen Naturerbes näherbringen und zum Verständnis der ökologischen Werte, die Naturschutzbemühungen zugrunde liegen, beitragen. Ein Großteil des Naturerbes steht aus ökologischen Gründen unter Schutz und wir möchten der breiten Öffentlichkeit einen Einblick in diese Hintergründe gewähren, um mehr Menschen zu einer aktiven Unterstützung des Naturschutzes zu bewegen.
Weitere Informationen über uns und unsere Reiseführer finden Sie auf unserer Website:

WWW.CROSSBILLGUIDES.ORG

Höhepunkte Irlands

1 Der Burren.
Eine Karstlandschaft an der Westküste. Unerwartet, seltsam schön und weltweit bekannt für seine Flora.

2 Atlantische Deckenmoore.
Irland beherbergt 8 % aller weltweiten *Blanket Bogs*, eines einzigartigen Lebensraums, der sich in Irland von der Küste bis zu den Berggipfeln erstreckt.

3 Wale und Delfine beobachten.
Irlands Küstengewässer ziehen Buckelwale, Finnwale, Gemeine Delfine, Große Tümmler und andere Wale als auch Riesenhaie an.

4 Die Shannon Dolphins.
Über 100 Große Tümmler leben ständig im Mündungsgebiet des Flusses Shannon und können sowohl vom Land als auch vom Boot aus beobachtet werden.

5 Machair.
Ein seltenes, kalkreiches Grasland, das nur an den Westküsten Irlands und Schottlands vorkommt und reich an Wildblumen ist.

6 Vogelbeobachtung.
Irland ist zu jeder Jahreszeit ein Paradies für Vogelbeobachter: brütende Seevögel im Sommer, Wat- und Wasservögel im Winter, Sing- und Greifvögel das ganze Jahr über und einige Raritäten wie das Moorschneehuhn und die Alpenkrähe.

7 Great Saltee.
Eine kleine Insel an der Südküste, die von ihrem menschlichen Besitzer an die Vögel zurückgegeben wurde: Papageientaucher, Tordalk, Basstölpel, Eissturmvogel, Dreizehenmöwe und andere brüten hier den Sommer über und können aus nächster Nähe beobachtet werden.

8 Die Shannon Callows.
Eines der letzten ungestörten Überschwemmungsgebiete Europas, ein Paradies für Vögel und Wildblumen.

Über diesen Reiseführer

Bootsfahrt oder Fährüberfahrt

Autoroute

Fahrradroute

Wanderroute

Reizvolle Landschaften

Interessante Geschichte

Interessante Geologie

Dieses Buch richtet sich an alle, die sich gerne in der Natur aufhalten und mehr über die Zusammenhänge und Interaktionen zwischen Tieren, Pflanzen und deren Lebensraum lernen möchten, unabhängig davon, ob Ihr Interesse an der Natur gerade erst geweckt wurde oder ob Sie ein erfahrener Naturliebhaber sind.

Die Crossbill Guides sind etwas anders aufgebaut als die meisten Reiseführer. Anstelle reiner Ortsbeschreibungen, legen wir den Schwerpunkt auf die Erläuterung der naturgeschichtlichen und ökologischen Merkmale eines Gebietes. Wir haben uns für diesen Ansatz entschieden, da die Natur mit viel mehr Interesse, Freude und Wertschätzung wahrgenommen wird, wenn sie im Kontext ihrer komplexen ökologischen Beziehungen betrachtet wird. Das Zusammenspiel der verschiedenen Arten untereinander sowie mit ihrer Umwelt ist faszinierend. Die immer wieder überraschenden Lösungen, mit denen die Tiere und Pflanzen die Herausforderungen des Lebens meistern, sind ebenso fesselnd wie unzählig.

Nehmen wir zum Beispiel unseren Namensvetter, den Fichtenkreuzschnabel (Crossbill): Auf den ersten Blick ist er lediglich ein großer Fink mit einem unförmigen Schnabel. Doch hinter dieser Fassade verbirgt sich mehr, als man auf den ersten Blick wahrnimmt. Der Schnabel ist hervorragend an das Leben in Nadelwäldern angepasst. Er wird wie eine Schere benutzt, um Kiefernzapfen aufzuschneiden und an die Samen zu gelangen, die für andere Vögel unerreichbar sind. In den skandinavischen Ländern, wo Kiefern und Fichten den größten Teil der Wälder ausmachen, haben mehrere Kreuzschnabelarten jeweils ihre eigene Antwort auf zwei der drängendsten Fragen des Lebens gefunden: Wie komme ich an Nahrung und wie vermeide ich direkte Konkurrenz? Durch die Entwicklung gekreuzter Schnäbel, die sich von Art zu Art auf subtile Weise unterscheiden, haben sich die Vögel ihr Monopol auf die Samen gesichert, die von Zapfen unterschiedlicher Größe produziert werden. Diese Beziehung ist so komplex, dass Wissenschaftler immer noch darüber streiten, wie viele verschiedene Arten von Kreuzschnäbeln es tatsächlich gibt. Das sollte die Wertschätzung für einen auf den ersten Blick plumpen Vogel mit einem Schnabel, der sich nicht richtig schließen lässt, erhöhen. Sobald man die Zusammenhänge erkennt, wird die Natur lebendig, egal wo man sich befindet.

Das Fernsehen hat uns virtuell mit der Wildnis des Amazonas, der Weite der Serengeti und der Erhabenheit des Yellowstone vertraut gemacht, und neben diesen Naturwundern mag die europäische Natur wie ein armseliges Surrogat erscheinen, das nur für einen gelegentlichen Spaziergang gut ist. Kurz gesagt, wenn man keinem Jaguar, Löwen oder Grizzlybären begegnet, kann man nicht von Wildnis sprechen? Das ist natürlich Unsinn.

Aber wohin soll ein Ausflug führen? Und warum? Und wie? Was gibt es dort

zu sehen? Genau hier kommt dieser Reiseführer ins Spiel. Wir beschreiben die schönsten und interessantesten Gegenden Europas und beantworten alle Fragen vom „Wie“, über das „Warum“ bis zum „Wann“.
In verständlicher Sprache erklären wir die Naturbesonderheiten der Region und bieten detaillierte Routen an, auf denen sich die dort lebenden Tiere und Pflanzen und deren Lebensräume am besten erforschen lassen. Wir versuchen, Irland für Sie lebendig werden zu lassen. Wir hoffen, dass uns das gelingt.

Zur Benutzung des Reiseführers

Dieser Reiseführer enthält einen theoretischen und einen praktischen Teil. Er beginnt mit dem theoretischen Teil, der Ihnen einen Überblick über das Land bzw. die Region bietet und einen Einblick in die wichtigsten, markantesten und interessantesten Naturphänomene vermittelt. Der theoretische Teil besteht aus einem Abschnitt, der die Landschaft beschreibt (rot gekennzeichnet) und unter anderem Informationen über Geologie und Lebensräume beinhaltet, und einem Abschnitt über die Flora und Fauna der Region (grün gekennzeichnet).
Der zweite Teil des Führers bietet praktische Informationen (violett gekennzeichnet). Hier haben wir eine Reihe von Routen (Wanderungen und Autotouren) und anderen interessanten Exkursionszielen ausgewählt, die Ihnen einen guten Eindruck der Lebensräume, Flora und Fauna vermitteln, die Irland zu bieten hat. Am Anfang jeder Routenbeschreibung geben eine Reihe von Symbolen einen schnellen Überblick über die Merkmale der jeweiligen Route. Diese Symbole werden am Rande dieser Seite erläutert. Der letzte Teil des Buches (mit blauen Rechtecken gekennzeichnet) enthält grundlegende Reiseinformationen und einige Tipps zum Auffinden und Beobachten von Pflanzen, Vögeln und anderen Tieren.
Es ist nicht nötig, das Buch von vorne bis hinten zu lesen. Jedes Kapitel kann für sich allein gelesen werden und verweist auf die Routen, die sich am besten zur Entdeckung des beschriebenen Themas eignen. Umgekehrt verweisen die Routenbeschreibungen auf die Kapitel, in denen die typischsten Merkmale, die entlang des Weges zu sehen sind, näher erläutert werden.
Einige Artennamen sind mit einem Sternchen (*) versehen. Dies bedeutet, dass es keinen offiziellen deutschen Namen für diese Arten gibt. Zugunsten der Lesbarkeit verwenden wir einen inoffiziellen deutschen Namen mit dem wissenschaftlichen Namen dahinter.
Eine Übersicht über das in diesem Buch beschriebenen Gebiet finden Sie auf der Karte auf Seite 12. Zu Ihrer Erleichterung haben wir auch die Innenseite der hinteren Umschlagklappe in eine Karte des Gebietes verwandelt, auf der alle beschriebenen Routen eingezeichnet sind.

Interessante Flora

Interessante wirbellose Tiere

Interessante Reptilien und Amphibien

Interessante Säugetiere

Interessante Vogelwelt

Schnorchelmöglichkeit

Interessante Wale und Delfinen

Veranschaulichung des in diesem Buch beschriebenen ökologischen Zusammenhangs

Inhaltsverzeichnis

Liste der Textkästen

DIE LANDSCHAFT

Irland, lange Zeit beworben als „Europas Grüne Ferieninsel", ist ein Stück Land nur wenig größer als Bayern, am äußersten Rande Europas. Hier erheben sich sattgrüne Felder entlang einer malerischen Küste, die unerbittlich vom Atlantik umspült wird. Einst war Irland bekannt als das *Land of Saints and Scholars* (Land der Heiligen und Gelehrten) und zog Pilger und Studenten aus ganz Europa an. Heute ziehen die vielzitierten *40 Shades of Green* Besucher aus der ganzen Welt an. Irland ist ein Land, in dem Geschichte und Legende nur schwer voneinander zu trennen sind, ein Land bekannt für seine Gastfreundschaft, wo Feen, Kobolde und andere mystische Gestalten umherziehen und ein Land mit unberührter Natur. Diese und andere Klischees halten sich hartnäckig.

Während sich Irland in den letzten Jahrzehnten von einem etwas rückständigen Außenposten zu einem modernen Staat gewandelt hat, ist seine Landschaft zumindest optisch unverändert geblieben. Trotz seines Rufs ist Irland viel mehr als nur grüne Felder und Hecken. Was dieses Land so außergewöhnlich macht, ist seine landschaftliche Vielfalt, die von ruhigen Seen über ausgedehnte Moorgebiete bis hin zu hoch aufragenden Bergketten reicht. Auch die Küste ist abwechslungsreich, mit langen Sandstränden, felsigen Ufern und Klippen, weiten Wattflächen und Salzwiesen. Dazwischen liegt die berühmte Agrarlandschaft mit durch Hecken und Steinmauern getrennten Weiden und den wenigen verbliebenen Wäldern des Landes.

Zu diesen Landschaften gesellt sich das ständig wechselnde Wetter. Das berüchtigte irische Wetter bedeutet nicht nur eine schnelle Abfolge von Sonnenschein und Regenschauern. Winde mit Orkanstärke können innerhalb einer Stunde abflauen und durch Windstille ersetzt werden. Auf sintflutartigen Regen kann ein herrlicher Sonnenuntergang folgen, und der Morgennebel kann im Handumdrehen verschwinden und einem Tag mit strahlend blauem Himmel weichen. Dieses Wetter prägt auch das einzigartig irische Licht: Sonnenstrahlen bahnen sich ihren Weg durch die Wolken und tanzen auf den Berghängen und eine sich plötzlich auflösende Wolkendecke sorgt für die unglaublichen Farbspektakel, die in der Morgen- und Abenddämmerung möglich sind. Kein Wunder, dass Künstler aller Art von Irland angezogen wurden, und auch heute noch kommen viele Besucher mit dem einzigen Ziel, zu malen, zu fotografieren oder zu schreiben.

Die Tatsache, dass diese wunderbare Landschaft auch eine einzigartige Tier- und Pflanzenwelt beherbergt, ist weitgehend unbekannt. Für viele ist es eine Überraschung, dass Irland eine Hochburg für gefährdete Vögel ist, einer der besten Orte in Europa, um Wale und Delfine zu beobachten und um außergewöhnliche Pflanzen zu entdecken.

Das „typische" Irland: Steilklippen and der Westküste am Loop Head, Grafschaft Clare (Route12).

Irland im Überblick

Die irische Insel bedeckt eine Fläche von 84.421 Quadratkilometern und liegt am nordwestlichen Rand Europas. Von ihrer Nachbarinsel Großbritannien ist sie durch den Nordkanal und die Irische See getrennt. Im Süden Irlands bildet die Keltische See eine natürliche Grenze zu Frankreich und Kontinentaleuropa. Im Westen und Norden liegt der Atlantische Ozean.

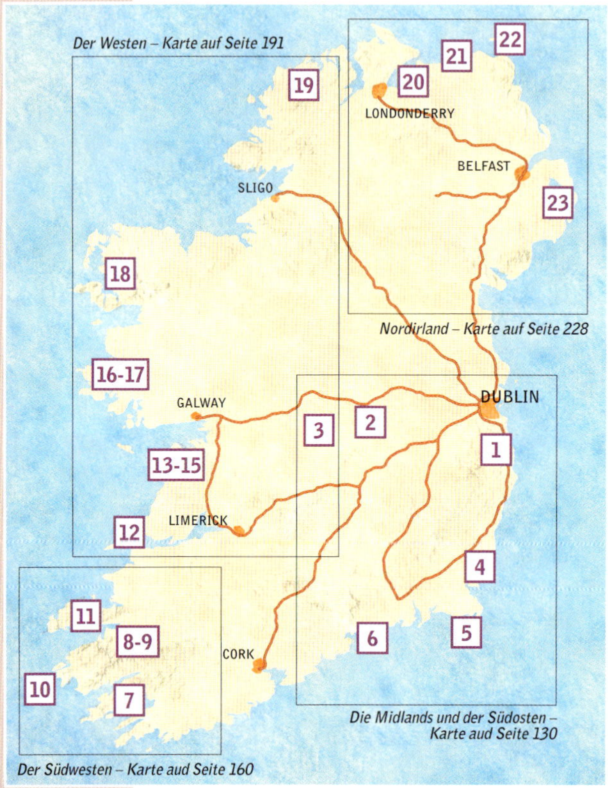

Alle Wege führen nach Dublin: Die meisten der besser ausgebauten Landstraßen und Autobahnen verbinden Dublin mit dem Rest des Landes.

Die Topografie Irlands wird oft mit einer Untertasse verglichen. Alle größeren Gebirgszüge befinden sich in den Küstenregionen, während das Landesinnere eine größtenteils flache Tiefebene darstellt. Die höchsten dieser Berge befinden sich im Südwesten, wo sie das Rückgrat einer Reihe von schmalen Halbinseln bilden.

Der westliche Teil des Landes ist zweifellos visuell am beeindruckendsten. Hier befinden sich nicht nur fünf der sechs irischen Nationalparks, sondern auch einige der einzigartigsten Landschaften der Insel, darunter der Kalksteinkarst des Burren und die karge und wunderschöne Moor- und Berglandschaft von Connemara. Darüber hinaus beherbergt der Westen die letzten ursprünglichen Eichenwälder Irlands und einzigartige Pflanzengemeinschaften.

Die östliche Hälfte des Landes kommt dagegen mit einem fast kontinentalen Flair einher. Dieser Teil Irlands ist sehr viel dichter besiedelt, und die Landschaft ist domestizierter und zeigt das grüne Schachbrettmuster aus Feldern, Weiden und Hecken, das man von Irland erwartet. Sogar die Küste erscheint sanfter, mit langen Sandstränden und nur gelegentlichen steilen Klippen. Die einzige echte Wildnis im Osten Irlands ist der Wicklow Mountains National Park, ein großflächiges Gebiet bestehend aus abgerundeten Granitgipfeln und tiefen Gletschertälern. Das bedeutet jedoch nicht, dass es im Osten Irlands keinen Platz für Natur gibt. Ganz im Gegenteil, selbst das geschäftige Zentrum von Dublin hat seine Naturschutzgebiete, von denen eines durch Zufall von Menschenhand geschaffen wurde, und einige der ausgedehnten Dünensysteme entlang der Ostküste sind Oasen für Wildblumen (Siehe Bull Island auf Seite 156 und Clogher Head & Boyne Estuary auf Seite 157).

Westlich der Hauptstadt liegt ein Gebiet bekannt als die Midlands, der innere Teil der „Untertasse". Diese Ebene war einst von ausgedehnten Hochmoorgebieten bedeckt. Heute sind die Midlands eine überwiegend landwirtschaftlich geprägte Landschaft mit Feldern und Hecken. Die meisten Moorgebiete wurden in Ackerland umgewandelt oder zur Torfgewinnung abgebaut, so dass nur wenige intakte Hochmoore erhalten geblieben sind. Durch das Zentrum dieser sanften Landschaft fließt Irlands längster Fluss, der Shannon, der auf seinem Weg zum Atlantik drei große Seen bildet.

Die nordöstliche Ecke der Midlands wird von einer Seenplatte beherrscht, die als Fermanagh Lakelands bekannt ist und die den größten Teil der Grafschaft Fermanagh in Nordirland sowie Teile der Grafschaften Leitrim, Cavan und Monaghan in der Republik umfasst.

Die einzigen nennenswerten Erhebungen in den Midlands sind die Slieve Bloom Mountains, eine der ältesten Bergketten Irlands, die über Jahrmillionen zu einer Reihe von sanften Hügeln abgeschliffen wurde.

Politisch ist Irland in 4 Provinzen (Leinster – der Osten, Munster – der Südwesten, Connaught – der Westen und Ulster – der Norden) und 32 Grafschaften unterteilt. 26 davon liegen in der Republik Irland und sechs, die sich alle in Ulster befinden, bilden Nordirland, das Teil des Vereinigten Königreichs (United Kingdom) ist (drei der Ulster Grafschaften – Donegal, Monaghan und Cavan – gehören zur Republik Irland). Die beiden Hauptstädte, Dublin für die Republik Irland und Belfast für Nordirland, sind auch die beiden größten Städte des Landes. Cork im Süden sowie Limerick und Galway im Westen sind weitere Großstädte, und zusammen beherbergen diese fünf Ballungsgebiete mehr als die Hälfte der gesamten Bevölkerung. Der Rest der Iren lebt in kleinen Marktstädten, Dörfern und – typisch für Irland – in über die Landschaft verstreuten Häusern und Bauernhöfen.

Das Straßennetz wurde in den letzten Jahrzehnten erheblich verbessert. Autobahnen verbinden alle größeren Städte, und selbst die entlegensten Gebiete sind über – meist – gute Straßen bequem erreichbar.

Geologie

Eine geologische Landkarte von Irland ist aufgrund der großen Vielfalt an Gesteinen eine sehr bunte Angelegenheit. Der Grund für diese Farbenfrohheit ist die lange Reise, die Irland hinter sich gebracht hat. Über einen Zeitraum von Jahrmillionen ist Irland von nahe der Antarktis bis zu seiner heutigen Position etwa 1000 km südlich des nördlichen Polarkreises gereist.

Die ältesten Gesteine Irlands sind etwa 1.8 Milliarden Jahre alt und befinden sich auf Inishtrahull, einer Insel vor der Küste Ulsters. Der Gneis, aus dem die Insel besteht, ist derselbe, der auf den westlichen Inseln Schottlands und in Teilen Skandinaviens zu finden ist und entstand im Präkambrium.

Kalkstein, häufig mit Torf bedeckt

Roter Sandstein "Old Red Sandstone"

Sandstein

Granit

Schiefer

Basalt und anderes Gestein vulkanischen Ursprungs.

In dieser Epoche befanden sich die beiden Teile, aus denen schließlich Irland, wie wir es heute kennen, entstand, auf zwei verschiedenen Kontinenten. Der heutige Nordwesten war ein Teil von Laurentia, ebenso wie Schottland, Norwegen und die Ostküste Kanadas. Der Südosten Irlands gehörte zusammen mit England, Wales und Nordfrankreich zu Avalonia. Die beiden Landmassen waren durch den Iapetus-Ozean getrennt, und während des Kambriums waren beide Teile des späteren Irlands von diesem Ozean bedeckt. Fossilien aus dieser Zeit kann man noch heute am Howth Head, nördlich von Dublin, in der Grafschaft Wicklow und in der Grafschaft Wexford entdecken.

In den folgenden 150 Millionen Jahren, während des Ordoviziums und Silurs, rückten die beiden Kontinente und damit auch die beiden Teile Irlands immer näher zusammen, während der Iapetus-Ozean allmählich schrumpfte.

Das Kaledonische Gebirge

Vor etwa 440 Millionen Jahren kollidierten die beiden Platten schließlich und verschmolzen zum Superkontinent Pangäa. Das heutige Amerika und Europa waren Teil dieser riesigen Landmasse. Die offensichtlichste Folge dieser Kollision war ein gewaltiger Gebirgszug, das Kaledonische Gebirge, das sich einst von Skandinavien über Schottland und Irland bis nach Neufundland und zu den Appalachen in Nordamerika erstreckte. Einst war dieses Gebirge so hoch wie der heutige Himalaya, wurde aber im Laufe der Zeit drastisch abgetragen. Die meisten der Hügel, die man heute in der nördlichen Hälfte Irlands findet, wie die Sperrin Mountains, die 12 Bens und die Slieve Bloom Mountains, sind die Überreste des Kaledonischen Gebirges.

Damals lag das Gebiet, aus dem später die Insel Irland werden sollte, südlich des Äquators. Aus dieser Zeit sind eine Reihe interessanter und seltener Fossilien erhalten geblieben, darunter eine Reihe von Fußabdrücken aus dem Devon, bekannt als der *Tetrapod Trackway*. Diese Spur, die etwa 350 Millionen Jahre alt ist, findet man an einem felsigen Küstenabschnitt auf Valentia Island vor der Küste der Grafschaft Kerry, und ist eine von nur vier weltweit bekannten. Die anderen befinden sich in Schottland und Australien und dokumentieren einen der wichtigsten Wendepunkte in der Evolution: den Zeitpunkt, an dem die ersten Tiere begannen, das Land zu erobern.

Der Blick von der Küste zum Ben Bulben und den Dartry Mountains (Grafschaft Sligo), Irlands einzigen Tafelbergen.

Sedimente aus dem Meer

Der Superkontinent Pangäa setzte seine Reise nach Norden fort und erreichte vor etwa 340 Millionen Jahren schließlich den Äquator. Hier wurde der Grundstein für das heutige Irland gelegt. Der Teil Pangäas, der später zu Westeuropa werden sollte, verschwand unter einem warmen und flachen Meer. Nur einige Gebirgszüge, darunter die Gipfel der Grafschaft Wicklow und der Grafschaft Donegal, ragten über die Wasseroberfläche hinaus und bildeten kleine Inselketten.

Dieser tropische Ozean war die Heimat von Korallen und Krustentieren. Über Jahrtausende wurden die Überreste dieser Tiere in Kalkstein umgewandelt, der heute mehr als die Hälfte des irischen Grundgesteins ausmacht. In Gebieten, in denen der Kalkstein freiliegt, wie im Kalksteinkarst des Burren in der Grafschaft Clare, können unzählige Fossilien gefunden werden, die uns einen Blick in die erdgeschichtliche Vergangenheit ermöglichen (Routen 13 und 14).

Zur selben Zeit trugen mächtige Flüsse Sand und Schlick aus dem Inneren Pangäas an die Küste und deponierten diese Partikel auf dem Meeresgrund, wo sie in Sandstein und Schiefer verwandelt wurden. Diese Gesteine kann man heute an vielen Stellen entlang der irischen Westküste sehen, z. B. am Downpatrick Head, den Cliffs of Moher (siehe Cliffs of Moher auf Seite 225) und der Halbinsel Loop Head (Route 12).

Vor etwa 300 Millionen Jahren schufen die kontinuierlichen Plattenbewegungen unter Pangäa ein weiteres gewaltiges Gebirge, das Herzynische Gebirge. Die Überreste dieser Berge (die einst sogar höher waren als der heutige Himalaya) leben in den MacGillycuddy's Reeks, den Caha Mountains und anderen Bergketten im Süden und Südwesten Irlands fort.

Das Ende von Pangäa begann vor 200 Millionen Jahren, als die Platten, aus denen der Superkontinent bestand, begannen, sich voneinander zu entfernen. Dieser Prozess dauerte während des Juras und der darauffolgenden Kreidezeit an. Gesteine, die in dieser Zeit entstanden sind, vor allem Kreide und Ton, sind allerdings nur entlang der Küste der Grafschaft Antrim in Nordirland erhalten geblieben. Im Rest des Landes fielen diese Gesteine den Gletscherbewegungen der Eiszeiten zum Opfer.

Als der Superkontinent schließlich in zwei neue Kontinente auseinanderbrach – Laurasia auf der Nordhalbkugel und Gondwanaland südlich des Äquators – hatte Irland fast seine heutige Position auf der Erdkugel erreicht.

Vor etwa 55 Millionen Jahren spaltete eine Reihe von Vulkanausbrüchen Laurasia, was die Geburtsstunde des europäischen und des amerikanischen Kontinents als auch des Atlantischen Ozean war. In dieser Zeit öffneten sich im Nordosten Irlands riesige Risse in der Erdkruste, und über einen Zeitraum von etwa 2 Millionen Jahren ergossen sich immer wieder Fluten aus flüssigem Basalt über die Landschaft. Die Basaltsäulen des

Giant's Causeway, der Vulkankegel von Slemish und das Antrim Plateau sind die Überreste dieser unruhigen Periode.

Gesteinsarten

Sedimentgestein ist die weitverbreitetste Gesteinsart in Irland. Sedimentgesteine entstehen, wenn sich kleine Partikel Schicht für Schicht ablagern und durch den Druck der überlagernden Sedimente über einen langen Zeitraum hinweg komprimiert werden. Kalkstein, der aus den Überresten von Meerestieren besteht, bedeckt mehr als die Hälfte Irlands. Kreide findet man im äußersten Nordosten in der Grafschaft Antrim. Kreide ist eine besondere Form von Kalkstein, die hauptsächlich aus einer Art von Plankton, den *Coccolithophorida* (Kalkstein-Flagellaten), besteht. Sandsteine und Schiefer, die aus Sand und Schlamm gebildet und oft in großen Flussdeltas abgelagert wurden, dominieren den Südwesten des Landes.

Eruptivgestein bildet sich, wenn geschmolzenes Material aus dem Erdinneren an die Oberfläche gelangt. Wenn dieses abkühlt und sich verfestigt, ohne die Erdoberfläche zu durchbrechen, wird es zu Granit, dem Hauptbaustein der meisten irischen Berge in der nördlichen Hälfte des Landes sowie der Wicklow Mountains im Südosten. Wenn das geschmolzene Gestein an der Oberfläche erstarrt, verwandelt es sich in Basalt. In Irland ist diese Gesteinsart nur in der nordöstlichen Ecke Nordirlands zu finden.

Metamorphe Gesteine entstehen, wenn Sedimentgestein oder Eruptivgestein hohen Temperaturen und hohem Druck ausgesetzt wird. Diese Temperaturen und der Druck verändern die chemische Struktur des Gesteins und es kommt zu einer Metamorphose: Basalt wird zu Gneis, Kalkstein zu Marmor, Sandstein zu Quarzit und Tonstein zu Schiefer. Diese metamorphen Gesteine sind besonders im Nordwesten in den Grafschaften Donegal, Derry und Mayo sowie in Connemara in der Grafschaft Galway verbreitet.

Zwei der vielen Gesteine, die man in Irland findet: verwitterter Basalt in der Grafschaft Antrim (oben) und Kalkstein-Karst im Burren (unten).

Die Eiszeiten und danach

Das letzte große Kapitel in der geologischen Geschichte Irlands ist weitgehend als die Eiszeit bekannt, war eigentlich aber eine Abfolge von sehr kalten and etwas wärmeren Zeitabschnitten. Die Eiszeit begann vor etwa 17 Millionen Jahren, als ein globaler Temperaturabfall die Bildung der polaren Eiskappen auslöste. In den folgenden Jahrtausenden erlebte die nördliche Hemisphäre Zyklen von Erwärmung und Abkühlung, in denen sich das Eis der Arktis mehrmals ausdehnte und wieder zurückzog und Nordeuropa, einschließlich Irland, zeitweise mit dicken Eisschichten bedeckte. Dieses Kommen und Gehen der Gletscher hat einen Großteil der irischen Landschaft geprägt. Insbesondere die beiden letzten Vergletscherungen sind für einige der bemerkenswertesten Landschaften Irlands verantwortlich, darunter die Halbinseln der Südwestküste, der Burren in der Grafschaft Clare und die Inseln der Clew Bay in der Grafschaft Mayo.

Wie bereits erwähnt war die Eiszeit keine ununterbrochene Periode von Frost und Eis. Kurzlebige Wärmeperioden ("Warmzeiten") zwischen den Kälteperioden ermöglichten es Pflanzen und Tieren immer wieder, sich zu etablieren. So zeigen beispielsweise Knochen der Tüpfelhyäne, dass Irland oder zumindest Teile des Landes vor 45.000 bis vor 20.000 Jahren einen der Tundra ähnlichen Charakter hatten. Die Tüpfelhyäne teilte sich Irland höchstwahrscheinlich mit dem Mammut, Wolf, Braunbär, Rentier und dem mächtigen *Megaloceros Giganteus*, auch bekannt als *Irischer Elch*. Als die Temperaturen vor 25.000 Jahren erneut zu sinken begannen und die Gletscher nach Süden vordrangen, zogen sich Flora und Fauna wieder auf den Kontinent zurück. Dieser letzte Kälteeinbruch dauerte nur etwa 10.000 Jahre, so dass Pflanzen und Tiere nach Irland zurückkehrten, sobald die Gletscher verschwanden. Man nimmt an, dass Rentiere und Irische Elche zu den ersten gehörten, die zurückkehrten, gefolgt von Wölfen und Braunbären und schließlich von Arten, die auch heute noch in Irland leben, wie Rotwild und Hasen. Einige Theorien gehen sogar davon aus, dass eine Reihe von Tier- und Pflanzenarten die letzte Eiszeit in entlegenen Winkeln des Südwestens oder auf einsamen Berggipfeln, die von den Eiskuppeln verschont blieben, überlebt haben.

Schichten von Schiefer und Sandstein, die Überreste eines alten Flussdeltas, auf der Halbinsel Loop Head, Grafschaft Clare (Route 12).

Wie Pflanzen und Tiere nach dem letzten Kälteeinbruch nach Irland gelangten ist immer noch ein Rätsel und ein ständiges Diskussionsthema unter

Slemish Mountain in der Grafschaft Antrim (Nordirland) ist ein erloschener Vulkan.

Wissenschaftlern. Sobald die Gletscher zu schmelzen begannen, stieg der Meeresspiegel beträchtlich an. Es wird aber heute weithin angenommen, dass Landbrücken zwischen Schottland und der Grafschaft Donegal sowie zwischen Wales und der Grafschaft Wicklow lange genug existierten, um Pflanzen und Tieren die Reise nach Irland zu ermöglichen. Ein Blick auf die Topografie des Meeresbodens macht dies in der Tat sehr wahrscheinlich. Die Irische See erreicht Tiefen von bis zu 100 Metern, aber der nördliche Abschnitt zwischen der schottischen Insel Islay und dem Malin Head in der Grafschaft Donegal ist wesentlich flacher und eine ähnliche Topografie findet sich zwischen Wales und der irischen Ostküste. Auch andere Faktoren könnten bei der Entstehung von Landbrücken eine Rolle gespielt haben. Das Land selbst hat sich, nachdem es von der Last des Eises befreit wurde, erhoben, ein Phänomen bekannt als postglaziale Landhebung. Sichtbar ist dies noch heute an Stränden am Malin Head, die einige Meter über dem Meeresspiegel liegen. Die postglaziale Landhebung könnte den Anstieg des Meeresspiegels für eine beträchtliche Zeitspanne ausgeglichen haben. Moränen, eine Mischung aus Felsgestein und Sedimenten, die von den Gletschern zurückgelassen wurden, könnten ebenfalls kurzlebige Landbrücken zwischen Irland und seinem größeren Nachbarn gebildet haben. In all diesen Szenarien spielt Zeit eine entscheidende Rolle. Während Tiere diese Landbrücken leicht hätten nutzen können, um innerhalb eines relativ kurzen Zeitraums nach Irland zu gelangen, bewegen sich Pflanzen in der Regel viel langsamer fort. Trotz einiger alternativen Theorien, z. B. der Ankunft von Samen von Bäumen und anderen Pflanzen über den Meeresweg, ist das wahrscheinlichste Szenario eine Einreise über die Landbrücken. Das bedeutet, dass sich die Tiere zusammen mit ihren sich langsam ausbreitenden Lebensräumen, zunächst Tundra und später Wald, von Schottland und Wales nach Irland voran bewegt haben. Das schließt natürlich nicht aus,

Die Ceide-Felder

Der Wechsel zu dem atlantischen Klima vor 3.000 Jahren überraschte nicht nur die Wälder, sondern unterbrach auch das tagtägliche Leben der Menschen. Ein Beweis dafür sind die Ceide Fields in der Grafschaft Mayo, ein steinzeitliches System von Feldern, das von einer mehreren Meter dicken Moordecke bedeckt war und nur zufällig von einem Schullehrer beim Torfstechen entdeckt wurde. Man nimmt an, dass dieser Küstenabschnitt einst fruchtbares Ackerland war, das eine große Gemeinde ernährte. Die vollständige Abholzung des Baumbewuchses und die mit dem Klimawandel einhergehende Zunahme der Niederschläge verwandelten den fruchtbaren Boden jedoch in unfruchtbares Land.

Die Ceide Fields sind eine über 3000 Jahre alte Kulturlandschaft.

Das Blätterdach eines Baumes hält einen Großteil des Regens vom Boden fern. Die Feuchtigkeit wird entweder direkt von den Blättern absorbiert oder verdunstet zurück in die Atmosphäre. Das Wasser, das in den Boden gelangt, wird vom Wurzelsystem absorbiert. Sobald aber die Bäume verschwunden sind, dringt der gesamte Niederschlag unkontrolliert in den Boden ein, wodurch mit der Zeit die Nährstoffe aus dem Boden ausgewaschen werden. Die besondere Topografie der Ceide-Felder an einem Küstenhang hat diesen Prozess wahrscheinlich noch erheblich beschleunigt. Die Siedler mussten schließlich ihre Heimat verlassen, um neues Land zu suchen, und die Felder wurden dem schnell wachsenden Deckenmoor überlassen.

dass einige Arten später über die Irische See oder den Ärmelkanal eintrafen. Es ist auch wahrscheinlich, dass die ersten menschlichen Einwanderer, wissentlich oder unwissentlich, Pflanzen und Tiere mitbrachten.

Das Holozän – die jüngste Warmzeit

Nach dem Verschwinden der Gletscher und dem kontinuierlichen Anstieg der Temperaturen veränderte sich die irische Landschaft erheblich. Vor etwa 13.000 Jahren hatte sich die Tundra bereits weit ausgedehnt, und diese anfangs eher karge Landschaft verwandelte sich bald in fruchtbares Grasland. Eine der ersten Blumen, die hier blühte, war höchstwahrscheinlich das Mädesüß, eine Pflanze, die noch heute in Irland weit verbreitet ist. Wacholder war der erste Strauch, der sich in der Tundra ansiedelte, gefolgt von Birke und Hasel, die gemeinsam den Grundstein für Irlands Wälder legten. Die ersten Kiefern tauchten vor etwa 9500 Jahren auf, gefolgt von Eichen und Ulmen, die sich alle schnell über die ganze Insel ausbreiteten.
Die ersten Menschen, die an Irlands Küste ankamen, fanden ein Land vor, das sich stark von dem unterscheidet, was wir heute sehen. Die gesamte

Insel war mit Eichen- (Stiel- und Trauben-Eiche) und Kiefernwäldern (Gemeine Kiefer) bedeckt.

Ursprünglich lebten diese ersten Siedler als Jäger und Sammler hauptsächlich an der Küste und hatten wenig Einfluss auf ihre neue Heimat. Dies änderte sich jedoch, als die Jäger und Sammler zum Ackerbau übergingen und sich niederließen. Die nun sesshaften Steinzeitmenschen bauten nicht nur gewaltige Monumente wie das Portalgrab von Poulnabrone (vor 5800 Jahren) und das Ganggrab von Newgrange (vor 5200 Jahren), sondern sie begannen auch, den Wald zu roden, zum einen um Baumaterial zu gewinnen und zum anderen um Platz für ihre Felder zu schaffen.

Das letzte große Ereignis, das die Landschaft Irlands maßgeblich prägte, fand vor etwa 3000 Jahren statt. Zu diesem Zeitpunkt hatten die Menschen die Landschaft bereits erheblich verändert und große Teile der Waldgebiete in Ackerland verwandelt.

Aus bisher unbekannten Gründen änderte sich das Klima. Warme und trockene Sommer und kalte Winter, ähnlich denen auf dem europäischen Kontinent, wichen dem vom Atlantik dominierten Klima, für das Irland heute so berüchtigt ist. Es wurde deutlich milder and die Niederschlagsmengen stiegen beträchtlich, Bedingungen, die die Entstehung der irischen Moore auslösten. Wenn man sich die Moorgebiete heute ansieht, wird deutlich, dass diese Klimaveränderung und das anschließende Wachstum der Moore extrem schnell vonstattengegangen sein müssen. An einigen Stellen scheint es, als sei der Wald vom vorrückenden Moor verschluckt worden; perfekt erhaltene, in Torf eingebettete Baumstämme sind ein gängiger Anblick, vor allem in den Deckenmooren der Westküste.

Das neue Klimaregime, die Ausbreitung der Moore und die andauernde Abholzung der Wälder, um Platz für mehr Landwirtschaft und Siedlungen zu schaffen, verwandelten Irland schließlich in das Land der Felder, Hecken und Steinmauern, das wir heute sehen. Der Anspruch Irlands, wild und unberührt zu sein, ist daher etwas weit hergeholt. Der größte Teil der irischen Landschaft wurde auf die eine oder andere Weise von Menschenhand geschaffen.

Das heutige Irland lässt sich am besten als wilde Kulturlandschaft beschreiben. Die Verbindung zwischen den Menschen, die das Land bearbeiten und der Natur war über viele Jahrhunderte von Respekt geprägt. Viele der wilden Tiere und deren Rechte wurden akzeptiert. Hecken, die die Rolle der Wälder übernommen hatten, galten als unantastbar und bestimmte Bäume und Sträucher, vor allem Schlehe und Weißdorn, sind auch heute noch geachtet. Der Burren, eine Landschaft, die ohne menschliche Eingriffe nie entstanden wäre, ist heute ein Refugium für viele seltene Pflanzen- und Tierarten.

Diese einzigartige Verbindung zwischen Menschen, Landschaft und Natur ist jedoch stark bedroht. Die alten Methoden des Landbaus werden immer mehr durch kommerzielle Landwirtschaft ersetzt – größere Felder, größere

Herden, größere Maschinen. Diese alles andere als nachhaltige Art der Landbewirtschaftung und die Auswirkungen des Klimawandels setzen ein großes Fragezeichen hinsichtlich der Zukunft von Irlands „wilder" Landschaft.

Klima und Wetter

Das Klima in Irland wird als gemäßigt ozeanisch eingestuft. Das bedeutet milde Temperaturen ohne extreme Schwankungen und hohen Niederschlag zu allen Jahreszeiten.
Den größten Einfluss auf das irische Klima hat der Atlantik, der mehr als die Hälfte der Insel umgibt. Zusätzlich zur mäßigenden Wirkung dieser riesigen Wassermasse bringt die nordatlantische Drift, die allgemein als Golfstrom bekannt ist und direkt an Irlands Westküste entlangfließt, warmes Wasser aus dem Süden. Dies hält die Temperatur des Ozeans um Irland auf einem höheren Niveau als in vergleichbaren Gegenden des Nordatlantiks und fördert außerdem die Wasserverdunstung. Der Wind, der überwiegend aus dem Süden, Südwesten und Westen weht, bringt die resultierende milde und feuchte Luft an Land. Dann kommt die Topografie der Westküste ins Spiel. Die Gebirgszüge im Südwesten und Westen wirken wie ein Feuchtigkeitsfänger, und es ist nicht verwunderlich, dass hier die höchsten Niederschlagsraten Irlands gemessen werden.
Wie wichtig der Golfstrom und die Südwestwinde für das irische Klima sind, zeigt sich jedes Mal, wenn sich die Windrichtung ändert. Eine östliche Luftströmung bringt immer trockenes und beständiges Wetter, aber auch extremere Temperaturen. Im Frühjahr und Sommer bedeutet dies Hitzewellen (in Irland gilt alles um die 20-Grad-Marke als Hitzewelle), im Herbst und Winter bringt der Ostwind Frost, vor allem im Osten, in den Midlands und in geschützten Tälern und anderen Landstrichen im Westen. Sogar Schnee ist möglich.
Der irische Winter (November, Dezember und Januar) ist in der Regel mild, nass und windig, mit häufigen Stürmen und Orkanen, die mit Windgeschwindigkeiten von bis zu 160km/h einherkommen. Der bis jetzt stürmischste Winter aller Zeiten wurde 2013/2014 verzeichnet, als eine Reihe heftiger Stürme und Orkane, von denen die meisten mit den Springfluten zusammenfielen, einen Großteil der Infrastruktur entlang der Westküste zerstörten. Die Temperaturen liegen meist über dem Gefrierpunkt, durch den oft unablässigen Wind fühlt es sich aber oft kühler an. Statistisch gesehen sind Januar und Februar die kältesten Monate mit einer durchschnittlichen Temperatur von 4-7 °C. Die wärmsten Monate sind Juli und August mit durchschnittlich 14-16 °C. Im Osten und in den Midlands ist die Temperaturspanne im Allgemeinen größer; die Sommer sind heißer und die Winter kälter, aber diese Temperaturen sind nicht mit den Extre-

men auf dem Kontinent vergleichbar. Bodenfrost tritt statistisch nur an etwa 100 Tagen im Jahr auf, jedoch ist die Zahl der Frosttage ist in den letzten zehn Jahren stetig und drastisch zurückgegangen. Die sonnigsten Monate sind Mai und Juni, und im Südosten scheint die Sonne am meisten und regnet es am wenigsten.
Wie sich der Klimawandel auf Irland auswirken wird, bleibt abzuwarten, aber die letzten Jahre haben einige Anzeichen für eine mögliche Zukunft aufgezeigt. Lange Trockenperioden im Frühjahr, ja sogar Dürreperioden, sind zu einem fast regelmäßigen Ereignis geworden. Auch eine längere Sturmsaison, die bereits im August beginnt und bis in den Mai hinein andauert, und Orkane mit extremen Windgeschwindigkeiten, scheinen ein Trend zu sein. Einige Wissenschaftler sind der Meinung, dass Irland in Zukunft mit einem mehr kontinentalen Klima konfrontiert werden könnte, insbesondere wenn die nordatlantische Drift als Folge des Klimawandels abschwächen oder ganz verschwinden sollte.
Klima und Wetter sind jedoch zwei verschiedene Dinge, eine Tatsache, die in Irland sehr schnell deutlich wird. Das irische Wetter kann sich innerhalb kürzester Zeit ändern. Ein Tag kann mit sintflutartigem Regen und orkanartigem Wind beginnen, und innerhalb einer Stunde können sich die Wolken verziehen und von einer Minute auf die andere ist es windstill und sonnig. Das ist das positive Szenario, aber es geht auch oft andersherum, und viele Reisende sind schon in Shorts und T-Shirt von einem plötzlichen Wetterumschwung überrascht worden und haben den Rest ihrer Wanderung nass und fröstelnd verbracht. Mit anderen Worten: Man muss auf alle Eventualitäten vorbereitet sein, wenn man vorhat, längere Zeit in Irlands Natur zu verbringen.

Sonne und Regen auf der Dingle Halbinsel (Route 11).

Lebensräume

Auf den ersten Blick sieht man in Irland Wiesen, Felder und eine abwechslungsreiche Küste. Bei näherem Erforschen stellt man dann fest, dass Irland eine unerwartete Vielfalt von Lebensräumen auf sehr engem Gebiet beherbergt.

Das Landesinnere ist vorwiegend eine Agrarlandschaft. Der überraschendste Lebensraum hier sind die langen Hecken, die die Wälder als Heimat für Pflanzen und Tiere ersetzt haben. Diese Hecken haben sich zusammen mit alten Steinmauern und Straßenrändern zu einem der wichtigsten und artenreichsten Lebensräume Irlands entwickelt. Reste von intakten Hoch- und Deckenmooren und einige wenige ursprüngliche Wälder sind ebenfalls vorhanden, deren Fläche ist allerdings eher klein.

Die Küste ist neben einigen einsamen Berggipfeln wahrscheinlich die einzige wirklich wilde Landschaft in Irland. Diese Küste ist eine Mischung aus verschiedenen Lebensräumen. Felsküsten und Steilklippen, Sandstrände und Dünen und Flussmündungen mit Watt und Salzwiesen machen diesen Lebensraum zu einem der aufregendsten Irlands.

Schematischer Querschnitt der Lebensräume Irlands.

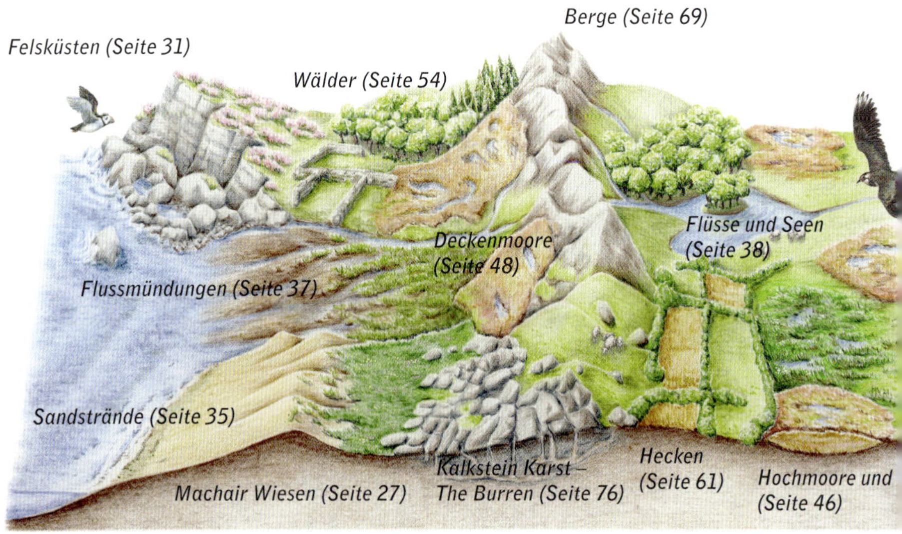

Die Küste

Die Routen 5, 6, 7, 10, 11, 12, 15, 21 und 22 eignen sich hervorragend für die Erkundung von Steilklippen und Felsküsten, ebenso wie die Ziele B und C auf Seite 156-157, C auf Seite 186, H auf Seite 190, B und E auf Seite 225-226 und E auf Seite 249. Die Routen 4, 15, 16 und 21 bieten Dünen und Sandstrände, ebenso wie die Ziele A und, C auf Seite 156-157 und C auf Seite 248.
Die Routen 4, 11, 12, 20, 22 und 23 sind gut geeignet, um Watt und Salzwiesen zu sehen.

Wenn es in Irland noch eine wirklich wilde Landschaft gibt, dann ist es seine Küste. Irland rühmt sich mit mehr als 3000 Kilometer Küstenlinie, die zu fast 6000 Kilometer anwächst, wenn man alle Inseln mit einbezieht. Die Landschaft dieser Küste ist vielfältig und ständig im Wandel begriffen; die Tier- und Pflanzenwelt ist erstaunlich und reich. Im Folgenden unternehmen wir eine Reise um Irlands Küste im Uhrzeigersinn, beginnend im Südwesten.

Der Südwesten

Der Südwesten Irlands besteht aus fünf charakteristischen Halbinseln: Mizen, Sheep's Head, Beara, Iveragh (besser bekannt als der *Ring of Kerry*) und Dingle, die alle durch schmale Meeresarme voneinander getrennt sind. Bei diesen Buchten handelt es sich um ehemalige Flusstäler, die während der Eiszeiten weiter ausgehöhlt und anschließend überflutet wurden, als der Meeresspiegel zum Ende der letzten Eiszeit anstieg.

Glengarriff Bay und dahinter die Berge der Halbinsel Beara (Route 7).

Die Küste aller Halbinseln ist eine Mischung aus felsigen Ufern, Steilklippen und Sandstränden, viele davon mit angrenzenden Dünensystemen. Im Hintergrund thronen dramatische Gebirgsketten. Während das westliche Ende aller Halbinseln der Gewalt des Atlantischen Ozeans ausgesetzt ist, bieten die langen Buchten Schutz für eine Vielzahl von Wildtieren. Wat- und Wasservögel sind hier in großer Zahl anzutreffen, und auf den kleinen Inseln, die über die inneren Buchten verstreut sind, kann man Seehunde beobachten. Das Gebiet ist auch einer der Orte, an denen der Seeadler in Irland wieder angesiedelt wurde, und diese majestätischen Greifvögel sind jetzt relativ häufig am oberen Kenmare River und in der Glengarriff Bay zu sehen.

Die vorgelagerten Inseln, allen voran die Skellig Islands, beherbergen einige der größten Vogelkolonien Irlands. Little Skellig beherbergt rund 35000 Paare von Basstölpeln, während auf Skellig Michael Dreizehenmöwen, Trottellummen, Papageitaucher und Tordalken leben (siehe Route 10).

Nord-Kerry und Grafschaft Clare

Nur wenige Kilometer nördlich der Halbinseln ändert sich das Landschaftsbild drastisch. Die Berge verschwinden und werden durch sanfte Hügel bedeckt mit Feldern und Weiden ersetzt. Die Küste verläuft in einer Abfolge von Sandstränden und Klippen aus Schiefer und Sandstein schnurgerade nordwärts. Die einzige Unterbrechung dieser Küstenlinie ist die Mündung des Flusses Shannon, die sich über etwa 100 Kilometer vom Meer bis zur Stadt Limerick erstreckt. Dieses Gewässer und seine flache Küste sind ein Paradoxon aus Schwerindustrie und Schifffahrt einerseits und einer großen Vielfalt an natürlichen Lebensräumen und Wildtieren andererseits. Trotz des industriellen Charakters ist das Ästuar eines der wichtigsten irischen Überwinterungsgebiete für Vögel wie Ringelgans, Kiebitz, Großer Brachvogel und andere Watvögel. Sie finden auf den Wattgebieten und Salzwiesen des Mündungsgebiets ein reichhaltiges Nahrungsangebot. Die Shannon-Mündung ist auch die Heimat von

Schlickwatt in der Fergus – Shannon Mündung.

Irlands einziger ansässiger Gruppe von Großen Tümmlern, die lokal als *Shannon-Dolphins* bekannt sind, und einer Vielzahl anderer Tierarten (siehe Route 12).

Nördlich des Shannon liegt ein Plateau aus Schiefer und Sandstein, das dramatisch an den berühmten Cliffs of Moher endet. Gleich nördlich dieser bekannten Touristenattraktion liegt der Karst des Burren. Hier erheben sich Kalksteinklippen und -terrassen aus dem Atlantik und wachsen zu kargen Berggipfeln heran, zwischen denen fruchtbare Täler liegen. Bei Ebbe kann man an der Küste in Gezeitentümpeln die Unterwasserwelt erforschen. Nur einige Meter entfernt findet man in grasbewachsenen Flecken zwischen kahlen Kalksteinfelsen eine einzigartige Pflanzenwelt (siehe Seite 104). Die Kalksteinlandschaft des Burren endet am südlichen Eingang der Galway Bay, die den Kalkstein des Burren von der Granitküste Connemaras trennt.

Connemara

Genau wie der Burren hebt sich die Küste von Connemara von dem gängigen Muster aus Klippen und Stränden ab, das man im übrigen Irland findet. Connemara präsentiert sich mit einer flachen und verschlungenen Küstenlinie, eine scheinbar nicht enden wollende Abfolge von kleinen und großen Buchten, die sich in Richtung Norden windet und die von algenbedeckten Ufern charakterisiert wird.

Hier gibt es einige ungewöhnliche Strände, die als *Coral Strands* (Korallenstrände) bekannt sind. Sie bestehen aus den fragmentierten Überresten von Kalkalgen, die oft die Form und Farbe von gebleichten Korallen annehmen.

Das klassische Connemara-Motiv: der kleine Hafen in Roundstone und die 12 Bens am Horizont (Route 16).

Diese Fragmente sind auch Teil eines einzigartigen Lebensraums, der nur im Westen Irlands und Schottlands zu finden ist: Machair.
Machair (abgeleitet vom gälischen Wort für „fruchtbare Ebene") ist ein Küsten-nahes Grasland, dessen Fruchtbarkeit auf den Überresten von Kalkalgen, Muschelfragmenten und den Schalen anderer wirbelloser Meerestiere beruht. Die Machair-Flora ähnelt der von Dünen, ist aber vielfältiger und schließt Wildblumen wie Hundswurz, Mücken-Händelwurz, Rundblättrige Glockenblume, Klappertopf und viele andere ein (siehe Route 16).
Der nördliche Teil der Connemara-Küste wird von einem weiteren einzigartigen Landschaftsmerkmal beherrscht. Hier befindet sich Irlands einziger Fjord, Killary Harbour, der zwischen dem Massiv der Mweelrea Mountains und den sanfteren Hügeln des Letterettrin eingebettet liegt.

Der Norden

Nördlich von Killary liegt mit den Grafschaften Mayo und Donegal der wohl reizvollste und dramatischste Teil der irischen Küste. Die steilen Klippen, die hier zu sehen sind, bestehen aus präkambrischem Gestein und erreichen eine Höhe von bis zu 700 Metern, womit sie zu den höchsten der Welt gehören. Zwischen diesen Felsgiganten erstrecken sich lange Sandstrände (wohl die schönsten Irlands), viele davon mit angrenzenden blumenreichen Dünensystemen oder Machair, und Meeresarme und Flussmündungen mit Salzwiesen und Schlickflächen.

Der berühmte Felsbogen am Crohy Head, Grafschaft Donegal.

Bloody Foreland markiert die nordwestlichste Ecke Irlands und hat seinen Namen von den Granitfelsen, die rot in der Abendsonne glühen. Von hier aus verläuft die zerklüftete Küstenlinie nach Osten, vorbei an Irlands nördlichstem Punkt, Malin Head auf der Halbinsel Inishowen, bis zur Grenze zwischen der Republik Irland und Nordirland am Lough Foyle.
Die Küste des Lough Foyle ist ein Paradies für Vogelkundler und weiter östlich erstrecken sich die *Antrim Coast and Glens* (Die Küste und Täler Antrims), ein weiteres landschaftliches Highlight. Basalt ist hier das vorherrschende Gestein, ein Produkt gewaltiger Lavaströme, die vor etwa 60 Millionen Jahren die Küste und das Landesinnere der Grafschaft Antrim zu

einem Spielplatz für Geologen gemacht haben (siehe Seite 14). Die Hauptattraktion der Region ist der Giant's Causeway, eine UNESCO-Welterbe Stätte. Dieser Küstenabschnitt besteht aus einer weiten Bucht, in der sich zahlreiche Basaltsäulen wie eine Strasse in den Atlantik erstrecken. Auf der Landseite der Bucht erhebt sich der Basalt zu senkrechten Klippen, bildet freistehende Türme und ungewöhnlich geformte Skulpturen, die Namen wie *Elephant Rock* tragen. Andere Gesteine wie Sandstein, Flint und Kreide tragen ebenfalls zur geologischen Attraktivität dieses Küstenabschnitts bei (siehe Route 21).

Kieselstrände sind typisch für Irlands Ostküste.

Der Osten und Süden

Die charismatischen Steilklippen des Fair Head liegen an der nordöstlichen Ecke Irlands, und von hier aus verläuft die Küste schnurgerade nach Süden bis zur Hauptstadt Nordirlands, Belfast.

Südöstlich von Belfast liegt der einzigartige und wunderschöne Strangford Lough. Dieser fast vollständig landumschlossene Meeresarm ist ein Paradies für Wildtiere, insbesondere für Wasservögel und Watvögel. Mehr als 75% des Weltbestandes der hellbauchige Unterart der Ringelgans überwintert hier zusammen mit vielen anderen Vögeln wie Knutt und Rotschenkel (siehe Route 23).

Weiter südlich ist die Küste weniger spektakulär. Der größte Teil der Küstenlinie besteht hier aus Sand- und Kiesstränden, und nur an wenigen Stellen sieht man Steilklippen. Diese sind allerdings weit weniger beeindruckend als die Klippen der Westküste.

Dennoch bietet die Ostküste einige Überraschungen. Dundrum Bay mit dem Murlough Naturreservat beherbergt Irlands ältestes Dünensystem. Weiter südlich findet man an der Boyne-Mündung ein weiteres Dünensystem mit einer vielfältigen Flora. Das ungewöhnlichste Naturgebiet liegt allerdings direkt am Stadtrand von Dublin: Bull Island, eine von Menschenhand geschaffene Halbinsel in der nordöstlichen Ecke der Dublin Bay, hat eine einzigartige Flora, und Watt und Salzwiesen, die sich zwischen der Halbinsel und dem Festland entwickelt haben, sind Heimat für überwinternde Wasser- und Watvögel (Ziel A auf Seite 156).

Lough Hyne

In einer der Buchten am westlichen Ende der irischen Südküste liegt Irlands ungewöhnlichsten Meeresarm. Lough Hyne war einst ein Süßwassersee, doch der Anstieg des Meeresspiegels vor etwa 4000 Jahren durchbrach die Küstenbarriere und überflutete den See mit Salzwasser. Heute ist Lough Hyne ein nicht ganz normaler Meeresarm, der 1981 zum ersten maritimen Naturschutzgebiet Irlands erklärt wurde. Der *Sea Lough* ist mit dem Meer nur durch einen schmalen Kanal, *The Rapids*, verbunden, der bei Flut nicht tiefer als 5 Meter ist, was zu einer sehr starken, aber asymmetrischen Gezeitenströmung führt. Das Wasser fließt für 4 Stunden in den Lough Hyne und ebbt 8 ½ Stunden lang ab. Diese ungewöhnlichen Gezeiten und die geringe Größe des Sees führen zu einem hohen Salzgehalt, einem hohen Sauerstoffgehalt und Wassertemperaturen, die 3 bis 6 Grad über dem Normalwert liegen. Unter diesen außergewöhnlichen Bedingungen hat sich eine einzigartige Flora und Fauna entwickelt, die mit der des Mittelmeers verglichen wird. Sie umfasst Arten, die nirgendwo sonst in Irland zu finden sind. Zum Leidwesen der Besucher bleibt diese Tier- und Pflanzenwelt in den Tiefen des Lough Hyne verborgen. Nur Taucher können die Naturwunder des Lough Hyne genießen.

Nahe Irlands Süd-Ost-Ecke bildet der Wexford Harbour eine weite Bucht an deren Nordende die Wexford Slobs liegen. Diese Gegend ist eine der weltweit wichtigsten Überwinterungsgebiete für die Grönländische Blässgans (siehe Route 4). Eine weitere Attraktion für Vogelliebhaber liegt unmittelbar vor der Süd-Küste Wexfords, die Great Saltee, eine Insel, die eine Reihe von Seevogelkolonien beherbergt, darunter Kolonien von Basstölpel, Papageitaucher, Atlantiksturmtaucher, Tordalk und Trottellumme.

Bevor wir den Ausgangspunkt unserer Rundreise erreichen, lohnt sich eine Pause an der Copper Coast (siehe Route 6). Dieser bildschöne Küstenabschnitt besteht aus zahlreichen geschützten Buchten, zwischen denen sich Steilklippen erheben und schmale Landzungen erstrecken.

Finnwal an der Küste der Grafschaft Kerry mit Little Skellig im Hintergrund.

Leben im Meer

Die Tier- und Pflanzenwelt der Küste ist einer der Höhepunkte einer Naturreise nach Irland. Eine der Hauptattraktionen sind Wale und Delfine. Beson-

ders die Küstengewässer der Grafschaften Cork und Kerry gehören zu den besten Orten in Europa, um diese maritimen Säugetiere zu beobachten. Bisher wurden etwa 25 verschiedene Arten gesichtet, darunter Buckel- und Finnwale sowie verschiedene Delfinarten (siehe Seite 113) Ein weiterer regelmäßiger Sommergast in irischen Gewässern ist der Riesenhai. Der zweitgrößte Fisch der Erde kommt nach Irland, um zu schlemmen und sich zu paaren. Große Gruppen der Tiere können oft vom Festland aus beobachtet werden, wenn sie in typischer Weise mit weit geöffnetem Maul knapp unter der Wasseroberfläche dahingleiten.

Was all diese Tiere nach Irland bringt, ist ein reichhaltiges Nahrungsangebot. Meeresströmungen bringen Nährstoffe, die ein üppiges Planktonwachstum fördern und dieses ist wiederum Nahrung für eine Fülle von Tieren, die in der Nahrungskette weiter oben stehen. Von kleinen Fischen wie Makrelen und Sprotten bis hin zu den Giganten des Ozeans – den Delfinen, Walen und Haien.

Oben: Ein Gemeiner Tümmler vergnügt sich in der Shannon-Mündung (Route 12). Unten: Eine Kegelrobbe auf Rathlin Island an Irlands Nordküste (Route 22).

Steilklippen und Inseln

Das erste Anzeichen für die Anwesenheit von Walen oder Delfinen ist oft eine große Zahl von Seevögeln, die diese Tiere umkreisen, in der Hoffnung, einen Teil des Fischmahls abzubekommen. Diese Vögel brüten über die Sommermonate entlang der irischen Küste in zahlreichen Kolonien.

Felsküsten wie diese sind typisch für Irlands Westen.

Steilklippen und Inseln sind ideale Nistplätze für Seevögel. Hier sind sie vor Raubtieren sicher und wenn man dann noch das reiche Nahrungsangebot in Betracht zieht, gibt es kaum einen besseren Ort, um eine Familie zu gründen. Viele Tausende von Vögeln verwandeln die ansonsten leblosen und stillen Klippen in saisonale, geschäftige und laute Vogelmetropolen. Die eindrucksvollsten Kolonien finden sich auf den vorgelagerten Inseln, wie den Skelligs (Route 10) und der Great Saltee (Route 5). Die Klippen beherbergen Papageitaucher, Tordalk, Trottellumme, Dreizehenmöwe, Krähenscharbe, Basstölpel, Atlantiksturmtaucher und Sturmschwalbe. Die flachen Inseln sind die Brutstätte von Möwen, Seeschwalben und der Eiderente.

Die Brutzeit dauert im Allgemeinen von April bis August, wobei es von Art zu Art leichte Zeitschwankungen gibt. Die Ankunft der Brutvögel ist immer ein sicheres und willkommenes Zeichen für den nahenden Frühling. An vielen Orten scheint dies über Nacht zu geschehen; an einem Tag sind die Klippen einsam und leer, am nächsten Tag gibt es ein ständiges Kommen und Gehen gefiederter Bewohner und die Luft ist erfüllt von Geschrei und Gezänk. Im Spätsommer verhält es sich genau umgekehrt: Von einem Tag auf den anderen verstummen die Klippen, das erste Zeichen des näher rückenden Winters.

Die Gezeitenzone

Dort, wo die Felsküste sanft ins Meer abfällt und wo flache Felsplattformen regelmäßig von den Gezeiten umspült werden, wimmelt es unter und über dem Wasser von Leben. Dies ist einer der am dichtesten besiedelten Lebensräume, die man sich vorstellen kann und beherbergt eine atemberaubende Vielfalt an Pflanzen und Tieren mit einer Besiedlungsdichte, die mit der von tropischen Regenwäldern vergleichbar ist. Dies ist eine sich andauernd verändernde und raue Umgebung, die voller Herausforderungen steckt. Die hier lebenden Pflanzen und Tiere müssen mit Wellenschlag, der eine Kraft von bis zu 30 Tonnen/Quadratmeter erreichen kann, extremen Temperaturschwankungen und Fluktuationen im Salzgehalt des Wassers fertig werden.

Die meisten Pflanzen und Tiere haben sich an einen bestimmten Abschnitt oder eine bestimmte Zone dieses Lebensraums angepasst. Das felsige Ufer kann entweder in biologische Zonen oder in physische Zonen eingeteilt werden. Die biologischen Zonen beziehen sich auf die ansässige Flora und Fauna und sind nach der vorherrschenden Farbe des Felsens benannt. Physikalische Zonen hingegen werden durch die Zeit definiert, die sie über oder unter Wasser verbringen.

Pferdeaktinien in einem Gezeitentümpel.

Die sublitorale Zone befindet sich an dem am tiefsten gelegenen Abschnitt des Ufers. Sublitoral bedeutet wörtlich übersetzt „unterhalb der Wasserlinie“ und dieser Bereich bleibt selbst bei den niedrigsten Springfluten immer von Wasser bedeckt. Die etwas höher gelegene untere Uferzone wird nur bei Springfluten freigelegt, wenn die Ebbe außergewöhnlich niedrig ist. Biologen bezeichnen diesen Bereich oft als „braune Zone“, da hier verschiedene Arten von Braunalgen vorkommen. Die Gezeitenzone oder eulitorale Zone ist immer bei Ebbe freigelegt und bei Flut bedeckt. Seepocken und Napfschnecken dominieren diese Zone, die wegen ihrer überwiegend grauen Farbe auch als „graue Zone“ bezeichnet wird. Neben den genannten Schalentieren findet man hier auch verschiedene Arten von Grünalgen. Die supralitorale Zone wird nur bei extremen Springfluten überflutet und geht nahtlos in die Spritzzone (auch Sprühzone genannt) über, die sich oberhalb der höchsten Springflutmarke befindet. Während Pflanzen und Tiere in dieser Zone mit Meerwasser bespritzt werden können, wird diese Zone nie mit Wasser bedeckt. Hier bilden schwarze Teerflechten die „schwarze Zone“

Seetang

Als Seetang bezeichnet man die mit bloßem Auge sichtbaren Meeresalgen, die auch als Makro- oder Großalgen bekannt sind. Diese Algen sind zwar Pflanzen, aber nur sehr entfernt mit den an Land lebenden Pflanzen verwandt. Eine Eigenschaft haben sie allerdings gemeinsam: Sie produzieren die Nährstoffe, die sie zum Wachsen und Überleben benötigen, hauptsächlich durch Photosynthese.
Seetang wird in drei Gruppen eingeteilt: Rotalgen, Grünalgen und Braunalgen. Die Rotalgen sind vor allem in der sublitoralen Zone zu finden und lassen sich in ihrer Evolution etwa 1.2 Milliarden Jahre zurückverfolgen, was sie zu der ältesten Algengruppe macht. Ihre rote Farbe verdanken sie speziellen Pigmenten, die es ihnen ermöglichen, unter den schlechten Lichtverhältnissen in der sublitoralen Zone Photosynthese zu betreiben. Häufig vorkommende Arten sind Lappentang und Blutroter Seeampfer. Koralline Algen wie das Korallenmoos und Krustensteinblatt sind ebenfalls Rotalgen, die Kalziumkarbonat in ihren Zellwänden anreichern, was ihnen eine harte, korallenähnliche Struktur gibt. Während einige koralline Algen ein algenähnliches Aussehen bewahrt haben, wachsen andere ähnlich wie Flechten direkt auf der Felsoberfläche und haben alle optischen Merkmale verloren, die wir mit Algen assoziieren.
Grüne Algen sind am engsten mit Landpflanzen verwandt, und die meisten Arten gedeihen im Süßwasser, weit entfernt von der Küste. Die häufigsten der wenigen marinen Arten sind Meersalat und Kleiner Röhrentang, die beide die Hauptnahrungsquelle für die ansässigen Kreiselschnecken darstellen. Im Gegensatz zu ihren roten und braunen Vettern produzieren grüne Algen keine Stoffe, die das Abweiden verhindern, was sie zu einer leichten Mahlzeit macht.
Die dritte Gruppe sind die Braunalgen. Dies sind die Algen, denen man an der irischen Küste am häufigsten begegnet. Dazu gehören die größeren Arten wie Blasen-, Gabel- und Zuckertaang, die in verschiedenen Gezeitenzonen wachsen und bei rauem Wetter an Land gespült werden.
Algen sind für viele Tiere an der Felsküste sowohl Nahrung als auch Schutz. Schiebt man die Algendecke etwas beiseite findet man mit etwas Glück Krabben, Seesterne und andere Tiere.

Riemen-Tang bietet ein gutes Versteck für die kleinen Küstenbewohner wie den Siebenarmigen Seestern.

– direkt über der Hochwasserlinie – und eine Vielzahl gelber und oranger Flechtenarten die „orange Zone" die sich an die schwarze Zone anschließt. Hier findet man auch die ersten salztoleranten Pflanzen, wie z. B. Gewöhnliche Grasnelke, Meerfenchel und Echtes Löffelkraut.
Das Niemandsland zwischen Ebbe und Flut beschert bei jedem Besuch

neue Überraschungen und Wunder. Leider ist aber auch dieser Lebensraum in Gefahr. Abgesehen von den Problemen, die der Klimawandel mit sich bringt – höhere Wassertemperaturen und daraus resultierende Veränderungen im PH-Gehalt des Meerwassers und häufigere und stärkere Stürme und Orkane – sind da die Schäden, die ungeklärte Abwässer aus Städten und Dörfern (leider immer noch üblich in Irland) und der Ablauf von überdüngten Feldern anrichten.
Und schließlich ist da noch der Plastikmüll, der die Küste von allen Seiten bedrängt. Rücksichtslos weggeworfene Flaschen und Verpackungen an Land und der ständige Nachschub an Müll, den die Flut mit sich bringt. Leider sind es nicht nur die großen Teile, in denen sich Tiere verfangen können, die Probleme bereiten. Die größte Bedrohung geht von den kleinen Plastikpartikeln aus, von denen viele so winzig sind, dass sie von Plankton aufgenommen werden können. Die im Plastik enthaltenen Giftstoffe sammeln sich in der Nahrungskette an, was zu einem bitteren und tödlichen Ende für die Tiere am oberen Ende der Nahrungskette führt.

Sandstrände und Dünen

In Irland bekommt man sehr selten die Möglichkeit für einen Strandspaziergang unter warmer, strahlender Sonne. Meist benötigt man eine warme Jacke und Mütze, um dem kalten Wind zu trotzen. Ein Spaziergang auf weichem Sand ist aber auch bei Wind und Regen ein Erlebnis. Der Sand der irischen Strände besteht aus den Überresten von Felsen. Jedes einzelne Korn wurde von den Kräften des Ozeans von den Felsküsten und Steilklippen geschabt und dann von den Meeresströmungen in Buchten und an flachen Küstenabschnitten abgelagert.
Diese Strömungen und die ständige Wellenbewegung sind auch der Grund dafür, dass sich die Sandstrände ständig verändern. Je nach Laune des Wetters und des Meeres können innerhalb kurzer Zeit riesige Sandmengen verschoben werden. Dooagh Beach auf Achill Island im Nordwesten Irlands ist nur ein Beispiel für Sandverschiebungen, wenn auch ein extremes. Der rund 300 Meter lange Strand verschwand nach einem Sturm im Jahr 1984 über Nacht und hinterließ nur Kieselsteine und Felsen. Bei einem weiteren Sturm im Jahr 2017 wurden Hunderttausende von Tonnen Sand an derselben Stelle angespült, so dass innerhalb weniger Stunden ein neuer Strand entstand! Manchmal kann diese Materialbewegung auch einen Blick in Irlands Vergangenheit freigeben. Derselbe Sturm, der den Strand von Dooagh zurückbrachte, legte an einem Strand in der Grafschaft Galway Torf und Baumstümpfe frei, die Überreste eines Waldes, der vor etwa 4000 Jahren dem steigenden Meeresspiegel zum Opfer fiel.
Dünen sind ein weiteres Produkt von Wind und Wellen. Sand, der sich oberhalb der Hochwassermarke ansammelt, kann zu Hügeln von beträchtlicher Größe anwachsen, die schließlich von Pflanzen besiedelt werden.

Rock pooling

Gezeitentümpel – Meerwasser, das in Aushöhlungen im Stein bei Niedrigwasser zurückbleibt – sind ein weitverbreiteter Lebensraum an Irlands Küste. Das Erforschen der Tierwelt in diesen Gezeitentümpeln wird in Irland als *Rock Pooling* bezeichnet. Es ist ein beliebter und entspannender Zeitvertreib bei dem man Krabben, Seeigel, Seeanemonen, Algen, Muscheln und verschiedene Fischarten aus nächster Nähe betrachten kann. Alles, was man braucht, sind ein Netz, einige Plastikbehälter (in die man die Tiere zum näheren Untersuchen legen kann), eine Lupe und ein gutes Bestimmungsbuch. Wichtig ist, die Tiere nicht zu lange in dem Behälter zu lassen und sie wieder am Fundort auszusetzen. Die beste Zeit, um die Gezeitenzone zu erkunden, ist im Durchschnitt 1-2 Stunden vor bis 1 Stunde nach Niedrigwasser. Beachten sollte man jedoch, dass dies je nach Topografie der Küste von Ort zu Ort variiert. An manchen Ufern kann die Flut schnell fallen, aber auch sehr schnell wieder zurückkommen. Gezeitenkarten gibt es auf Seite 258.

Der Strandhafer wächst in der Regel als erstes und stabilisiert die Dünen durch ein starkes und weitverzweigtes Wurzelsystem. Sobald die Dünen stabil sind, siedeln sich andere Pflanzen an und schaffen eine vielfältige Flora, vor allem in geschützten Dünentälern. Diese geschützten Bereiche und ihre Pflanzenwelt ziehen auch Insekten an und sind ein idealer Lebensraum für Grabbienen und Grabwespen. Wenn sich der Sand an einem sonnigen Tag erwärmt, sind die Dünen auch ein guter Ort, um einer sonnenbadenden Bergeidechse oder einer Gruppe von Kaninchen zu begegnen. Dieser Lebensraum kann, wenn er sich einmal fest etabliert hat, sehr lange bestehen bleiben; die ältesten Dünensysteme in Irland sind etwa 5000 Jahre alt.

Stürme lassen oft Seetang und hilflose Meeresbewohner wie Quallen oberhalb der Gezeitengrenze zurück.

Salzwiesen und Watt

Der Hauptunterschied zwischen Sandstrand und Watt besteht darin, dass die Partikel, aus denen das Watt besteht, kleiner und dichter zusammengepackt sind als die Sandkörner an einem Strand. Von den drei Wattformen (Sand-, Misch-, und Schlick-) ist Sandwatt dem Sandstrand am ähnlichsten und kann an vielen Küsten gefunden werden, häufig mischen sich auch Abschnitte von Sandstrand und -watt.

Misch- und Schlickwatt befinden sich meist etwas abseits der unmittelbaren Küste in geschützten Buchten oder Flussmündungen und existieren oft Seite an Seite mit Salzwiesen. Da Misch- und Schlickwatt kaum Wellenbewegungen ausgesetzt ist, entsteht ein sehr kompaktes Substrat, was in einem sehr stabilem Ökosystem resultiert. Diese Stabilität ermöglicht es einer Reihe von Tieren, hier zu überleben. Häufig sind Würmer – besonders der Wattwurm und Bäumchen-Röhrenwurm – und Muscheln wie Gemeine Herzmuscheln und Schwertförmige Scheidenmuscheln. Diese kommen in erstaunlicher Dichte vor und ziehen Wat- und Wasservögel an. Das Nahrungsangebot und der Schutz, den die angrenzenden Salzwiesen bieten, sind der Hauptgrund, warum so viele überwinternde Vögel diesen Lebensraum als vorübergehendes Zuhause in Irland wählen.

Eine Salzwiese, die vom invasiven Salz-Schlickgras dominiert wird, aus der Vogelperspektive.

Wenn Wattflächen von Pflanzen besiedelt werden, werden sie zu Salzwiesen. In Irland ist das nicht einheimische Salz-Schlickgrass die Pflanze, die man am häufigsten auf Salzwiesen zu sehen bekommt. Diese Pflanze wurde Anfang des 20. Jahrhunderts in einigen Gebieten eingeführt, um die Küste zu stabilisieren und Erosion aufzuhalten. Unerwarteterweise breitete sich das Salz-Schlickgrass entlang der Küsten aus und wird heute als invasive Art eingestuft, die einheimische Pflanzen wie Andel (Strandschwinger) und Queller verdrängt.

Wie an den Felsküsten gibt es auch in den Salzwiesen eine klare Zonierung. Diese wird durch die Zeit bestimmt, die Pflanzen dem Salzwasser ausgesetzt sind. Einige Pflanzen, wie z. B. Queller, sind sehr tolerant gegenüber Salzwasser, andere, wie z. B. Strandflieder und Strand-Aster, können Salzwasser nur für kurze Zeit aushalten und finden sich deshalb nur in höher gelegenen Bereichen der Salzwiesen, wo sie dem Salzwasser nur gelegentlich ausgesetzt sind.

Flüsse und Seen

Die Routen 1, 3, 9 und 19 bieten Flusslandschaften, ebenso wie Ziel C auf Seite 157, A auf Seite 185, G auf Seite 227, B auf Seite 247und D auf Seite 248.
Die Routen 1, 7, 8, 9, 13, 14, 16, 18 und 19 sind perfekt, um Seen zu erleben, ebenso wie Ziel C und D auf Seite 226 und A auf Seite 247.

Wenn das Wetter mitspielt, ist ein Morgen am Ufer eines Sees oder Flusses ein magisches Erlebnis. Die regungslose Wasseroberfläche reflektiert Berge und Bäume. Die Wärme der aufgehenden Sonne lässt Nebelschwaden aufsteigen, die lautlos in die stille Luft wirbeln und die Landschaft in eine weiße Decke hüllen. Die Wildblumen am Ufer sind mit Tautropfen bedeckt, eine Libelle wartet auf die ersten Sonnenstrahlen und ein Graureiher steht regungslos am Ufer.

Irland ist mit Wasser gesegnet, und so ist es nicht verwunderlich, dass man nicht weit gehen muss, um einen Fluss oder einen See zu finden. Schätzungsweise 3200 Flüsse und Bäche und mehr als 12000 Seen aller Formen und Größen sind über das ganze Land verteilt. Sie bedecken 2% der gesamten irischen Landmasse, was doppelt so viel ist wie der europäische Durchschnitt.

Zwar fließen die meisten Flüsse noch immer in ihrem natürlichen Bett durch die Landschaft, gehören aber wie auch die irischen Seen zu den am stärksten verschmutzten in Europa. Die Verschmutzung kommt vor allem von der Landwirtschaft in Form von Stickstoff und Phosphor aus Düngemitteln, als auch von unbehandelten Abwässern aus Städten und Dörfern.

Der Hafen von Kildysart, Grafschaft Clare, an der Shannon-Mündung. Der Fluss ist hier etwa 50 km von der Küste entfernt, aber bereits den Gezeiten unterworfen.

Irlands Seen und Flüsse haben trotz ihres oft malerischen und unberührten Aussehens eine sehr schlechte Wasserqualität. Im Jahr 2022 wiesen nur 60% aller Oberflächengewässer Irlands einen zufriedenstellenden ökologischen Zustand auf.

Flüsse

Die Flüsse Irlands lassen sich grob in fünf Typen unterteilen. Die ersten beiden sind hauptsächlich in den Bergen zu finden und werden wohl besser als Bäche beschrieben. Das Wasser fließt hier durch einen meist schmalen Felskanal mit starkem Gefälle. Weiter unten an den Hängen ist das Gefälle weniger extrem (durchschnittlich 2-4%), das Gerinne wird etwas breiter und das Flussbett besteht aus Geröll und Sand. Beide Flusstypen weisen in regelmäßigen Abständen Kaskaden und Tauchbecken als auch freiliegende Felsflächen mit Felsblöcken auf. Regenfälle und andere Niederschläge haben einen sofortigen Einfluss auf das Erscheinungsbild dieser Wasserläufe und kleine Bergbäche können sich innerhalb kürzester Zeit in einen reißenden Strom verwandeln. Die oft namenlosen Gebirgsbäche münden in die größeren Flüsse in den Tälern und Niederungen. Diese Flüsse sind wesentlich breiter und haben ein geringes bis fast gar kein Gefälle und fließen langsam und gleichmäßig dahin. Die drei Tieflandflusstypen unterscheiden sich vor allem durch ihren Verlauf und die Erscheinung ihrer Ufer.

Der Fluss Roe, Grafschaft Derry, nach heftigen Regenfällen im Herbst.

Der erste Typ schlängelt sich mit niedrig liegenden Ufern durch die Landschaft und bildet Tümpel in den Mäandern. Der zweite Typ ist wesentlich kurvenreicher und weist höhere Ufer auf. Dieser Typ ist besonders im südwestlichen Teil Irlands gängig. Der dritte Typ zeigt ein verzweigtes Erscheinungsbild, das typisch für Ästuarien ist, in denen abgelagerte Sedimente das Hauptgerinne in zahlreiche kleinere Flussläufe aufteilen. Das Bett dieser Flüsse besteht hauptsächlich aus Feinsedimenten.

Alle Flüsse münden irgendwann in das Meer. Aufgrund der untertassenartigen Topografie Irlands mit Gebirgszügen in den Küstenregionen und einem flachen Landesinneren werden viele Flüsse zu langen Umwegen gezwungen, bevor sie eine Lücke zwischen den Bergen finden, durch die sie das Meer erreichen können. Der Fluss Liffey zum Beispiel entspringt in den westlichen Wicklow Mountains (ein Gebirge an Irlands Ostküste), doch um das Meer zu erreichen, muss der Fluss zunächst nach Westen fließen, um die Berge zu umschiffen und die Bucht von Dublin zu erreichen.

Der Shannon und die Shannon Callows (Flussaue)

Der Shannon ist der längste Fluss Irlands. Er entspringt am Fuße der Cuilcagh Mountains nahe der Grenze zwischen der Republik Irland und Nordirland an einem Ort, der als *Shannon Pot* bekannt ist. Dabei handelt es sich um einen kleinen Teich, der das Wasser aus einer Reihe kleiner Bäche und unterirdischer Quellen in den Cuilcagh Mountains auffängt. Vom Shannon Pot aus fließt der junge Shannon dann nach Süden. Gespeist von zahlreichen Nebenflüssen wächst er schnell zu einem beachtlichen Fluss heran. Der Shannon fließt direkt durch die Midlands und teilt Irland praktisch in zwei Hälften. Auf seinem Weg bildet er eine Reihe von großen Seen, und

Lough Ree ist einer der drei großen Seen entlang des Shannon.

nachdem er die Stadt Limerick passiert hat, wendet sich der Shannon nach Westen, wird gezeitenabhängig und weitet sich zu einem langen Mündungsgebiet, dem Shannon Estuary (Shannon Ästuar).

Wie die meisten Flüsse in Irland darf der Shannon seinen natürlichen Lauf von der Quelle bis zum Meer ohne größere menschliche Eingriffe verfolgen. Das Resultat sind einige der wenigen verbliebenen natürlichen Überschwemmungsebenen Europas. Einer der schönsten Abschnitte des Shannon befindet sich zwischen den Seen Lough Ree und Lough Derg. Hier liegen die Shannon Callows, ein Name abgeleitet vom irischen caladh, was „Wasserwiese" bedeutet. Auf diesem 40 Kilometer langen Abschnitt ist der Shannon ein langsam fließender, aber mächtiger Strom, der sich durch eine flache Landschaft aus Weiden und Moorland schlängelt, die er in den Wintermonaten regelmäßig überflutet.

Diese glitzernde Wasserwelt wird zur Heimat einer Vielzahl von gefiederten Wintergästen. Etwa 30.000 Watvögel (z. B. Kiebitz, Goldregenpfeifer und

Alpenstrandläufer) und eine ähnliche Anzahl von Wasservögeln (Sing- und Zwergschwäne, Blässgänse und Pfeifenten) überwintern in den geschützten und nahrungsreichen Auenlandschaft. Andere Vögel wie Uferschnepfe und Regenbrachvogel nutzen die Aue, um sich auszuruhen und auf ihrer Reise von ihren Brutgebieten weiter nördlich in ihre Überwinterungsheimat in Afrika Kraft zu tanken.

Mit dem Flutwasser kommen auch wertvolle Sedimente, die wichtige Nährstoffe enthalten und so die Grundlage für das Pflanzenwachstum im nächsten Sommer schaffen. Sobald sich das Wasser im Frühsommer zurückgezogen hat, erwachen die Wiesen zu neuem Leben. Während in den meisten Teilen Irlands die artenreichen Heuwiesen durch schnell wachsendes Weidegras ersetzt wurden, weisen die Weiden der Shannon Callows noch immer eine vielfältige und farbenfrohe Pflanzenwelt auf. Neben verbreiteten Arten wie Purgier-Lein, Wiesen-Schaumkraut und Sumpf-Dotterblume finden sich auch Raritäten wie Sumpf-Platterbse, Sommer-Knotenblume und eine Vielzahl von Orchideen. Insgesamt wurden in den Lebensräumen der Shannon Callows 216 verschiedene Pflanzenarten gezählt. Diese reiche Pflanzenwelt ist die perfekte Kulisse für eine reiche Tierwelt. Viele Vögel nutzen den Schutz der Wiesen, um ihren Nachwuchs aufzuziehen. Die meisten von ihnen sind Watvögel wie Bekassine, Rotschenkel und Großer Brachvogel.

Die Shannon Callows bilden zwar die bei weitem größte Überschwemmungsebene Irlands, einige Nebenflüsse des Shannon wie Brosna und Suck sowie einige andere Flüsse in Irland treten über die Wintermonate ebenfalls regelmäßig über ihre Ufer. Die Flora und Fauna dieser Überschwemmungsgebiete ist ähnlich, wenn auch weniger vielfältig, wie die der Shannon Callows.

Der Upper Lake in Glendalough, Grafschaft Wicklow, ist einer der schönsten Orte in Irland (Route 1).

Seen

In Irland gibt es Tümpel, Teiche, kleine Seen, große Seen und riesige Seen. Manche wimmeln nur so von Leben, andere unterstützen nur eine kleine Anzahl von Tieren und Pflanzen.

Die Vielfalt der Seen in Irland ist auf die vorherrschende Topographie und Geologie also auch die Niederschlagsmengen zurückzuführen. Die meisten Seen im Landesinneren liegen auf Kalkstein, während entlang der Westküste und in den Bergregionen weniger poröse Gesteine vorherrschen. Die Ge-

Lough Derg ist ein weiterer der drei großen Seen des Shannon und liegt südlich des Loug Ree.

wässer in diesen Gebieten haben relative niedrige pH-Werte und sind eher nährstoffarm, ähnlich wie die umliegenden Lebensräume, bei denen es sich hauptsächlich um Deckenmoore handelt. Die Seen der Midlands hingegen sind von Natur aus alkalisch, was einen schnelleren Abbau von organischem Material und die anschließende Freisetzung von Phosphor ermöglicht, der ein lebenswichtiger Nährstoff für Pflanzen ist. Die Seen hier sind auch etwas wärmer und sauerstoffreicher als ihre sauren Vettern, Faktoren, die von den meisten Lebewesen bevorzugt werden. Der optische Unterschied zwischen einem Corrie-See oder Tarn (ein schüsselförmiger Bergsee, der in einer Gletschermulde entstanden ist) hoch in den Sandsteinbergen von Kerry und einem See in den Midlands ist frappierend. Der Corrie-See wirkt aufgeräumt und makellos, der Blick vom Ufer ist frei und die Flora beschränkt sich auf einige Arten von Gräsern und Seggen. Der Kalksteinsee hingegen hat ein leicht chaotisches Flair. Das Ufer ist mit Schilf, Binsen und Wildblumen bewachsen, die oft ein undurchdringliches Dickicht bilden. Der nahtlose Übergang von Land- zu Wasservegetation macht es schwierig zu erkennen, wo das Land endet und der See beginnt. Diese üppige Pflanzenwelt ist der natürliche Lebensraum für eine große Vielfalt von Tieren, von unzähligen kleinen, wirbellosen Tieren, über Amphibien bis hin zu Vögeln und Säugetieren.

Es ist zwar nicht schwer, in Irland einen See zu finden, aber es gibt nur einige wenige Gebiete, die man als echte Seengebiete bezeichnen kann. Im Süden, in der Nähe des Lough Derg, eines der Seen, die der Shannon bildet, liegen die Seen von East Clare, eine Ansammlung kleiner Seen in weiten Tälern zwischen sanften Hügeln. Weiter nördlich und auf der östlichen Seite des Flusses Shannon liegen die Seen der Grafschaft Westmeath, darunter Lough Ennell, Lough Owel und Lough Derravarragh, in der weiten Kalksteinebene der Midlands. Diese Seen gehen fast nahtlos in die größte Ansammlung von Seen in Irland über: In der Nähe des Shannon Pot liegen die weiten Fermanagh Lakelands, deren größter See der langgestreckte Lough Erne ist.

Lough Neagh

Nordöstlich des Lower Lough Erne liegt das größte Süßwasservorkommen der irischen und britischen Inseln, der riesige, fast rechteckige Lough Neagh. Dieser See hat eine Fläche von fast 400qkm, ist 32km lang und 14km breit, erreicht aber nur eine mäßige durchschnittliche Tiefe von 9m. Zahlreiche Flüsse münden in Lough Neagh, darunter Blackwater, Six-Mile-Water, Ballinderry, Main, Moyola und Upper Bann, aber nur ein Fluss, Lower Bann, verlässt den See an seinem nördlichen Ende.
Lough Neagh ist einer der wenigen irischen Seen, die nicht glazialen Ursprungs sind. Durch eine Reihe von Landabsenkungen – die letzte wurde vor 35 Millionen Jahren durch das Gewicht von Basaltablagerungen ausgelöst – sank das Gebiet des Sees 366 Meter unter den heutigen Meeresspiegel. Die entstandene Senke füllte sich anschließend mit Wasser. Im Laufe der Zeit ging der Wasserspiegel des Sees leicht zurück, was eine Reihe kleinerer Seen in der Umgebung hinterließ, wie z. B. Lough Beg (siehe Route 20). Diese, zusammen mit Lough Neagh, ließen eine Vielzahl von Lebensräumen wie Auenwälder, Wiesen und Moore entstehen und sind ein international bedeutender Standort für Wat- und Wasservögel.
Ein kleiner, aber berühmter lokaler Bewohner, der für das Funktionieren des Ökosystems unerlässlich ist, ist die Lough Neagh Fly, eine harmlose Mücke, die im Frühjahr und Sommer in großer Zahl auftritt. In ihrer adulten Form bietet sie den brütenden Vögeln Nahrung, in ihrer Larvenform ist die Mücke eine Hauptnahrungsquelle für überwinternde Vögel und Fische wie Hecht, Forelle, Neunauge, Lachs und den Europäischen Aal. Letzterer war einst die Grundlage für eine florierende Industrie in der Gegend.
Eine Reihe typischer maritimer Pflanzen wie Felsen-Schuppenmiere, Strand-Wegerich und Hasen-Klee sind unerwartet häufig auf Sandflächen entlang der Küste des Lough Neagh. Die wahrscheinlichste Theorie hierfür ist, dass Lough Neagh in seiner Geschichte dem Meerwasser aus dem nahe gelegenen Belfast Lough ausgesetzt war und dass sich die Pflanzen in dieser Zeit ansiedelten.

Lough Corrib

Lough Corrib ist der zweitgrößte See Irlands, liegt an der Westküste und ist der südlichste einer Kette von großen Seen, die eine Grenze zwischen der Westküste und den Midlands bilden. Das südliche Ende des Sees liegt direkt nördlich der Stadt Galway, wo der Fluss Corrib den See verlässt, um seinen sehr kurzen Weg durch die Stadt in die Galway Bay zu nehmen. Dies ist einer der besten Orte in Irland, um die Lachswanderung zu beobachten, die

Ende Mai beginnt und den ganzen Sommer über andauert. Die Weir Bridge in der Nähe von Galways Latin Quarter zieht inzwischen nicht nur Angler, sondern auch viele Touristen an, die das Spektakel beobachten wollen.
Lough Corrib liegt auf einer geologischen Grenzlinie, an welcher der Kalkstein der Midlands auf den Granit, Schiefer und Sandstein der Westküste trifft, was den See in zwei sehr unterschiedliche Hälften aufteilt. Die von Kalkstein unterlagerte südliche Hälfte des Lough Corrib ist sehr viel schmaler und flacher als das Nordende des Sees. Die unregelmäßige Uferlinie hier zeigt vorwiegend Moorgebiete und Weideland, und der See selbst ist mit zahlreichen bewaldeten Inseln übersät. Die nördliche, nährstoffärmere Hälfte des Sees weitet sich beträchtlich und ist auch wesentlich tiefer. Zusammen bilden diese beiden Hälften eine der interessantesten Ansammlungen von Süßwasserlebensräumen in Irland. Daher ist der Lough Corrib als Rückzugsgebiet für eine Reihe seltener Arten von großer Bedeutung. Der See ist eine der wenigen irischen Hochburgen für die Flussperlmuschel und den Dohlenkrebs. Auch Fischotter sind hier weit verbreitet und profitieren von den Fischpopulationen, darunter Bachneunauge, Lachs und Forelle. Die vielen geschützten Buchten und Inseln ziehen zahlreiche Vögel an: Löffelente, Tafelente, Reiherente, Trauerente, Blässhuhn, Lach- und Sturmmöwe, Flussseeschwalbe, Küstenseeschwalbe und Grönländische Blässgans.

Flora und fauna

Die Flora und die Fauna, die in und um Irlands Seen und Flüssen gedeiht, ist in hohem Maße von der Bodenbeschaffenheit und den umgebenden Ökosystemen abhängig. Wegen ihres sauren Charakters ziehen die von Deckenmoor umgebenen Seen im Hochgebirge nur wenige Pflanzen an. Hier dominieren verschiedene Moosarten. Am Fuße der Berge findet man eine größere Vielfalt an Pflanzen, die Laichkräuter, Wasserlinsen, Tännel, Wasserhahnenfußarten sowie Weiße und Gelbe Seerose beinhaltet. Für den Botaniker ist allerdings keines dieser beiden Extreme sehr interessant.
Ansprechender sind die Seen zwischen diesen Extremen. Diese sind zwar immer noch sehr nährstoffarm, die wenigen Nährstoffe und Mineralien, die sich hier finden, bilden aber einen Puffer gegen den niedrigen Wasser-pH, was Pflanzen wie Sumpf-Johanniskraut, See-Pfeifenkraut (*Eriocaulon aquaticum*), Wasser-Lobelie und einer Reihe seltener Seggen und Binsen eine Lebensgrundlage bietet. An den Ufern dieser Seen wachsen auch einige der selteneren Orchideen Arten Irlands.
Die alkalischen Tieflandseen und -flüsse weisen nicht überraschenderweise die reichste Flora und Fauna auf. Typische und weit verbreitete einheimische Fische sind Forelle, Lachs, Europäischer Aal, Fluss- und Bachneunauge, Hecht, Dicklippige Meeräsche und Stichling (drei- und neunstachlig). Einzigartige in Irland sind Killarney Finte, eine Unterart der Finte, und Irische Maräne, ein Nachfahre der Arktischen Maräne, die am Ende der letzten Eiszeit

nach Irland kam und heute nur noch in fünf der irischen Seen zu finden ist. Ein weiteres Eiszeitrelikt ist der Seesaibling, der in abnehmender Zahl in den tiefsten der Flachlandseen und einigen wenigen Hochlandseen zu finden ist. Die zwei einzigen irischen Amphibien, der Grasfrosch und der Teichmolch, sind ebenfalls an oder in Teichen und Seen zu finden.

Ein besonderer Bewohner der irischen Flüsse und einiger Seen ist der Dohlenkrebs, ein Verwandter des Hummers und die bevorzugte Nahrung des Fischotters. Aufgrund seines rückläufigen Status im restlichen Europa (hauptsächlich wegen invasiver Arten und der Krebspest) genießt das Tier in Irland besonderen Schutz.

Eine weitere stark bedrohte Art ist die Flussperlmuschel. Diese langlebige Muschel (einzelne Tiere können bis zu 140 Jahre alt werden) braucht einen ganz besonderen Lebensraum: einen schnell fließenden Fluss mit Sand, Kies und Steinen, der gut mit Sauerstoff versorgt und frei von Schadstoffen ist. Die Flussperlmuschel ist außerdem für ihren Fortpflanzungszyklus auf Salmoniden angewiesen. Die Larven (Glochidien) der Muschel setzen sich an den Kiemen der Wirtsfische fest, wo sie etwa neun Monate lang eingekapselt bleiben, bevor sie abfallen und ihr Leben auf dem Flussbett beginnen. Irland ist eine der europäischen Hochburgen dieses Tieres.

Graureiher am Fluss Shannon, Grafschaft Limerick.

Häufige Vögel an Seen und Flüssen sind der Graureiher und der Seidenreiher. Letzterer hat sich in nur 20 Jahren von einem seltenen Besucher zu einem der weitverbreitetsten Vögel entwickelt. Auch der Eisvogel ist an langsam fließenden Flüssen häufig anzutreffen, während die Wasseramsel schnell fließende Bäche bevorzugt und die Gebirgsstelze hauptsächlich an baumbestandenen Flüssen anzutreffen ist.

Das einzige einheimische Säugetier der Seen und Flüsse ist der Fischotter. Der invasive Amerikanische Nerz ist ebenfalls weit verbreitet und hat, seit er in den 1960er Jahren erstmals in freier Wildbahn entdeckt wurde, das ganze Land kolonisiert.

Die Wasserfledermaus findet ihre Nahrung fast ausschließlich über Seen und Flüssen und ist dafür bekannt, dass sie schwimmen kann. Ihre Beute sind Insekten, die zahlreichsten Tiere in und an irischen Gewässern.

Moorgebiete

Die Routen 1, 2, 7, 8, 12, 16, 17, 18 und 19 eignen sich hervorragend, um Moorgebiete zu entdecken, ebenso wie die Ziele E und F auf Seite 226-227.

Irland und Torf haben eine lange und innige Beziehung. Weite Teile des Landes sind seit Jahrtausenden mit Torf bedeckt, vorwiegend in Form von Decken- oder Hochmooren. Nach dem Verschwinden der Wälder wurden diese Torfgebiete für die Einwohner zur wichtigsten (und oft einzigen) Brennstoffquelle, um zu kochen und zu heizen. Der rauchig-süße Geruch eines Torffeuers an einem kalten Wintermorgen ist auch heute noch der Inbegriff Irlands. Heute sind die meisten irischen Moore in kleine, vom Torfstechen vernarbte Parzellen zersplittert, oder sie sind in ein braunes Ödland verwandelt worden, das Ergebnis von jahrzehntelangem industriellen Torfabbau.

Irlands Landschaft wird seit etwa 4000 Jahren von Torfmooren beherrscht. Diese auf den ersten Blick uniformen Ökosysteme bedecken riesige Gebiete von der Küste bis zu den Midlands und erstrecken sich außerdem bis hoch in die Berge. Im Laufe eines Jahres ändern die Moore ihre Farbe von einem satten Grün, das von den weißen, gelben, roten, blauen und unzähligen anderen Farbtupfern der Wildblumen durchsetzt ist, zu warmen Braun- und Gelbtönen, die im Winter die Landschaft beherrschen.

Torf besteht hauptsächlich aus abgestorbenen Pflanzen, die sich aufgrund von Sauerstoffmangel und dem daraus resultierenden Fehlen von Mikroorganismen nicht zersetzen konnten. In Irland gibt es verschiedene Arten von Torfmooren. Die wichtigsten sind Deckenmoore (die weiter in atlantische Deckenmoore und Bergdeckenmoore unterteilt werden können) und Hochmoore. Der Torf dieser Moore unterscheidet sich sowohl in der Farbe als auch in der Konsistenz erheblich. Torf aus Hochmooren besteht hauptsächlich aus Torfmoosen, hat eine helle Farbe und fühlt sich eher weich an, während Torf aus Deckenmooren hauptsächlich aus Gräsern und Seggen besteht, eine sehr dunkelbraune Färbung aufweist und kompakter ist. Ein dritter Moortyp ist *Fen* (vergleichbar mit

Torf in Connemara (Route 16).

Kiebitze im Lough Boora Discovery Park. Der Park ist Teil eines ausgedehnten Rewilding-Projekts in den irischen Midlands (Route 2).

Nieder- und Übergangsmoor), in dem Seggen und andere grasähnliche Vegetation vorherrschen und das häufig eine Vorstufe des Hochmoores ist. Abgesehen von ihrem Status als kostenlose Brennstoffquelle galten Moore für lange Zeit als nutzlos. Neben der Verfeuerung in privaten Kaminen und Öfen wurde Torf auch als billiger Brennstoff zur Stromerzeugung genutzt. Das letzte der ehemals 10 torfbefeuerten Kraftwerke in Irland wurde erst 2020 vom Netz genommen. Man schätzt, dass einst etwa 300.000 Hektar der irischen Midlands mit Hochmoor bedeckt waren, heute sind nur noch 50.000 Hektar übrig und nur 20.000 Hektar sind in unberührtem Zustand. Diese sind in kleinen Parzellen über die zentralen Grafschaften Irlands verstreut und finden sich vor allem in Offaly, Westmeath, Longford, Roscommon und Kildare. Ein ähnliches Schicksal ereilte die Deckenmoore an der Westküste und in den Bergregionen Irlands. Von ihnen sind nur noch 28% intakt, der Rest wurde durch maschinellen Torfabbau, kommerzielle Aufforstung und Überweidung zerstört oder beschädigt.

Hochmoore

Von den drei Moortypen sind die Hochmoore der nährstoffärmste und damit der lebensfeindlichste dieser Lebensräume. Hochmoore sind feuchtigkeitsgetränkte und scheinbar einförmige, endlose Landschaften, die von einer melancholischen Schönheit umhüllt sind.

Wie der Name schon sagt, wachsen Hochmoore kuppelartig aus der Landschaft. Torfmoos, das Regenwasser wie ein Schwamm aufsaugt, ist der Hauptbestandteil dieser Kuppeln. Torfmoosarten können bis zum 26-fachen ihres Trockengewichts an Wasser speichern und gedeihen vorzüglich

Jahrzehnte von kommerziellem Torfabbau haben nicht viel von den Hochmooren der Midlands übrig gelassen (Grafschaft Offaly).

in der kargen Umgebung, die ausschließlich von Regenwasser versorgt wird, das von Natur aus leicht sauer und fast frei von Mineralien und anderen Nährstoffen ist. Torfmoos erbaut seine eigene Landschaft, indem es sich langsam, aber stetig ausdehnt, ähnlich wie Milch, die im Zeitlupentempo überkocht. Aufgrund seiner Fähigkeit, große Mengen an Wasser zu speichern, führt Torfmoos außerdem zu einer effektiven Vernässung der Oberfläche, und in der resultierenden sauerstoffarmen Umgebung zersetzen sich die abgestorbenen Pflanzen nicht und verwandeln sich in Torf.

Hochmoore entstanden in Irland nach dem Ende der letzten Eiszeit, als das Klima feuchter und milder wurde. In den Midlands wurde dieser Prozess durch die postglaziale Landhebung unterstützt. Das Land, das nun endlich von der Last des Gletschereises befreit war, hob sich, während als Nebeneffekt gleichzeitig der Grundwasserspiegel absank. Der Verlust des Zugangs zu nährstoffreichem Grundwasser löste einen radikalen Wandel in der vorherrschenden Flora aus. Torfmoose siedelten sich an und veränderten die Wachstumsbedingungen weiter. Das Moos veränderte durch einen chemischen Prozess den Ionenhaushalt des Bodens, was in einer Versauerung des Lebensraums resultierte. Abgestorbene Torfmoose setzten diese Versauerung fort, indem sie organische Säuren absonderten.

Über die folgenden Jahrhunderte bauten Moose und die wenigen andere Pflanzen, die im Hochmoor gedeihen, den Torf Schicht um Schicht auf und ließen das Moor zu einer kuppelförmigen Landschaft, bestehend aus moosigen Höckern, kleinen grasigen Flächen und überwachsenen Tümpeln, wachsen. Die einzelnen Kuppeln verschmolzen dann mit benachbarten Hochmooren, und so entstanden riesige Moorgebiete wie das Bog of Allen, das einst rund 6000 Quadratkilometer umfasste.

Die kombinierten Schichten eines Hochmoores können eine Tiefe von bis zu 12 Metern erreichen, aber nur die oberste Schicht besteht aus lebenden Pflanzen. Während diese obere Schicht eine hohe Wasserdurchlässigkeit aufweist, nimmt diese mit jeder Torfschicht rasch ab. Das Ergebnis ist ein Vegetationsteppich, der auf einem wässrigen Gebräu aus abgestorbenen Pflanzenteilen schwimmt. Ein Hochmoor besteht zu etwa 98% aus reinem Wasser und nur die restlichen 2% aus festem Material.

Deckenmoore

Global gesehen sind Deckenmoore ein seltener Lebensraum und Irland beherbergt nicht weniger als 8% aller weltweiten Deckenmoore.

Die Entstehung der Deckenmoore begann auf ähnliche Weise und zur gleichen Zeit wie die Entwicklung der Hochmoore. Deckenmoore begannen sich kurz nach der letzten Vergletscherung in geschützten, wassergefüllten Senken oder flachen Seen zu bilden. Einige Jahrtausende lang gediehen diese embryonalen Deckenmoore nur an diesen wenigen, isolierten Orten. Mit der bereits erwähnten Klimaveränderung begannen sich dann aber auch diese Moore auszubreiten. Durch die zunehmenden Niederschlagsmengen wurden Mineralien aus den oberen Erdschichten ausgewaschen und lagerten sich tiefer im Boden ab, wo sich im Laufe der Zeit eine wasserundurchlässige Schicht, im Englischen bekannt als Iron Pan, bildete. Als Folge sättigte sich der Boden mit Wasser, was wiederum die Entwicklung und das Wachstum von Torf unterstützte.

Der unverwechselbare Errigal Mountain, Grafschaft Donegal, ist von weiten Deckenmooren umgeben. Hinter dem einsamen Berg liegt der Glenveagh Nationalpark.

Dieser Prozess verlief jedoch nicht linear. Geringfügige Veränderungen der Wetterverhältnisse in den frühen Phasen der Moorbildung ermöglichten es Bäumen, Moorgebiete für eine begrenzte Zeit wieder zu besiedeln. Die Überreste dieser so genannten späteren Kiefernwaldphase zeigen sich in zahllosen Baumstämmen und -stümpfen, die gut erhalten in vielen Mooren besonders an der Westküste Irlands zu finden sind.

Torfmoose spielen in den Deckenmooren eine untergeordnete Rolle. Hier wachsen vor allem Gräser und Seggen. Infolgedessen haben Deckenmoore eine geringere Wasserspeicherkapazität als Hochmoore und sind auf regelmäßige Niederschläge angewiesen. Um ein Deckenmoor am Leben zu erhalten, sind 1200 mm Regen, Niesel oder Nebel pro Jahr, verteilt auf mindestens 235 Tage, erforderlich. Ein weiterer Unterschied zwischen

Hochmoor und Deckenmoor ist deren Wachstum. Im Gegensatz zu den Hochmooren mit ihrer typische Kuppelform, breitet sich das Deckenmoor wie eine Decke flach über die Landschaft aus und erreicht nur eine Tiefe von 2 bis 6 Metern.

Deckenmoore sind das Sinnbild für den Westen Irlands. Die Moorgebiete hier wirken wild und trostlos. Vor allem wenn ein kalter Wind über die seenbedeckten Weiten des Roundstone Bogs in Connemara weht oder dunkle Wolken über der bedrohlichen Landschaft von Erris und Ballycroy in der Grafschaft Mayo hängen, sind Irlands Moorlandschaften der Inbegriff der Einsamkeit.

Fen oder Niedermoor

Fen ist ein typischer Lebensraum Irlands und Großbritanniens, der sich mit kontinentalen Niedermooren und Übergangsmooren nicht völlig vergleichen lässt.

Niedermoor unterscheidet sich grundlegend von Hoch- und Deckenmooren. Während Letztere ihre Wasserversorgung ausschließlich aus Niederschlägen beziehen, wird Niedermoor durch unterirdische Quellen oder einen nahe gelegenen Fluss mit Wasser versorgt. Im Gegensatz zu Regenwasser liefert dieses Wasser ausreichend Mineralien und Nährstoffe, um eine große Vielfalt an Pflanzen und andere Lebensformen zu unterstützen.

Fliegen-Ragwurz

Niedermoore kommen in unterschiedlichen Formen vor, und hier unterscheidet sich die Gliederung von Moortypen in Irland von denen in Deutschland. Einige Moore bilden sich in Senken in der Landschaft, in der sich Wasser, z.B. von einem benachbarten Fluss, staut. Andere entstehen dort, wo das Gelände eine kontinuierliche Grundwasserzufuhr erlaubt. Ein weiterer Unterschied beruht auf dem chemischen Gleichgewicht der Wasserversorgung. Der Moortyp bekannt als "Rich Fen" wird von basenreichem oder kalkhaltigem Wasser gespeist, wodurch auch das Torfsubstrat alkalisch wird. Diese sind hauptsächlich in Gebieten zu finden, die über Kalkstein liegen. "Poor Fens" dagegen werden von basenarmen oder leicht saurem Wasser versorgt, sind allerdings weit weniger sauer als die Hochmoore. Zwischen diesen Extremen gibt es dann außerdem die Schwingmoore – "Quaking Fens" oder "Transition Fens".

In Irland ist "Poor Fen" vor allem in den Küstenregionen zu finden, insbesondere im Westen, wo es oft als Teil der vorherrschenden Deckenmoore auftritt oder die Ränder von Seen bildet. "Rich Fen" findet sich vor allem in den Kalksteinregionen der Midlands und ist einer der artenreichsten Lebensräume Irlands. Zahlreiche Wildblumen

gedeihen hier, darunter das Sumpf-Blutauge, der Gemeine Teufelsabbiss und der Echte Baldrian, die zu den typischen Arten gehören. Auch mehrere Orchideen kommen hier vor, von denen die kleine, aber wunderschöne Fliegen-Ragwurz vielleicht die bemerkenswerteste ist, da sie auf dem Kontinent nur in sehr trockenen Kalksteingebieten gedeiht.
Diese Flora wiederum unterstützt eine Vielzahl von Tieren. Insekten und andere wirbellose Tiere sind hier in großer Zahl anzutreffen. Schnecken werden von dem kalkreichen Wasser des Fen angezogen, Wespen schätzen die Überwinterungsquartiere in den Stängeln des Rohrkolbens und Käfer freuen sich über das vielfältige Nahrungsangebot für sich und ihre Nachkommen. In den Seen lebt eine der wenigen Amphibien Irlands, der Teichmolch.

Atlantisches Deckenmoor, Grafschaft Galway (oben). Rundblättriger Sonnentau und Torfmoose (unten).

Vom Fen zum Hochmoor

Man geht davon aus, dass die meisten irischen Hochmoore in ihrer Entwicklung ein Niedermoor-Stadium durchlaufen haben. Wenn ein „Fen“ ungestört bleibt, entwickelt sich in seinen Kerngebieten oft allmählich ein Hochmoor. In Bereichen, in denen Regenwasser auf der Grundwasserschicht stagniert, siedeln sich Torfmoose an und bauen von dort allmählich ihre Torfkuppel auf. Dieser Prozess begann sehr wahrscheinlich mit der Klimaveränderung vor 4000 Jahren. Schließlich erreichte die Torfmoosschicht eine Dicke, die andere Pflanzen vom nährstoffreichen Grundwasser abschnitt und das Fen verwandelte sich in ein Hochmoor. Umgekehrt können Überschwemmungen, Flüsse, die ihren Lauf ändern, Dürreperioden oder Brände den Prozess der Moorbildung verlangsamen oder sogar beenden. Fen ist von Natur aus ein sich langsam veränderndes Mosaik bestehend aus sich entwickelnden Hochmooren und reinem Fen, wobei das Fen immer in der Nähe von Flüssen und an Stellen vorkommt, an denen mineralreiches Grundwasser austritt, und Hochmoore dort entstehen, wo diese Einflüsse minimal sind. In Irland hat die Aufgabe der industriellen Torfabbaugebiete an einigen Stellen ebenfalls zu einer Neuformierung von Fen geführt.

Flora und Fauna der Moorgebiete

Neben den Torfmoosen gibt es in den Hochmooren nur wenige aber dafür hochspezialisierte Pflanzen. Braunes und Weißes Schnabelried, Besenheide und Glockenheide sind alle perfekt an die feuchten, sauren und offenen Bedingungen dieser Landschaft angepasst. Zu diesen gesellen sich Schmalblättriges Wollgras, Beinbrech, Rosmarinheide und Gewöhnliche Moosbeere. Die interessantesten Moorpflanzen sind wahrscheinlich die fleischfressenden Arten, die einen einzigartigen Weg gefunden haben, um lebenswichtigen Stickstoff und Phosphor zu erhalten. Rundblättriger und Mittlerer Sonnentau, Gewöhnliches Fettkraut, Wasserschlauch und die Rote Schlauchpflanze, die 1906 aus Kanada in die Grafschaft Roscommon eingeführt wurde, fangen Insekten, um ihren Nährstoffbedarf zu decken.

Beinbrech mit einem Westlichen Knabenkraut im Hintergrund (oben) und ein Irischer Schneehase (unten).

In Deckenmooren dominieren Gräser und Seggen wie Blaues Pfeifengras, Schmalblättriges Wollgras und Scheiden-Wollgras. Wildblumen wie Gewöhnliches Kreuzblümchen, Blutwurz, Wald-Läusekraut und verschiedene Heidekrautarten sind ebenfalls weit verbreitet.

Die Tierwelt in den Hoch- und Deckenmooren ist eine Mischung aus einigen wenigen dauerhaft ansässigen Arten und zahlreichen Besuchern. Der Grasfrosch ist eine der häufigeren Arten, die im Moor zu Hause sind. Frösche erwachen etwa im März aus dem Winterschlaf, in milden Wintern können sie auch schon im Januar unterwegs sein, was sie möglichen Kälteeinbrüchen aussetzt. Sobald die Tiere aufgewärmt sind, findet die Paarung statt, und bald darauf sind die Moortümpel mit Froschlaich gefüllt. Auch die Bergeidechse, Irlands einziges einheimisches Reptil, erwacht im März aus der Winterruhe.

Das Moorschneehuhn fühlt sich im Moor auch sehr wohl. Dieser rötlichbraune Vogel mit charakteristischen roten Kämmen über den Augen ist vor allem auf mit Besenheide überwachsenen Erhebungen im Moor zu finden. Die Besenheide ist Nahrung, Nistmaterial und Unterschlupf für diesen typischen Moorvogel. Aufgrund der Zerstörung von Mooren und seiner ständigen Bejagung ist der Brutbestand des Moorschneehuhns stark rückläufig und hat sich in den letzten 50 Jahren halbiert. Der Status des anderen ikonischen Vogels der Moore ist noch düsterer. In den letzten Jahrzehnten ist der Bestand des Großen Brachvogels auf nur noch 3% seiner ursprünglichen Größe zurückgegangen. Die Hochmoore der Midlands, zusammen mit den Deckenmooren einiger Berggebiete und den Shannon Callows, waren einst eine Hochburg für diese Vögel, aber heute sind nur noch wenige Brutpaare zu finden. Die Hauptgründe für diese Entwicklung sind der Verlust und die Fragmentierung ihres Lebensraums.

Aus denselben Gründen wurde auch ein geselliger und beliebter Überwinterungsvogel aus den Mooren vertrieben. Die Grönländische Blässgans war früher in allen irischen Moorgebieten verbreitet, wo sie sich von den knollenartigen Rhizomen des Weißen Schnabelrieds ernährte. Aufgrund des von ihr gewählten Überwinterungsgebietes wurde sie auch als Moor-Gans bezeichnet. Heute überwintern die meisten Grönlandgänse in den Wexford Slobs, einem küstennahen Weideland im Süd-Osten Irlands, und haben ihre Ernährung auf Grässer und Algen umgestellt. Andere in den Mooren ansässige Vögel sind Bekassine, Wiesenpieper und Feldlerche, die alle ein ähnlich gefärbtes Gefieder aufweisen, das den Farben des Moores perfekt angepasst ist.

Zwei Säugetierarten sind ebenfalls in den Mooren zu Hause. Der Irische Feldhase (Irish Hare), eine Unterart des Schneehasen, der seine Farbe für den Winter nicht mehr von braun zu weiß wechselt, ist ein häufiger Anblick in den Mooren. Irlands größtes Säugetier, der Rothirsch, durchstreift die Moore und Wälder um Killarney und in anderen Bergregionen.

Zwei ganz besondere Spinnen sind ebenfalls in den Tümpeln und Gräben der Moore zu Hause. Die Wasserspinne verbringt die meiste Zeit ihres Lebens unter Wasser, indem sie kuppelförmige Netze baut und diese mit Luftblasen füllt. Die andere Spinne, die Gerandete Jagdspinne, ist Irlands größtes Spinnentier und wegen ihrer Fähigkeit, auf dem Wasser zu laufen, auch als *Jesus-Spider* bekannt. Sie ist leicht an ihren breiten weiß-gelben Streifen zu erkennen, die auf beiden Seiten ihres Körpers verlaufen.

Auch Schmetterlinge und Nachtfalter sind in den Mooren regelmäßig anzutreffen; insgesamt zählt man etwa 150 Arten. Die meisten von ihnen sind jedoch nicht auf Moore beschränkt und kommen auch anderswo vor. Einer der Moorspezialisten ist das Große Wiesenvögelchen. Dieser Schmetterling hat sein Farbkleid den braunen Moorfarben angepasst und hat Wollgräser als seine Hauptnahrung gewählt, ist also auf intakte Moorgebiete angewiesen. Der schön gescheckte Skabiosen-Scheckenfalter ist einer der am stärksten gefährdeten Schmetterlinge Irlands; seine Raupen ernähren sich hauptsächlich vom Gemeinen Teufelsabbiss (im Englischen *Devil's Bit Scabious*, was sich im Namen des Schmetterlings widerspiegelt).

Wälder

Die Routen 1, 4, 7, 8, 9, 13, 14, 16 und 19 sind ideal, um Wälder zu erkunden, ebenso wie die Ziele B und D auf Seite 247-248.

Irland ist bekannt für seine fast baumlose Landschaft und ist bis heute das am wenigsten bewaldete Land in Europa. Zu Beginn des 19. Jahrhunderts gab es in Irland fast gar keine Wälder. Damals war nur 1% des Landes mit Bäumen bedeckt und nur ein kleiner Teil dieses Prozentsatzes bestand aus altem Waldbestand. Die alten Wälder, heute bekannt als *Atlantic Rainforest,* die einst etwa 80% der irischen Landmasse bedeckten, waren so gut wie verschwunden.

Naturnaher Wald im Herbst, Grafschaft Antrim.

Wie es zu dieser fast vollständigen Entwaldung kommen konnte, ist schwer zu verstehen, vor allem, wenn man die Rolle berücksichtigt, die Bäume in der frühen irischen Geschichte gespielt haben. Bäume wurden durch die *Brehon Laws,* ein uraltes Rechtssystem, geschützt. Dieses Rechtsystem war viele Jahrhunderte lang in Gebrauch und wurde erst im Frühmittelalter, nachdem England die Herrschaft über Irland übernommen hatte, abgelöst. Bäume waren oft das spirituelle Zentrum der Gemeinden und der Ort, an dem Rituale abgehalten und Urteile gefällt wurden. Man glaubte, dass Bäume eine tiefe Verbindung zur *Otherworld* haben, dem Reich der Geister, Feen und anderer magischer Wesen, und dieser vermeintliche Aberglaube ist auch heute noch lebendig.

Eine Geschichte der irischen Wälder

Nachdem die Eisdecke der letzten Eiszeit verschwunden war, wurde die tundraähnliche Landschaft bald von den ersten Bäumen besiedelt: Birke, Weide, Eibe und Hasel. Vor allem die Birke legte den Grundstein für die späteren großen Waldgebiete. Die goldenen Blätter, die die Bäume jeden Herbst verstreuten, waren für die Humusbildung unerlässlich. Außerdem gehen Birke und einige ihrer Verwandten, wie die ebenfalls in Irland heimische Erle, symbiotische Beziehungen mit stickstofffixierenden Bakterien ein, die einen für andere Pflanzen attraktiven Boden schaffen.

Haselwald am Fuß des Eagle's Rock im Burren mit einer Decke aus Bärlauch (Route 14).

Einen Eindruck davon, wie diese frühen Wälder ausgesehen haben müssen, kann man heute im Burren gewinnen (siehe Seite 76). Die Wälder des Burren bestehen hauptsächlich aus Hasel, durchsetzt mit dem gelegentlichen Weißdorn, Stechpalme, Esche und Weide. Da diese Arten kein dichtes Kronendach bilden, gibt es in den Burren-Wäldchen eine reiche und vielfältige Krautschicht. Hier gedeihen Stängellose Schlüsselblume, Buschwindröschen, Hasenglöckchen, Bärlauch und andere Wildblumen.

Nachdem der Boden vorbereitet war, traten die Riesen des Waldes auf den Plan. Kiefer, Ulme und Eiche wurden zu den dominierenden Arten, und die Pionierbäume wurden in der neuen Waldhierarchie zur Strauchschicht degradiert oder verschwanden ganz. Birkenwälder konnten nur in einigen feuchten Ecken auf nährstoffarmen Böden oder als frühes Sukzessionsstadium nach Waldbränden überleben. In den Talwäldern dominierten Eiche und Ulme, während an den Berghängen die Waldkiefer die Oberhand gewann. Andere Arten wie Eberesche, Echte Mehlbeere, Stechpalme, Efeu und Waldgeißblatt gediehen auf Lichtungen und entlang von Seen und Flüssen. Diese Urwälder bedeckten einen Großteil Irlands und ein Sprichwort besagt, dass damals ein Eichhörnchen von der Ostküste an die Westküste gelangen konnte, ohne auch nur einmal den Boden zu berühren.

Der Niedergang der alten irischen Wälder ist auf eine Reihe unglücklicher Ereignisse zurückzuführen. Die ersten bekannten menschlichen Siedler kamen vor etwa 9000 Jahren nach Irland. Deren Einfluss auf die Wälder war vermutlich minimal und bestand im Fällen einzelner Bäume zur Gewinnung von Brennholz und dem wenigen Baumaterial, das diese Jäger und Sammler benötigten. Die ersten nennenswerten Waldrodungen fanden im späten Mesolithikum und frühen Neolithikum statt. Damals legten die ersten Bauern Weiden für ihre Tiere an und pflügten ihre Felder für frühe Varianten von Weizen und Gerste. Pollenanalyse gibt uns eine Vorstellung davon, was damals geschah. Die ältesten Getreidepollen sind etwa 6000 Jahre alt und traten zusammen mit den Pollen der Graslandflora auf. Gleichzeitig ging die Menge der Baumpollen erheblich zurück. Etwa zur gleichen Zeit löste die bereits mehrfach erwähnte Klimaveränderung das Wachstum von Decken- und Hochmooren aus, die vor allem im Westen Irlands große Waldgebiete verschlangen.

Die Waldkiefer war eines der ersten Opfer dieses Ereignisses, und trotz einer vorübergehenden Wiederbesiedlung der jungen Torfgebiete (siehe Seite 46), war die Kiefer bis zur frühen Bronzezeit aus dem Land verschwunden. Auch die Ulme, eine der wichtigsten Arten der frühen Wälder Irlands, verschwand vollständig. Es wird vermutet, dass eine Kombination aus Landwirtschaft, bei der das Ulmenlaub als Viehfutter verwendet wurde, und einer Krankheit, die der Holländischen Ulmenkrankheit ähnelt, zum Verschwinden dieses mächtigen Baumes führte.

Bereits in einem Text aus dem 9. Jahrhundert werden nur wenige große Waldgebiete erwähnt: *Fid Mar hi Cuailngi* „der große Wald in Cooley" (Grafschaft Louth), *Fid Deicsen hi Tuirtre* „der Wald von Deicsiu in Tuirtre" (um Slieve Gallion, Grafschaft Tyrone) und *Fid Moithre hi Connachtaib* „der Wald von Moithre in Connacht". Pollenfunde unterstützen diese Beschreibung, und es scheint, dass Irland bereits vor der normannischen Invasion im 12. Jahrhundert den größten Teil seines Waldes verloren hatte (siehe Seite 87). Nichtsdestotrotz betrachteten die nun herrschenden Engländer den Wald als billige Ressource. Eine beträchtliche Menge irischen Holzes wurde nach England verschifft, wo es für alle möglichen Bauprojekte verwendet wurde, von Häusern bis zu Schiffen. Schätzungen zufolge waren um 1600 nur 12% Irlands mit Wald bedeckt, und durch die andauernde Ausbeutung sank dieser Anteil auf etwa 2% im Jahr 1800.

Im Laufe des 16. und 17. Jahrhunderts wurden neue Baumarten nach Irland eingeführt, vorwiegend für die Gärten und Landsitze der Adelsklasse, und viele dieser Arten sind zu einem festen Bestandteil der irischen Landschaft geworden. Dazu gehörte die Buche, die Rosskastanie und der Bergahorn und vor allem die Buche hat sich seitdem als Waldbaum etabliert. Eine weitere eingeführte Art ist der berüchtigte (Pontische) Rhododendron. Dieser immergrüne Strauch ist wegen seiner spektakulären Blütenpracht sehr beliebt, stellt aber eine ständige Bedrohung für die einheimische Flora dar. Der Rhododendron gedeiht hervorragend unter dem irischen Klima und kann in kürzester Zeit große Flächen übernehmen. Durch seinen dichten Wuchs vertreibt er konkurrierende Pflanzen schnell und effektiv und Irlands *National Parks and Wildlife Service* kämpft mit Hilfe von Freiwilligen seit vielen Jahren einen nicht enden wollenden Kampf gegen den Rhododendron.

In anderen Fällen ist der Unterschied zwischen einheimisch und eingeführt, gut und schlecht, nicht so klar. Die Gemeine Fichte zum Beispiel hat es nach der letzten Eiszeit nicht nach Irland geschafft und wurde erst kürzlich als Nutzpflanze eingeführt, hauptsächlich als Weihnachtsbaum. Zapfen, die in den Grafschaften Antrim und Mayo gefunden wurden, zeigen jedoch, dass der Baum, während einer früheren Warmperiode vor etwa 90.000 Jahren, bereits in Irland wuchs.

Atlantic Rainforest im Killarney Nationalpark (Route 9 und 10).

Die Wälder von heute

Reste der alten Wälder sind nur in einigen wenigen Gebieten, hauptsächlich im Westen Irlands, erhalten geblieben, z. B. in Glengarriff und Uragh in der Grafschaft Cork, Derryclare in der Grafschaft Galway, Old Head in der Grafschaft Mayo und St. John's Wood in der Grafschaft Roscommon. Das einzige ausgedehnte Waldgebiet mit altem Baumbestand ist das Gebiet um Killarney, das heute Teil des Killarney Nationalparks ist. Während der Großteil dieser Wälder erst seit etwa 200 Jahren existiert, bestehen einige Parzellen schon seit 9000 Jahren! Beispiele für diese Methusalem-Wälder sind Derrycunnihy und Tomies Wood (siehe Route 8).

Eichenwälder bilden ein dichtes Blätterdach, was zur Folge hat, dass der Waldboden in einem ständigen Zwielicht liegt. Dennoch beherbergen Eichenwälder eine reiche Artenvielfalt. Eichen sind kleine, eigenständige Ökosysteme. Mehrere hundert Pflanzen- und Tierarten können in und um eine Eiche leben. Über 200 Insektenarten allein sind auf und in einer Eiche zu Hause. In Schlupfwinkeln und Spalten bildet sich Humus, der es Wildblumen und Farnen ermöglicht, zu gedeihen.

Das milde und feuchte Klima im Südwesten Irlands ist ein wichtiger Faktor, der diese reiche Artenvielfalt begünstigt. Dieses Klima und die hohe Artenvielfalt haben diesen Wäldern den Namen Atlantischer Regenwald eingebracht. Vor allem Farne und Moose schätzen das milde Wetter. Insgesamt 129 der 162 in Irland bekannten Moosarten gedeihen in den Wäldern von

Killarney, und insgesamt 53 verschiedene Farnarten wachsen hier – eine der größten Artenvielfalten in ganz Europa.

Eine Besonderheit der Killarney-Eichenwälder ist der Westliche Erdbeerbaum, eine immergrüne Art, die sonst typisch für die warmen Wälder des Mittelmeerraums ist. In Irland ist Killarney die Hochburg des Westlichen Erdbeerbaums, aber auch in den Wäldern von Glengarriff und Derrynane sowie weiter nördlich um Lough Gill in der Grafschaft Sligo sind kleine Bestände zu finden.

Sowohl Stiel- als auch Trauben-Eiche sind in Irland heimisch. Letztere war und ist die häufigere Art, da sie nährstoffärmere Böden toleriert. Die anspruchsvollere Stiel-Eiche kommt hauptsächlich in den Midlands vor, vor allem im Abbey Leix Anwesen in der Grafschaft Laois und in Charleville in der Grafschaft Offaly.

Eichen können mit über 40m Höhe wahre Giganten und durchschnittlich 500 Jahre alt werden. Irlands vermutlich älteste Eiche steht im bereits erwähnten Abbey Leix Anwesen mit einem geschätzten Alter von 700 Jahren.

Eibenwälder sind noch seltener als alte Eichenwälder. Der Eibenwald von Reenadinna, ebenfalls in Killarney (Route 9), ist der einzige noch erhaltene Eibenwald in Irland und einer von nur wenigen in Europa. Er wächst auf einer mit Kalkstein unterlegten Landzunge, die Lough Leane vom Muckross Lake trennt.

Die Eibe gehörte zu den ersten Bäumen, die nach der letzten Vergletscherung nach Irland kamen, breitete sich aber erst vor etwa 5000 Jahren landesweit aus. Diese immergrüne Pflanze war wahrscheinlich schon vor der Ankunft der ersten Siedler eine dominierende Art in Kalksteingebieten wie dem Burren. Viele Ortsnamen wie Mayo (*Mhaigh-Eo*), „die Ebene der Eiben", deuten ebenfalls darauf hin, dass die Eibe einst wesentlich weiter verbreitet war als heute. Heute ist die Eibe vor allem als Zierde für Friedhöfe bekannt. Die meisten Friedhofs-Eiben sind jedoch das Ergebnis einer zufälligen Mutation, bei der die Äste mehr oder weniger senkrecht nach oben wachsen, im Gegensatz zu den wilden Eiben, die ihre Äste weit ausbreiten. Wie die Eichen können auch Eiben sehr lange leben. Im Durchschnitt haben sie eine Lebensdauer von 500 Jahren, und freistehende

Stieleiche in einem Park.

Individuen können sogar noch älter werden. Die ältesten Eiben in Irland sind etwa 800 Jahre alt und stehen in der Crom Anwesen in der Grafschaft Fermanagh. Die Fortingall-Eibe in Schottland, die als die älteste Eibe der Welt gilt, ist schätzungsweise 3000 Jahre alt.

Naturnaher Buchenwald in der Grafschaft Galway.

Die Zukunft der Wälder

Während wir immer tiefer in das 21. Jahrhundert vordringen und die Auswirkungen des Klimawandels und der Verlust der biologischen Vielfalt sichtbar werden, ändert sich die Beziehung der Iren zu ihren Wäldern. Anstrengungen zur andauernden Wiederaufforstung des Landes wachsen und zahlreiche private Initiativen konzentrieren sich auf die Schaffung neuer und die Vergrößerung bestehender Wälder durch die Anpflanzung einheimischer Laubbäume. Der irische Staat hat bisher den lukrativeren Weg bevorzugt, d. h. Aufforstung mit nicht einheimischen und kommerziell schnell nutzbaren Nadelbäumen. Diese Plantagen bieten allerdings keinen nennenswerten Lebensraum für Pflanzen und Tiere, und wie alle Nutzpflanzen werden die Bäume geerntet, sobald sie ihre Reife erreicht haben.

Die Gemeine Esche ist der irische Baum schlechthin. Der *Hurley*, ein Schlagstock, der im irischen Nationalsport Hurling benutzt wird, besteht traditionell aus Eschenholz. Leider verschwindet die Esche langsam aus der irischen Landschaft. Der Grund hierfür ist *Hymenoscyphus fraxineus*, eine Pilzinfektion, an der die meisten befallenen Bäume verenden. Der Pilz wurde erstmals 1992 in Polen festgestellt und gelangte nach seiner Ausbreitung über Europa im Jahr 2012 auch nach Irland. Der Pilz ist in Europa nicht heimisch, sondern gelangte wahrscheinlich über die Schuhe eines Reisenden oder über einen Transportcontainer aus dem Ausland nach Polen. Dank des allgemein milderen Klimas konnten die Sporen überleben und ihr erstes Opfer finden. Da die europäische Esche noch nie mit *Hymenoscyphus fraxineus* in Berührung gekommen war, hatte der Baum keine Abwehrmechanismen und wurde zur leichten Beute für den Pilz.

Flora und Fauna der Wälder

Neben den bereits erwähnten Bäumen und Sträuchern beherbergen Irlands Wälder eine typische Bodenflora bestehend aus Stängelloser Schlüsselblume, Buschwindröschen, Hasenglöckchen, Bärlauch und vielen anderen Pflanzen (siehe Kapitel über die Flora auf Seite 102). Auch Orchideen sind stellenweise häufig anzutreffen, so z. B. das Große und Kleine Zweiblatt, Vogel-Nestwurz, Berg-Waldhyazinthe, Weiße-Waldhyazinthe, Schwertblättriges Waldvögelein, Fuchs' Knabenkraut und Männliches Knabenkraut.

Es überrascht vermutlich nicht, dass viele Vögel in den Wäldern zu Hause sind. Typisch sind bekannte Singvögel wie Zilpzalp, Zaunkönig, Rotkehlchen, Drosseln, Meisen und eine Vielzahl von Finken. Zu den selteneren Arten gehören Waldbaumläufer, Waldlaubsänger und Buntspecht. Letzterer kam erst 2005 nach Irland und hat sich seitdem von einigen wenigen Orten an der Ostküste bis in die Midlands ausgebreitet und eine wachsende Brutpopulation aufgebaut. Turmfalke, Sperber, Waldohreule und Schleiereule sind an den Waldrändern anzutreffen, doch während die erstgenannten recht häufig sind, sind die beiden Eulenarten eher selten.

Das Eichhörnchen erlebt derzeit ein Comeback, nachdem es durch das invasive, größere und aggressivere Grauhörnchen über die letzten Jahrzehnte aus seinem angestammten Lebensraum verdrängt worden war. Der Grund für das Comeback ist höchstwahrscheinlich Irlands wichtigstes Waldraubtier, der Baummarder, der selbst Anfang des 20. Jahrhunderts vom Aussterben bedroht war. Eichhörnchen sind das Hauptbeutetier für den Marder, aber da das nicht einheimische Grauhörnchen nicht an den Marder gewöhnt ist, wird es zur leichten Beute.

Rothirsch im Killarney Nationalpark (Route 8 und 9) (oben) und Baummarder (unten).

Das größte einheimische Waldtier ist der Rothirsch, der vor allem im Killarney Nationalpark weit verbreitet ist. Eingeführte Sika- und Dammhirsche sind ebenfalls häufig anzutreffen.

Steinmauern und Hecken

Die Routen 2, 3, 6, 12 und 21 sind am besten geeignet, um Hecken und Steinmauern zu sehen, ebenso wie die Ziele C auf Seite 186 und D auf Seite 248.

Auf der einen Seite des Pfades erhebt sich ein mit Brombeeren, Adlerfarn und Ginster überwachsener Erdwall. Auf der anderen Seite steht eine alte Steinmauer, die mit Englischer Fetthenne, Berg-Sandglöckchen und einer Vielzahl von Flechten und Moosen bewachsen ist. Im Winter liegt Stille über dem oft überschwemmten Pfad, aber im Frühling singt hier der Zaunkönig ein Ständchen. Im Sommer halten Schwarzkehlchen ein wachsames Auge auf verdächtige Besucher und im Herbst nascht der Fuchs von den saftigen Brombeeren. Hecken und Steinmauern dominieren große Teile der irischen Landschaft. Diese kleinen, aber unverzichtbaren Ökosysteme sind Heimat für eine Vielzahl von Pflanzen, Vögeln, Insekten und anderen Wildtieren.

Ein Luftbild von Irland offenbart die charakteristische Schachbrettlandschaft, für die die Insel so berühmt ist. Kleine Felder sind durch Reihen von Sträuchern und Bäumen oder Steinmauern voneinander getrennt. Im Laufe der Jahrhunderte und vor allem in den letzten Jahrzehnten haben sich diese Grenzlinien in der Agrarlandschaft zu einem der wichtigsten Lebensräume Irlands entwickelt. Während Felder und Weiden aufgrund der immer intensiver werdenden Landwirtschaft nicht mehr in der Lage sind, eine große Artenvielfalt zu unterstützen, sind Hecken heute Inseln der Artenvielfalt im Meer einer lebensfeindlichen Agrarlandschaft.

Eine typische irische Kulturlandschaft: Weiden und Hecken.

Eine Steinmauer im Burren (Route 14 und 15).

Steinmauern

Die Ursprünge der irischen Kulturlandschaft gehen auf das Neolithikum zurück. Die älteste bekannte Kulturlandschaft Irlands wurde an einem mit Deckenmoor bedeckten Hang mit Blick auf den Atlantischen Ozean in der Grafschaft Mayo entdeckt. Dieses Feldsystem, bekannt als Ceide Fields (siehe Kasten auf Seite 20), wurde durch Zufall von einem ansässigen Lehrer entdeckt, und die anschließenden Ausgrabungen brachten ein ausgedehntes Netzwerk von Feldern zum Vorschein. Diese Felder waren durch erstaunlich gut erhaltene Steinmauern voneinander getrennt und in manchen Felder fand man außerdem Häuser und megalithische Grabstätten.

Die Tradition, Felder mit Steinmauern abzugrenzen, hat sich bis in die Gegenwart erhalten. Vor allem der Westen Irlands ist ohne die endlosen Reihen von Mauern kaum vorstellbar. Die Verwendung von Steinmauern als Feldabgrenzung ist höchstwahrscheinlich aus der Not heraus entstanden. Die Böden an der Westküste sind im Allgemeinen nicht für die Landwirtschaft geeignet, und die erste Maßnahme, die ergriffen werden musste, um eine brauchbare Weide zu schaffen, war das Entfernen der zahllosen im Boden steckenden Steine. Mit diesen Steinen wurden dann Mauern um die kleinen Felder gebaut, zum einen als Barriere, um das Vieh in den Feldern zu halten und zum anderen, um zu verhindern, dass der allgegenwärtige Wind zu viel von dem wenigen brauchbaren Ackerboden abträgt.

Der Bau dieser Mauern ist in manchen Gebieten nicht nur zu einem Handwerk, sondern zu einer Kunstform geworden. In der Kalksteinlandschaft des Burren und der Aran Islands sowie in Teilen von Connemara wurde eine unübertroffene Raffinesse im Mauerbau erreicht, und an diesen Orten werden die Mauern auch in einem tadellosen Zustand erhalten.

Die Steine selbst beherbergen nur selten anderes Leben als Flechten und Moose, aber am Fuß der Mauer, auf dem schmale Streifen zwischen dem Bauwerk und dem eigentlichen Feld, gedeihen oft die letzten überlebenden Vertreter der ursprünglichen lokalen Flora. In anderen Teilen des Landes wurden Steinmauern, die nicht mehr genutzt wurden, ganz oder teilweise von der Natur zurückerobert und wurden zu einem eigenständigen Ökosystem. Die Erde, die sich in den Spalten zwischen den Steinen angesammelt hat, beherbergt Farne und Wildblumen wie Felsen-Nabelkraut, Englische Fetthenne oder Zimbelkraut. Die Steine selbst sind immer dicht mit Flechten und Moosen bewachsen, und die Mauer bietet Mäusen, Eidechsen und anderen kleinen Tieren Schutz und Unterschlupf.

Hecken

In manchen Teilen des Landes, vor allem in den Midlands und im Osten, ersetzen Hecken die Steinmauern. Es ist nicht klar, wann dieses markante Merkmal der irischen Landschaft auf der Bildfläche erschien, aber es ist wahrscheinlich, dass die Idee, Hecken zur Abtrennung von Feldern zu nutzen, in den frühen Stadien der Landwirtschaft entstand. Vielerorts weist die Zusammensetzung der Arten, aus denen die Hecken bestehen, eine große Ähnlichkeit mit denen nahe gelegener Wälder auf. Die Frage, ob es sich bei diesen Hecken um Reste von Wäldern handelt, die absichtlich stehen gelassen wurden, oder ob die Hecken später gepflanzt wurden, wird wahrscheinlich nie mit Sicherheit beantwortet werden können. Sicher ist, dass Feldumgrenzungen in den frühen Jahren des letzten Jahrtausends eine gängige Praxis waren. In Texten aus dem 7. und 8. Jahrhundert werden provisorische

Alte Hecken, die ausgewachsene Bäume beherbergen, findet man vorwiegend in den Midlands und im Osten Irlands.

Abtrennungen wie tragbare Tafeln aus Flechtwerk beschrieben, aber auch dauerhafte Lösungen wie Erdwälle, die mit Ästen des Schlehdorns (auch Schlehe genannt) besteckt wurden. Es ist nicht unwahrscheinlich, dass einige dieser Schlehenstecklinge Wurzeln schlugen und dass andere Pflanzen im Laufe der Zeit nachfolgten.

Trotz des ehr negativen Rufs, den der Schlehdorn in der irischen Folklore genießt (die Pflanze wird mit der keltischen Göttin des Winters und des Todes in Verbindung gebracht), ist er bis heute eine der häufigsten und charakteristischsten Pflanzen in der irischen Landschaft. Der Schlehdorn ist leicht von anderen Sträuchern zu unterscheiden, da er als erstes blüht, manchmal schon im März, und der einzige einheimische Strauch ist, der Blüten trägt, bevor er Blätter bildet. Aus den zarten weißen Blüten, die den Strauch im Frühjahr wie einen riesigen Schneeball aussehen lassen, entwickeln sich runde, saftige Beeren (die Schlehen), die im Herbst in der Sonne dunkelblau schimmern und traditionell zur Herstellung von Gin verwendet werden.

Die Ankunft der Anglo-Normannen im 12. Jahrhundert (siehe Seite 87) brachte neue Formen der Landwirtschaft nach Irland. Dazu gehörte auch das gezielte Anlegen von Hecken. Eine zweite Welle von Heckenpflanzungen erfolgte im 18. Jahrhundert als Folge des Enclosure Act, einer Neukartierung und Neuaufteilung von Ackerland im gesamten Vereinigten Königreich und in Irland.

Im Mittelalter war die Hecke weit mehr als nur ein Zaun, der Feldgrenzen markierte und Weideland von Ackerland und Vieh von Feldfrüchten trennte. Die Hecke selbst war zu einer landwirtschaftlichen Ertragsquelle geworden, die Nahrung und Holz, das als Brennstoff und Baumaterial verwendet wurde, bereitstellte. Neben den wichtigsten Heckenpflanzen, Schlehe und Weißdorn (in Irland ist das in der Regel der Eingriffelige Weißdorn), wurden bewusst auch andere einheimische Pflanzen wie Holzapfel, Pflaume, Vogel-Kirsche und Gemeiner Hasel gepflanzt. Letzterer war wegen seiner Vielseitigkeit besonders beliebt. Hasel lieferte nicht nur energiereiche Nahrung in Form von Nüssen, sondern seine jungen Stämme konnten auch zur Herstellung von Flechtwerk und Körben verwendet werden und waren bei Wünschelrutengängern auf der Suche nach unterirdischem Wasser sehr beliebt, während sie von Pilgern als Wanderstock benutzt wurden.

Die Pflanzen einer Hecke

Heute durchziehen rund 830.000 Kilometer an Hecken die irische Landschaft und sind zu einer Heimat für Flora und Fauna geworden, die für die biologische Vielfalt des Landes wichtiger ist als jeder andere Lebensraum. Mehr als 60 verschiedene Pflanzen- und Tierarten können in einer einzigen Hecke vorkommen. Die Zusammensetzung dieser Arten variiert allerdings beträchtlich und hängt vom Standort, der Bodenart und davon ab, wie die Hecke – falls überhaupt – gepflegt wird.

Die Grundbausteine einer Hecke waren und sind Schlehe und Weißdorn. Diese Sträucher tolerieren eine Vielzahl von Bodenarten und wachsen schnell, so dass sie sich hervorragend für die Anlage einer neuen Hecke eignen. Im Mai und Juni blüht der Weißdorn mit seinen charakteristischen weißen Blütenbüscheln, die zusammen mit den jungen Blättern in Irland einst ein beliebter Snack waren, der als *Bread and Cheese* (Brot und Käse) bekannt war. Im Laufe des Sommers verwandeln sich die Blüten in kleine, karminrote Beeren, aus denen sich eine wunderbare Marmelade oder ein Gelee herstellen lässt. Zusammen mit dem Schlehdorn gilt der Weißdorn als einer der magischen Bäume Irlands. Als *Fairy Tree* (Feen-Baum – allerdings sind diese Feen nicht die nette Variante mit kleinen Flügeln und Feenstaub) genießt er auch heute noch hohes Ansehen. Freistehende Exemplare findet man oft in der Nähe von heiligen Quellen, wo sie als *Wishing Tree* oder *Rag Tree* bekannt sind. Zum Weißdorn und anderen bewusst gepflanzten Heckenpflanzen gesellten sich im Laufe der Zeit auch wilde Arten: Gewöhnlicher Spindelstrauch und Gewöhnlicher Schneeball sind auf kalkreichen Böden in geschützten Niederungen weit verbreitet und zeigen ab September auffällige Farbtöne in Rosa, Rot, Orange, Gelb und Braun, sowohl im Laub als auch in den Früchten.

Auf den ärmeren Böden des Hochlands und an exponierten Küstenstandorten wächst die Schlehe oft zusammen mit dem Ginster. Ginster ist zweifellos eine der auffälligsten Pflanzen in Irland und ist mit zwei Arten vertreten: Der Stechginster blüht im Frühjahr (manchmal auch ein zweites Mal im Herbst) und ist im ganzen Land verbreitet, während der kleinere Westliche Stechginster die Küstengebirge dominiert und im Spätsommer und Herbst blüht.

Faulbaum (oben) ist eine seltene Heckenpflanze und ist fast ausschließlich auf den Burren beschränkt (oben). Schlehen (unten) sind weit verbreitet und ein Hauptbaustein der irischen Hecken.

Der Stechginster kommt nicht nur in Hecken vor, sondern kann weite Flächen bedecken, wo er ein undurchdringliches Dickicht bildet. Die Blätter des Ginsters haben sich zu Stacheln umgewandelt, um die Wasserverdunstung zu verringern und um sich gegen Weidetiere zu schützen. Die meiste Zeit des Jahres ist dieser Strauch unscheinbar und trägt einen stumpf-grünen Mantel, im Frühling allerdings blüht er mit unzähligen gelben Blüten, die einen überwältigenden Kokosnussduft verströmen.

Heute wird dieser Strauch oft als lästig empfunden, aber noch im letzten Jahrhundert wurde Ginster als Zaun, zum Eggen von Feldern, als Kaminbesen und als Brennstoff verwendet. Vor allem Bäcker schätzten das Ginsterholz wegen seines hohen Ölgehalts, der für eine lange und heiße Flamme sorgte. Diese Eigenschaft macht den Ginster leider auch anfällig für Brände.
Ein weiterer bekannter, fast ikonischer Strauch der irischen Hecken ist die Scharlach-Fuchsie mit ihren glockenförmigen, rot und blau gefärbten Blüten. Die Pflanze ist vor allem an der Westküste verbreitet, kann aber hier und da im ganzen Land gefunden werden. Im Gegensatz zu den bisher beschriebenen Pflanzen ist die Fuchsie, die nach dem deutschen Botaniker Leonhart Fuchs benannt wurde, nicht einheimisch, sondern wurde aus Südamerika als Gartenpflanze eingeführt und entkam schließlich in die freie Natur.

Sobald sich eine Hecke etabliert und eine angemessene Höhe erreicht hat, ziehen die Kletterpflanzen ein. Die häufigste und vor allem im Westen Irlands allgegenwärtig, ist die Brombeere. Diese widerstandsfähige Art gibt es in mehr als 80 Unterarten, die oft gemischt in derselben Hecke vorkommen. Die Früchte der Brombeeren, die im Spätsommer und Frühherbst reifen, sind botanisch gesehen keine Beeren, sondern eine Sammelfrucht, die aus mehreren kleinen Steinfrüchten besteht, von denen jede einen Samen enthält.

Wo Brombeeren gedeihen, ist das Waldgeißblatt oft nicht weit entfernt. Die Blüten dieser Pflanze sind mit keiner anderen in Irland vergleichbar, alle Teile sind schlank, anmutig und in zarten, cremefarbenen Tönen gefärbt. Am berühmtesten ist jedoch der Duft, für den die Pflanze bekannt ist. Der britische Dichter Alfred Lord Tennyson war einer von vielen, die von ihr bezaubert waren, und schrieb 1859: *„...wie süß duftet das Geißblatt in der stillen Nacht...“*. Der verlockende Duft, von dem Tennyson so angetan war, richtet sich an Bienen und Motten, die Hauptbestäuber der Pflanze und ist in der Dämmerung und in der Nacht am stärksten.

Lokal können auch Efeu und Rosengewächse – Hundsrose, Wein-Rose, Feld-Rose und verschiedene Hybriden davon – in die Hecke einziehen. Der Efeu spielt eine ganz besondere und oft unterschätzte Rolle im Jahreskreislauf. Im Gegensatz zu anderen Heckenpflanzen ist der Efeu nicht nur eine immergrüne Pflanze, sondern beginnt erst zu blühen, wenn sich alle anderen in den Winterschlaf begeben. Der Efeu blüht ab September und ist damit eine wichtige Nahrungsquelle für Insekten. Einige Monate später, im Januar und Februar, helfen die dunkelblauen Beeren den Vögeln, die schlimmste Zeit des Winters zu überstehen.

Einige Hecken weisen neben den verschiedenen Sträuchern und Kletterpflanzen auch richtige Bäume wie Bergahorn, Eberesche, Holunder, Buche und Eiche auf. Diese Bäume wurden entweder gepflanzt, um die Hecke zu befestigen, oder sie sind auf natürliche Weise in die Hecke eingewachsen, wie es auch bei der Entwicklung eines neuen Waldes der Fall ist. Manchmal verläuft dieser Prozess allerdings auch umgekehrt: Bäume, als Allee an Straßenrändern oder Einfahrten gepflanzt, werden von Sträuchern und anderen Pflanzen überwuchert und bildeten schließlich eine Hecke.

Flora und Fauna der Hecken

Das Schwarzkehlchen ist eine typischer Heckenvogel (oben). Der Gefleckte Aronstab wächst oft am Fuß der Hecken.

Eine Hecke oder Steinmauer sitzt häufig im Zentrum eines Mosaiks an Lebensräumen. Häufig verläuft parallel zur Hecke ein Graben, insbesondere an Straßenrändern. Dieser Graben ist oft ein Ökosystem mit einer völlig anderen Flora als die angrenzende Hecke. In extremen Fällen weisen Gräben Pflanzengemeinschaften auf, die denen an Seen und Flüssen ähneln, mit Schilfrohr an den Rändern und Echter Brunnenkresse, Sumpf-Blutauge, Wasserminze und anderen Liebhabern einer feuchten oder nassen Umgebung, die im und um den Graben gedeihen. In trockeneren Gegenden ähnelt die Bodenflora, die auf beiden Seiten der Hecke wächst und die in Irland als *Herbaceous Strip* bekannt ist, sehr stark der eines Laubwaldes: Blut-Johanniskraut, Gefleckter Aronsstab, Gunderman, Stinkender Storchenschnabel, Stengellose Schlüsselblume, Wiesen-Schlüsselblume, Buschwindröschen und Wald-Veilchen sind nur einige der Blumen, die hier zu finden sind. Wie die Hecke selbst spielt auch der *Herbaceous Strip* eine große Rolle bei der Erhaltung der Artenvielfalt in Irland. Dieser Lebensraum misst oft weniger als einen Meter, erhält aber an vielen Orten die letzten Überbleibsel der ursprünglichen Flora der Region.

Da Hecken den Waldrändern ähneln, ist es nicht verwunderlich, dass auch die Tierwelt der von Wäldern ähnlich ist. Zwergspitzmaus (das kleinste Säugetier Irlands), Waldmaus und Igel sind in der Regel weit verbreitet. Letzterer sucht in der feuchten Erde unter den Ästen lautstark nach Würmern und anderen Leckerbissen, eine Angewohnheit, die dem Tier seinen englischen Namen *Hedgehog* (Heckenwildschwein) gab. Auch Hermelin, Fuchs und Dachs sind regelmäßige Bewohner von Hecken und nutzen diese sowohl als Unterschlupf als auch zur Aufzucht ihres Nachwuchses.

Für Vögel sind Hecken von besonderer Bedeutung. In vielen Gebieten ist die

Hecke der einzige geeignete Ort für Finken-, Drossel- und Meisenarten, als auch für Schwarz- und Rotkehlchen, Dorngrasmücke, Mönchsgrasmücke, Grauschnäpper und Zaunkönig, um ein Nest zu bauen und ihren Nachwuchs aufzuziehen. Studien haben gezeigt, dass etwa 50% aller Singvögel Hecken als ihren Hauptlebensraum nutzen, und dass die meisten dieser Vögel Hecken einer bestimmten Größe bevorzugen. Eine Höhe von mehr als einem Meter und eine ähnliche Breite scheinen der goldene Mittelweg zwischen Zugänglichkeit und Schutz vor Fressfeinden am Boden und in der Luft zu sein.

Für viele Tiere ist die Hecke nicht nur ein Lebensraum, sondern auch ein Straßennetz. Der Weg über offenes Gelände birgt immer Gefahren, und die Hecke bietet den dringend benötigten Schutz, um von Ort zu Ort zu reisen. Vor allem Insekten sind auf die relative Sicherheit und das Nahrungsangebot dieser grünen Autobahnen angewiesen.

Neben ihrer Funktion als Zufluchtsort, Unterschlupf und Wegenetz für Pflanzen und Tiere erfüllen Hecken eine Vielzahl weiterer Funktionen in der Landschaft. Sie steuern den Wasserhaushalt des Bodens und können so Überschwemmungen vorbeugen. Das Wurzelsystem verhindert Erosion, und das Laub kann die Lufttemperatur durch Verdunstung absenken und so das lokale Klima beeinflussen.

Leider passen Hecken und Steinmauern nicht zur modernen Agrikultur, die größere Herden, größere Felder und größere Weiden bewirbt. Wo Abtrennungen erforderlich sind, sind Drahtzäune einfacher zu installieren und instand zu halten. Das Verschwinden der traditionellen Hecken ist nicht nur ein Verlust für die Natur, sondern auch ein Verlust an Kulturerbe und lokaler Identität und verwandelt die Landschaft in einen immer gleichförmigeren und sterileren Ort. Die vielfältige Agrarlandschaft von einst wird so zu einer sterilen Fabrikhalle.

Ein frostiger Wintermorgen auf der Dingle Halbinsel (Route 11).

Berge

Die Routen 1, 7, 8, 11, 13, 16, 17 und 19 beinhalten Gebirge, ebenso wie die Ziele D, E und F auf Seite 226-227 und Ziel D auf Seite 248.

Die Topografie Irlands wird oft mit einer Untertasse verglichen: ein flaches, tiefliegendes Landesinnere, das von Gebirgsketten umgeben ist. Schaut man sich eine Karte des Landes an, so sieht man, dass die meisten – und höchsten – Berge Irlands tatsächlich entlang der Küste angesiedelt sind. Von den wenigen Ausnahmen sind die Slieve Bloom Mountains (Slieve ist das irische Wort für Berg), die fast in der Mitte des Landes liegen und zu den ältesten Bergen Europas gehören, die größte. Irlands Berge erreichen nur moderate Höhen. Der höchste Berg Irlands, Carrauntoohill in der Grafschaft Kerry, erreicht 1038 Meter, und die verbleibenden Gipfel bleiben fast alle deutlich unter der 1000-Meter-Marke. In Verbindung mit dem milden ozeanischen Klima hat dies erhebliche Auswirkungen auf die Ökologie dieser Gebiete. Eine typische Gebirgsflora und -fauna gibt es in Irland, von wenigen Ausnahmen abgesehen, nicht. Stattdessen dominieren in den meisten Gebirgszügen Pflanzen und Tiere, die typisch für Deckenmoore sind.

Die MacGillicuddy's Reeks sind Irlands höchste Bergkette.

Hier besuchen wir die höchsten und interessantesten irischen Gebirge und ihre geologischen und ökologischen Kuriositäten.

Die Berge des Südwestens

Ein Sandstein, der in Irland und den benachbarten Inseln als *Old Red Sandstone* bekannt ist, ist der Hauptbaustein aller Gebirgszüge im Südwesten Irlands, der höchsten des Landes. Das Sedimentgestein wurde im Devon vor etwa 400 Millionen Jahren abgelagert, als sich dieser Teil der Insel in der Nähe des Äquators befand (siehe Seite 14). Regelmäßige Überschwemmungen dieser Landschaft lagerten die Körner ab, die sich im Laufe der Zeit zu dem Sandstein aufbauten, den wir heute sehen. Der englische Name des Gesteins beruht auf seiner auffälligen Farbe, die von einem tiefen Rot bis zu einem sanften Violett reicht und von den oxidierten Eisenpartikeln im

Tiefhängende Wolken auf der Beara Halbinsel machen das feuchte Klima offensichtlich (Route 7).

Sediment herrührt. Diese sind als Hämatit bekannt und lassen Gipfel wie Hungry Hill oder den treffend benannten Purple Mountain in der Morgen- und Abendsonne in warmen, rostigen Tönen leuchten.

Die höchsten dieser Sandsteinberge, die MacGillycuddy's Reeks, nehmen die östliche Hälfte der Iveragh Halbinsel ein und erheben sich unmittelbar westlich des Killarney Nationalpark. Diese Ansammlung dramatischer Bergrücken ist die Einzige in Irland, die eine Höhe von über 1000 Metern erreicht.

Diese Gipfel sind mit für das lokale Klima verantwortlich, das wesentlich feuchter ist als im übrigen Irland. Während der Golfstrom die Temperaturen die meiste Zeit des Jahres über dem Gefrierpunkt hält, fangen die Berge die vom Atlantik kommende feuchte Luft ein und schütten sie als Regen, Niesel und Nebel über den Bergen und dem Umland aus. So ist es nicht verwunderlich, dass Killarney, das inmitten dieser Berge liegt, eine der höchsten Niederschlagsmengen Irlands aufzeichnet.

Zusammen mit dem milden Temperaturen sind die hohen Niederschläge für eine reichhaltige Vegetation und üppige Wälder verantwortlich, die als *Atlantic Rainforest* (Atlantischer Regenwald) bezeichnet werden (siehe Seite 160). Hier im Südwesten, wo die Wintertemperaturen außergewöhnlich mild sind, kommen verschiedene Pflanzen aus dem Mittelmeerraum vor. Der häufigste Vertreter dieser sogenannten *Lusitanian Flora* ist der Erdbeerbaum (siehe Seite 107).

Nahezu alle unteren Hänge, die einst mit Wald bedeckt waren, beherbergen heute Deckenmoor, wo flechtenbedeckte Felsen und Geröll aus dem weichen Gemisch aus Moosen, Gräsern, Seggen und Farnen herausragen. Wind und Regen haben die oberen Regionen dieser Berge in eine Mischung aus spitzen Gipfeln, weiten Geröllfeldern und fast senkrechten Klippen

verwandelt. Kleine Bäche, die den Berghang hinunterstürzen und *Corrie Lakes* sind ebenfalls häufig anzutreffen. Bei Letzteren handelt es sich um Gebirgsseen, die sich in von Gletschern ausgehöhlten und mit Schmelzwasser gefüllten Mulden im Gestein gebildet haben. Sie befinden sich in der Regel an nach Norden ausgerichteten Hängen und sind auf drei Seiten von steilen Felsen und auf der vierten, der dem Tal zugewandten Seite, von einer Felsbarriere oder einer Moräne umgeben.
Die Berge des Südwestens sind vermutlich die visuell beeindruckendsten des Landes, sind aber aufgrund des unberechenbaren Wetters auch unerwartet gefährlich. Plötzliche Wetterfronten können die Landschaft in undurchdringlichen Nebel hüllen, den Fels in eine glitschige Rutschbahn verwandeln und abrupte Temperaturstürze verursachen.

Die Berge des Westens, Nordwestens und die Wicklow Mountains

Im Westen Irlands liegen eine Reihe isolierter Gebirgszüge – die Maumturk Mountains und die 12 Bens in Connemara, das Nephin Beg-Gebirge in der Grafschaft Mayo und die Derryveagh Mountains in der Grafschaft Donegal. Zusammen mit den Wicklow Mountains im Osten stammen diese alle aus der gleichen Zeitperiode und sind deutlich älter als die Sandsteinberge im Südwesten. Sie entstanden vor etwa 400 Millionen Jahren, als gewaltige Mengen von Magma aus dem Erdinneren die an der Oberfläche liegenden Gesteinsschichten nach oben drückten und sie in Granit verwandelten. Granit ist der Hauptbaustein all dieser Gebirge, auch wenn es an einigen Stellen Marmor, Schiefer und Quarzit zu entdecken gibt.

Die 12 Bens und ihre Reflektion im Lough Inagh (Route 16).

Während das Grundgestein ein anderes ist, gibt es in der Vegetation, die diese Berge bedeckt und der des Südwestens kaum Unterschiede. Bis auf die höchsten Gipfel sind auch diese Berge mit Deckenmoor bedeckt. Auf den meisten dieser Berge fehlen jedoch die Wälder (mit Ausnahme von Nadelholzplantagen). Nur in den Derryveagh Mountains (Route 19) gibt es noch Reste ursprünglicher Wälder, und in den Wicklow Mountains (Route 1) findet sich eine Mischung aus jüngeren Laub- und Nadelwäldern.

Mourne Mountains

Während die meisten irischen Gebirgszüge das Ergebnis der Kollision tektonischer Platten sind, sind einige wenige auf andere Art und Weise entstanden. Die Mourne Mountains in der Grafschaft Down sind eine kompakte Gruppe von runden Gipfeln, die ebenfalls aus Granit bestehen, aber viel jünger sind als ihre Nachbarn in den Grafschaften Donegal, Mayo und Galway. Die Mourne Mountains entstanden vor etwa 60 Millionen Jahren, als der Nordosten Irlands von andauernder vulkanischer Aktivität heimgesucht wurde, die auch das Antrim Plateau und den Giant's Causeway entstehen ließ. Während einer der Ausbrüche bildete Magma eine massive Kuppel unter dem Gebiet und später, während der Eiszeit, schufen die Gletscher die charakteristische Abfolge von runden Gipfeln und U-förmigen Tälern der Mournes. Aus der Ferne betrachtet präsentieren sich die Mourne Mountains oft in blauen Dunst gehüllt und scheinen über dem Flechtwerk der Felder und Hecken zu schweben. Wenn man näherkommt, erkennt man die unteren Hänge, die mit einer dünnen Deckenmoorschicht bedeckt sind und die kahlen, grauen Granitgipfel, die sich darüber erheben.

Auch hier ist das Deckenmoor der vorherrschende Lebensraum und bedeckt den größten Teil der Täler und tiefergelegenen Hänge. Weiter oben, eingekeilt zwischen den Torfmooren unten und dem kahlen Granit oben, befinden sich Gebiete mit trockenem Heideland. Mehr als alle anderen irischen Gebirge sind die Mournes vom Menschen geprägt worden. Aus den Torf- und Heidelandschaften wurden Felder und Weiden geschaffen, selbst in den höheren Regionen. Eine weitere Besonderheit sind zwei Stauseen im Herzen der Mournes und eine Mauer, die Mourne Wall, die über 15 der Mourne-Gipfel verläuft und das Einzugsgebiet der Stauseen umschließt.

Die Mourne Mountains in der Grafschaft Down in Nordirland.

Dartry Mountains

Ben Bulben und die umliegenden Berge in der Nähe der Stadt Sligo in der gleichnamigen Grafschaft sind unter dem Namen Dartry Mountains bekannt. Sie sind einzigartig, weil sie Irlands einzige Tafelberge sind. Die Felsen, aus denen diese charakteristische Bergwelt besteht, bestehen aus Kalkstein und Schiefer, die sich vor etwa 320 Millionen Jahren gebildet haben. Vor den wiederholten Vergletscherungen während der Eiszeit war das Gebiet ein langer, ununterbrochener Bergrücken, aber die Bewegung der Gletscher schnitt tiefe Täler in das Gestein und erschuf so das Tafelgebirge.

Ben Bulben und King's Mountain sind das Herz der Dartry Mountains.

Diese einzigartige Topografie ermöglichte es einer besonderen Gruppe von Pflanzen auf dem Plateaus zu überleben, die einige Grad kühler sind als die darunter liegenden Ebenen und Täler. Pollenanalysen haben gezeigt, dass ein Teil der Tundraflora, die am Ende der letzten Eiszeit vor etwa 10.000 Jahren in Irland verbreitet war, auf dem Gipfel des Ben Bulben überlebt haben. Dazu gehören das Wimper-Sandkraut, das nur auf dem Ben-Bulben-Plateau vorkommt, Silberwurz sowie Roter Steinbrech und Schnee-Steinbrech, die sich die Gipfelebene mit Deckenmoorflora teilen.

Flora und Fauna der Berge

Einen Lebensraum Gebirge und eine nur dort vorkommende Flora und Fauna (von einigen wenigen Ausnahmen abgesehen, siehe Seite 101) gibt es in Irland nicht. Vielmehr mischen sich in den Bergen Flachland-Lebensräume wie Deckenmoore, Wälder und Kulturlandschaften mit Mauern und Hecken. Nur die höchsten Berggipfel weisen freiliegenden Fels auf und erinnern an alpine Lebensräume, wie man sie vom Kontinent kennt.

Nicht überraschenderweise ist deshalb ein Großteil der Berge dem menschlichen Einfluss nicht entgangen. Vor allem in der westlichen Hälfte des Landes ist die Schafzucht weit verbreitet, und die Tiere ziehen die meiste Zeit des Jahres frei durch die Berge. Dies stellt nicht nur eine Belastung für die dortige Flora dar, die starke Beweidung ist außerdem der Grund für zunehmende Erosion. Die flacheren Hänge am Fuß der Berge werden häufig, wie viele Teile des Landes, für die Viehzucht und Silage Gewinnung genutzt.

Die besondere Flora der Deckenmoore ist in den Bergen wegen der erschwerten Zugänglichkeit für Landwirte, Wanderer und andere Besucher

am beeindruckendsten. Die verschiedenen Binsen-, Seggen- und Heidekraut-Arten als auch Gagel und Beinbrech, die auch in den Niederungen vorkommen, gedeihen an den Berghängen besonders gut.
Je höher man in die Berge vordringt, desto mehr wird die Moorlandschaft durch grasbewachsene Flächen und nackten Fels ersetzt. Hier findet man verschiedene Heidekraut-Arten, die sich oft mit Krähenbeere und Blutwurz mischen. Zu den Gebirgspflanzen, die in den höchsten Regionen der Berge und auf den Gipfeln zu finden sind, gehören Grüner Streifenfarn, Gewöhnliche Alpenscharte und drei Steinbrecharten. Diese alpinen Arten sind jedoch selten und sind oft auf einige wenige Stellen in einem spezifischen Gebiet beschränkt. Einige der Arten sind bereits als bedroht eingestuft und durch den Klimawandel stetig steigende Durchschnittstemperaturen lassen ihre Zukunft düster aussehen. Im Gegensatz zu den Pflanzen in tieferen Lagen haben diese Gebirgsspezialisten keinerlei Ausweichmöglichkeiten.

Feral Goats, die wilden Ziegen des Burren (Route 8).

Auch die Tierwelt der irischen Berge ähnelt der, die in den Deckenmooren zu finden ist. Bergeidechse, Grasfrosch, der Irische Feldhase und eine kleine Auswahl an Libellen, Schmetterlingen und Nachtfaltern gehören dazu. Heidespanner, Hauhechel-Bläuling und Kleines Nachtpfauenauge sind am häufigsten anzutreffen, während Großes und Kleines Wiesenvögelchen, Kronwicken-Dickkopffalter und Ockerbindiger Samtfalter örtlich begrenzt häufig vorkommen können. An den Gebirgsbächen und -seen sind die Braune Mosaikjungfer und Torf-Mosaikjungfer, Große Heidelibelle, Vierfleck und Frühe Adonislibelle regelmäßig anzutreffen. Zwei Raritäten, die in den Bergen von Kerry und Connemara zuhause sind, sind die Gemeine und Arktische Smaragdlibelle.
Moorschneehuhn, Wiesenpieper, Ringdrossel und Wanderfalke sind typische Vögel der Berge. Der Vogel, den man allerdings am meisten mit Irlands Bergen verbindet, ist der Kolkrabe. Dieses größte Mitglied der Krähenfamilie, kreisend in den Aufwinden zwischen den Gipfeln und sein einsames Krächzen sind ein Inbegriff der irischen Bergwelt (siehe Textkasten).
Ein weiteres typisches Tier der Berge ist der Rothirsch. Die einzige einheimische Herde dieser beeindruckenden Tiere lebt im und um den Killarney Nationalpark, wo die Tiere die meiste Zeit des Jahres auf den Hängen der

MacGillycuddy's Reeks und in den angrenzenden Wäldern verbringen. Ein weiteres Säugetier, und vielleicht das einzig wahre Bergtier Irlands, ist die *Feral Goat*, eine wilde Ziege. Wissenschaftlich gesehen handelt es sich nicht um eine einheimische Art, aber es wäre diesen charismatischen Tieren gegenüber nicht fair, sie einfach als nicht einheimisch oder gar invasiv abzutun. Die *Feral Goat* ist eine verwilderte Hausziege, die in allen Regionen Irlands zu finden ist, vor allem in den Bergen und entlang der Küste an felsigen Ufern und Klippen. Diese furchtlosen Kletterer sind in Familiengruppen unterwegs und optisch sehr beeindruckend. Sie tragen massive, lange Hörner, einen dichten Ziegenbart und ihr struppiges Fell ist in allen Schattierungen von Weiß, Schwarz und Braun gescheckt.
Leider ist das Ökosystem der irischen Berge durch den Klimawandel bedroht. Zusätzlich zu den Auswirkungen steigender Temperaturen auf die wenigen Vertreter der hochspezialisierten Alpenflora machen hohe Niederschlagsmengen, die in kurzen Zeiträumen fallen, Erdrutsche wahrscheinlicher, während lange Trockenperioden die perfekten Bedingungen für unkontrollierbare Brände mit sich bringen. Bergsteiger und Wanderer haben leider auch oft negative Auswirkungen auf das Ökosystem, wenn sie von den Hauptwegen abweichen und die empfindliche Vegetation zertrampeln.

Kolkrabe – König der Berge

Rabenvögel gehen in der Regel eine lebenslange Partnerschaft ein und beginnen sehr früh im Jahr mit der Brut, manchmal schon im Februar. Ihre Nester befinden sich in unzugänglichen Felswänden und werden jedes Jahr ausgebessert und verbessert, bevor die drei bis sieben blaugrünen und braungefleckten Eier gelegt werden. Durch Bejagung war der Kolkrabe in Irland vor etwa 50 Jahren fast ausgerottet. Seit das Tier unter Schutz steht, hat es sich jedoch in bemerkenswerter Weise erholt, so dass die sehr territorialen Vögel neue Lebensräume erschließen mussten und nun auch an der Küste, im Flachland und sogar in Städten zu finden sind.
Ein Grund für das schnelle Comeback ist die hohe Intelligenz des Raben, die es ihm ermöglicht, Probleme zu lösen und seine Lebensweise neuen Umgebungen anzupassen. Diese Intelligenz wurde in zahllosen Experimenten bewiesen. In einem der bemerkenswertesten dieser Experimente wird dem Vogel ein Stück Fleisch vorgesetzt, das an einer Schnur befestigt ist, die von der Sitzstange des Vogels herabhängt. Der Vogel kann das Fleisch nur erreichen, indem er ein Stück der Schnur mit seinem Schnabel einzieht, sich auf die Schlaufe stellt und dann ein weiteres Stück Schnur einzieht. Vier von fünf Vögeln lösten das Rätsel nach längerer Betrachtung durch einfaches Nachdenken, ohne das Prinzip von Versuch und Irrtum anwenden zu müssen.

Kalksteinkarst – Der Burren

Die Routen 13, 14 und 15 führen durch Kalkstein-Karstlandschaften, ebenso wie Ziel B auf Seite 247.

Der Burren ist ohne Zweifel eine Landschaft, die man in Irland nicht erwartet. J.R.R. Tolkien, Autor der „Herr der Ringe"-Trilogie, war Professor für Linguistik und lehrte für einige Semester an der Universität von Galway. Während dieser Zeit besuchte er den Burren regelmäßig und dessen ungewöhnliche Landschaft wurde, wie manche Quellen behaupten, eine maßgebliche Inspiration für die Landschaften Mittelerdes. Während Tolkien von der Landschaft des Burren fasziniert und beeindruckt war, hinterließ die Region bei manchen Besuchern einen anderen Eindruck. Der englische Politiker und Militärführer General Edmund Ludlow beschrieb den Burren im Jahr 1659 folgendermaßen: *"Es ist ein Land, in dem es nicht genug Wasser gibt, um einen Mann zu ertränken, nicht genug Holz, um ihn aufzuhängen, und nicht genug Erde, um ihn zu begraben."*

Die typische Karstlandschaft des Burren (Route 14 und 15).

Weitere Beschreibungen bezeichnen den Burren als „Mondlandschaft" oder als „Fruchtbarer Fels". Der Sänger und Songwriter Luka Bloom besang die „Blühende Wüste", und für den Botaniker Charles Nelson ist der Burren eine „Kalksteinwildnis". Wie auch immer man den Burren beschreiben möchte, dieser Ort fasziniert und regt die Fantasie an.

Ein einzigartiges Ökosystem

Der Burren ist Irlands größtes und am besten erhaltenes Kalkstein-Karstgebiet und liegt an der Westküste in der nördlichen Hälfte der Grafschaft Clare. Das gesamte Gebiet ist zusammen mit den Cliffs of Moher (siehe Ziel B auf Seite 225) ein UNESCO Global Geopark, und ein Nationalpark (Burren Nationalpark, siehe Route 13) befindet sich in der südöstlichen Ecke der Region.

Karst ist eine felsige, löchrige und damit wasserdurchlässige Kalksteinland-

Ein winterlicher Abend im Burren Nationalpark mit Lough Gealain und dem Berg Mullagh More im Hintergrund.

schaft mit wenig fruchtbarem Boden, ein starker Kontrast zu Irlands Wiesen, Heiden und Mooren.

Karst kommt an verschiedenen Orten in Europa vor und weist stets eine reiche Flora und Fauna auf. Der Burren unterscheidet sich jedoch von vergleichbaren Orten in Südfrankreich, Spanien, Deutschland und anderswo durch sein Klima. Während in anderen Karstgebieten alles Wasser in den Untergrund verschwindet, sind die Niederschlagsmengen an der irischen Westküste so hoch, dass die unterirdischen Höhlensysteme regelmäßig überflutet werden und temporäre alkalische Sümpfe und Seen, letztere sind als *Turlough* bekannt, speisen.

Feuchtgebiete des Burren

Oberflächengewässer sind vorwiegend auf den östlichen Teil des Burren beschränkt. Diese Moore, Seen und Turloughs sind als *Burren Wetlands* (Burren-Feuchtgebiete) bekannt.

Bei den Turloughs handelt es sich um saisonale Seen, deren Existenz in hohem Maße von den vorherrschenden Niederschlagsmengen abhängig ist. Anders als permanente Seen werden die Turloughs nicht von einem Fluss gespeist. Vielmehr sind sie mit den Höhlensystemen des Burren verbunden. In Zeiten anhaltender oder starker Regenfälle werden diese unterirdischen Gänge und Kammern überflutet, wodurch die Turloughs gefüllt werden. In trockeneren Perioden, meist im Frühjahr und Frühsommer, sinkt der Wasserstand und die Turloughs trocknen aus. Der größte der Turloughs ist der Carron Turlough, der eine Fläche von etwa vier Quadratkilometern einnehmen kann.

Einige der Seen in den Burren-Feuchtgebieten sind eine Kombination aus

Eine Gemeine Eberwurz blüht im Schutz eines *Gryke*, einer Spalte im Kalkstein (Route 13, 14 und 15).

einem permanenten See und einem Turlough. Das bedeutet, dass sie nie ganz verschwinden, sich in Zeiten starker Regenfälle aber leicht an Größe verdreifachen können. Der interessanteste dieser Seen ist Lough Gealain (Route 13). Der See wird durch Quellen gespeist, weist aber auch eine Reihe von Schlundlöchern (im englischen *Swallow Hole* genannt) auf – Öffnungen, die mit dem unterirdischen Höhlensystem verbunden sind. In trockenen Perioden sind die Schlundlöcher im südlichen Teil des Sees gut zu sehen.

Flora und Fauna des Burren

Die ausgedehnten, kargen Kalksteinflächen des Burren sind mit kleinen Wäldern und Wildblumenwiesen durchsetzt. Diese Kombination aus nacktem Felsen, blühenden Wiesen und Wäldern auf dünnen, aber fruchtbaren Böden und die alkalischen Sümpfe und Turloughs machen den Burren einzigartig. Die Gegend zeichnet sich durch eine sehr hohe Artenvielfalt aus, insbesondere Wildblumen und Insekten sind besonders zahlreich.

Die Flora des Burren hat Weltruhm erlangt, denn sie beherbergt nicht weniger als 600 Arten von Wildblumen und anderen Pflanzen, das sind 70% aller in Irland bekannten Arten. Aber es ist nicht nur die Vielfalt der Pflanzenwelt, die den Burren so einzigartig macht. Es ist besonders die Verteilung der einzelnen Arten über verschiedene Lebensräume und die Zusammensetzung der Pflanzengemeinschaften, die den Burren auszeichnen. Zu den Pflanzenarten des Burren gehören sowohl solche, die normalerweise arktische oder alpine Verhältnisse bevorzugen (und die an das Überleben auf kalten, windgepeitschten, dünnen Böden angepasst sind), als auch solche, die sonst in sehr warmen Gegenden zu finden sind. Die im Winter sehr nassen Böden des Burren können im Sommer schnell austrocknen und sich beträchtlich erwärmen; ein Prozess, der durch das umliegende nackte Gestein, das die Wärme der Sonne leicht aufnimmt, verstärkt wird.

Die berühmteste Blume des Burren und so etwas wie ein Wahrzeichen der Gegend, ist der Frühlings-Enzian. Diese Art mit ihren tiefblauen Blüten ist eine arktisch-alpine Art, die normalerweise im Hochgebirge oder in der Tundra gedeiht. Im Burren blüht sie im April und ist nicht nur auf Meereshöhe, sondern sogar direkt am Meer zu finden (siehe Textkasten auf Seite 104). Eine

Gegenüberliegende Seite: Einige der berühmten Burren Blumen: Frühlings-Enzian (oben), Bienen-Ragwurz (mitte) und Silberwurz (unten).

weitere auffällige Pflanze, die normalerweise sowohl in der Tundra als auch im Hochgebirge zu Hause ist, ist die Silberwurz, mit sehr schönen weißen Blüten. Im Burren gedeiht sie sowohl an der Küste als auch auf den Gipfelplateaus der Kalksteinberge. Im Gegensatz dazu sind viele der 24 Orchideen des Burren Arten mit einer kontinentalen und sogar mediterranen Verbreitung. Zu den häufig vorkommenden Arten gehören das Männliche Knabenkraut, Mücken-Händelwurz, Hundswurz, Braunrote Stendelwurz und Zweiblatt.

Der Burren beherbergt auch einige ungewöhnliche Blumen und reine Raritäten. O'Kelly's Spotted Orchid ist eine seltene weiße Unterart des Fuchs' Knabenkraut, die nach Patrick O'Kelly aus Ballyvaughan (einer Ortschaft im Norden des Burren) benannt wurde, der die Pflanze erstmals beschrieb. Eine weitere Kuriosität ist der Pyramiden-Günsel, eine der seltensten Pflanzen Irlands, die nur entlang der Küste des Burren und an einigen wenigen anderen Orten (Aran Islands, Connemara und Rathlin Island) gedeiht.

Ein weiteres faszinierendes Rätsel war das Vorhandensein von kalkliebenden (*calcicoles*) und kalkmeidenden (*calcifuges*) Pflanzen, die oft in unmittelbarer Nähe zueinander wachsen. Das Rätsel wurde gelöst, als mikroskopische Untersuchungen das Vorhandensein eines äolischen (vom Wind abgelagerten) Bodens, des so genannten Lösses, fanden. Dieser Löss wurde kurz nach der letzten Eiszeit, als sich Irland im Tundra-Stadium befand, an verschiedenen Stellen im Burren abgelagert und beherbergt heute die „Kalkmeidenden.

Die Turloughs am östlichen Rand des Burren beherbergen ebenfalls einige einzigartige Pflanzen: Der Sumpf-Löwenzahn ist auf den Burren und einige andere Standorte in den Midlands und an den Seen im Westen Irlands beschränkt. Der Fingerstrauch hat eine ähnliche Verbreitung, die größte Ansammlung dieser Pflanze findet sich allerdings an den Rändern des Lough Gealain im Burren Nationalpark (Route 13).

Der Burren ist eine Bastion für die seltene Kleine Hufeisennase, die die vielen Höhlen des Burren zum Schlafen und Überwintern nutzt.

Die Frage, wie es dazu kam, dass der Burren diese ungewöhnlichen Pflanzen und Pflanzengemeinschaften beherbergt, wurde nie wirklich beantwortet. Es wird angenommen, dass die alpinen und arktischen Arten kurz nach dem Ende der letzten Eiszeit eintrafen (oder sogar während der Vergletscherung zugegen waren) und Teil der frühen tundraähnlichen Landschaft waren. Nachdem sich das Klima genügend erwärmt hatte, folgten andere Pflanzen aus dem Süden , darunter auch die beliebten Orchideen, und siedelten sich im Burren direkt neben der bestehenden Flora an, die sich, aus welchen Gründen auch immer, im milden Klima der irischen Westküste immer noch sehr wohl fühlt.

Obwohl die Flora des Burren die meiste Aufmerksamkeit auf sich zieht, hat der Burren auch eine sehr interessante Tierwelt. Es gibt

Höhlen – Portale zur irischen Vergangenheit

Die Erkundung der Höhlensysteme des Burren brachte einige unerwartete Einblicke in die Vergangenheit. In der Ailwee Cave, einer der beiden Schauhöhlen des Burren, wurde das Skelett eines Braunbären gefunden und auf ein Alter von 10400 Jahren datiert. Eine in einer anderen Höhle entdeckte Kniescheibe eines Bären zeigte parallele Schnittspuren, die höchstwahrscheinlich von einem Steinmesser vor etwa 12500 Jahren verursacht wurden. Das Vorhandensein eines an der Spitze der Nahrungskette stehenden Raubtieres und Anzeichen dafür, dass dieses von Menschen gejagt wurde, lässt darauf schließen, dass es im Burren bereits gegen Ende der letzten Eiszeit, also vor dem vollständigen Verschwinden der Gletscher, eine vielfältige Flora und Fauna gab.

27 Arten ansässiger Schmetterlinge (darunter Spezialitäten wie Zwerg-Bläuling, Nierenfleck-Zipfelfalter, Senfweißling, Kronwicken-Dickkopffalter und Frühlings-Perlmuttfalter), und die Hälfte der etwa 540 irischen Makrofalterarten wurde hier ebenfalls nachgewiesen. Eine dieser Arten und eine echte Burren-Spezialität, ist die Grüneule. Dieser Nachtfalter wurde 1949 zum ersten Mal im Burren beschrieben und machte das Gebiet für Falter-Fans zu einem Paradies. Der Burren ist der einzige Ort in Irland und Großbritannien, an dem diese smaragdgrüne Schönheit zu sehen ist (sie kommt allerdings auch in anderen Teilen Europas vor).

Der Burren ist auch eine wichtige Hochburg für Fledermäuse. Alle sieben in Irland bekannten Arten wurden im Burren nachgewiesen, darunter auch die Kleine Hufeisennase, die in vielen Teilen Europas als ausgestorben gilt. Der Burren bietet reichlich Nahrung in Form von Nachtfaltern und anderen kleinen Insekten sowie Höhlen zum Brüten und Überwintern. Weitere erwähnenswerte Wildtiere des Burren sind der Baummarder und die wilde Ziegen.

Die geologische Geschichte des Burren

Eine so aus dem Rahmen fallende Landschaft wie der Burren verlangt nach einer Erklärung und die Gründe, die zur Erstehung dieser Karstlandschaft geführt haben, liegen sowohl in der Geologie als auch in der Landnutzung. Die Grundlage des Burren wurde im Karbon vor etwa 350 Millionen Jahren gelegt. Damals lag die Region unter einem flachen, tropischen Ozean südlich des Äquators. Einige der Bewohner dieses Ozeans waren die Vorfahren unserer Schnecken, Muscheln und Korallen, die alle ein gemeinsames Merkmal hatten – eine Schale, die aus den Mineralien Calcit und Aragonit gebaut war. Nachdem die Tiere ihr Leben ausgehaucht hatten, sanken ihre Schalen auf den Meeresboden, wo sie sich Schicht für Schicht ansammelten. Über einen Zeitraum von etwa 20 Millionen Jahren verfestigten sich die Schalen zu bis zu 800 Meter dicken Kalksteinschichten. Diese Schichten sind auch heute noch deutlich sichtbar, besonders im Profil der Berge des Burren, die alle an einen unordentlichen Stapel von Pfannkuchen erinnern. Noch deutlicher werden die Schichten, wenn man den Burren von oben betrachtet, beispielsweise auf einem Satellitenbild. Im Laufe der Zeit lagerten sich andere Gesteine auf dem Kalkstein ab, diese wurden aber während der Eiszeit wieder abgetragen und die Bewegungen der Gletscher haben das unverwechselbare Aussehen des Burren weiter geprägt.

Wasser hatte und hat immer noch einen großen Einfluss auf den Burren. Kalkstein löst sich langsam auf, wenn er mit Wasser in Berührung kommt. Der Grund dafür ist das Kohlendioxid enthaltende und dadurch leicht saure Regenwasser, das mit dem alkalischen Kalkstein auf chemischer Basis reagiert. Dieser Prozess hat dem Burren sein typisches Aussehen verliehen: glatte Kalksteinblöcke, so genannte *Clints*, die durch tiefe Spalten getrennt sind, die in Irland als *Scailps* oder *Grikes* (vom irischen Wort für Spalte oder Kluft) bekannt sind. Über die Jahrtausende hat sich das Wasser tief in den Kalkstein gefressen und dabei Senkgruben und Höhlen geschaffen. Bis heute wurden etwa 60 Kilometer an Höhlensystemen erforscht, doch die tatsächliche Ausdehnung der Burren-Höhlensysteme beträgt vermutlich ein Vielfaches davon.

Die größten der Höhlensysteme sind durch Bäche und Flüsse entstanden. Die meisten dieser Wasserläufe verlaufen vollständig unterirdisch, ohne jemals Tageslicht zu sehen. Der einzige Fluss, der seine gesamte Reise von der Quelle bis zum Ozean an der Oberfläche verbringt, ist der Caher River, aber es gibt auch einige, die sporadisch an der Oberfläche erscheinen.

Geprägt von Menschen

Die kahle Landschaft des Burren ist nicht allein auf geologische Ereignisse zurückzuführen, sondern wurde zu einem großen Teil von Menschenhand geschaffen. Der Burren weist eine der höchsten Konzentrationen an historischen Bauwerken in Irland auf, von denen viele bis in die Steinzeit zurückreichen. Hügel- und Tunnelgrabstätten, Ringwälle, frühchristliche Klöster, mittelalterliche Burgen (im englischen *Tower Houses*) und die allgegenwärtigen Steinmauern sind alles andere als natürlich, aber zu einem festen Bestandteil der Burren-Landschaft geworden.

Der Kartograph und Autor Tim Robinson schrieb in einem seiner Bücher: *„Die harte Schönheit des Burren ist das Ergebnis von Jahrtausenden von Missbrauch.“*

Obwohl der Kalkstein des Burren wahrscheinlich nie von einer sehr tiefen Erdschicht bedeckt war, beschleunigten die frühen Landwirte den Erosionsprozess, indem sie das Land für Ackerbau und Viehzucht rodeten.

Wie sehr die Landwirtschaft und die natürliche Vegetation des Burren voneinander abhängen, zeigte sich in den letzten Jahrzehnten des 20. Jahrhunderts. Um die Wildblumen des Burren zu bewahren, wurde die Zahl der Weidetiere erheblich reduziert. Überraschenderweise hatte diese Schutzmaßnahme genau den gegenteiligen Effekt, den sie eigentlich haben sollte. Da die schnell wachsenden Gräser und Sträucher durch die Beweidung nicht mehr in Schach gehalten wurden, begannen die empfindlichen Wildblumen aus ihrem angestammten Lebensraum zu verschwinden.

Im Jahr 2010 wurde dann das *Burren Life* Projekt ins Leben gerufen. Ziel dieses Projekts war es nicht nur, ein Gleichgewicht zwischen Landwirtschaft und Naturschutz zu finden, sondern die Landwirtschaft als praktische Naturschutzmaßnahme zu nutzen. Die Landwirte, die sich für dieses Projekt anmeldeten, übernahmen die Verantwortung für das natürliche und geschichtliche Erbe des Burren. Zu ihren Aufgaben gehörten der Wiederaufbau von Steinmauern, die Beseitigung von Sträuchern und die Wiedereinführung traditioneller landwirtschaftlicher Methoden wie z.B. die *Winterage*.

Dies ist eine jahrhundertealte Tradition, bei der das Vieh im Herbst auf die Weiden im Hochland des Burren gebracht wird, um dort zu überwintern. Das allgemein milde Klima und die Wärmespeicherkapazität des Kalksteins sorgen dafür, dass fast das ganze Jahr über Gräser wachsen. Die Tiere halten diese Gräser niedrig, was den Wildblumen im nächsten Frühjahr zugutekommt. Im Laufe der Zeit wurde die Winterage zu einem großen Ereignis, und heute werden die Rinder jedes Jahr im Oktober von Menschenmassen auf dem Weg zu ihren Winterweiden begleitet.

Dr. Brendan Dunford, der Gründer des *Burren Programme.*

Das *Burren Life* Projekt, inzwischen zu *Burren-Programme* umgetauft, ist heute einer der wichtigsten Faktoren, um die Erhaltung des Burren zu gewährleisten. Ohne Weidetiere würde die Vielfalt der Flora und Fauna stark abnehmen oder sich radikal verändern.

Die Zukunft des Burren

Im Gegensatz zu anderen Landschaften und Lebensräumen in Irland ist die Zukunft des Burren-Karsts und seiner berühmten Flora gesichert, zumindest für den Augenblick. Dafür sorgen die gemeinsamen Anstrengungen von Landwirten, Gemeinden und Umweltschutzgruppen. Der besondere Fall des Burren wirft jedoch die grundsätzlichere Frage auf, was Naturschutz wirklich bedeutet. Ist es richtig, ein zugegebenermaßen einzigartiges, aber letztlich vom Menschen geschaffenes Stück Landschaft zu schützen, oder wäre es angemessener, die Natur regieren zu lassen, was den Burren in eine völlig andere Landschaft verwandeln würde? Zunächst würde sich ein Hasel- und Eschenwald etablieren, ein Prozess, der bereits am Fuße von Mullagh More und um Eagle's Rock zu beobachten ist. Mit der Zeit würden andere Bäume, wahrscheinlich Eichen und Kiefern, die Oberhand gewinnen und den Burren wieder zu seinem Ursprung als Mischwald zurückkehren lassen. Ein Teil der heutigen Flora würde vermutlich in diesem neuen Lebensraum überleben, andere jedoch, unter ihnen wahrscheinlich viele alpine Arten und manche Orchideen, würden wahrscheinlich für immer verschwinden.

Geschichte

Die ersten Menschen kamen vor etwa 10.000 Jahren, nach dem Ende der letzten Vergletscherung nach Irland, als sich das Land gerade von einer arktischen Tundra-Landschaft in eine Mischung aus Steppe und Wald verwandelte. Sie waren mesolithische Jäger und Sammler, die nie lange an einem Ort blieben. Sie bestritten ihren Lebensunterhalt vorwiegend entlang der Küste, wo reichlich Nahrung vorhanden war. Fisch und Schalentiere, Beeren und Nüsse sowie das gelegentliche Wildschwein und Rotwild bildeten höchstwahrscheinlich ihre Hauptnahrung. Aufgrund ihres nomadischen Lebensstils hinterließen diese Menschen fast keine Spuren ihrer Existenz. Muschelhaufen, die mesolithische Version der Biotonne, sind an vielen Küstenorten zu finden, bilden aber auch das einzige Überbleibsel, das die frühen Jäger und Sammler hinterlassen haben.

Poulnabrone Portalgrab ist eines von Irlands berühmtesten Monumenten aus der Steinzeit.

Um 4000 v. Chr. brachten Neuankömmlinge ein neues Lebenskonzept auf die Insel. Diese Neuankömmlinge waren Bauern und lebten eher sesshaft als nomadisch. Die ansässige mesolithische Bevölkerung passte sich langsam an diese neue Lebensweise an und vermischte sich mit den Neuankömmlingen.

Irland ist reich an Überresten aus dieser Zeit. Da die Landwirtschaft eine sichere Nahrungsversorgung mit sich brachte, was ein Nomadendasein überflüssig machte, änderte sich die Lebensweise der Menschen beträchtlich, was sich insbesondere darin widerspiegelt, wie sie ihre Verstorbenen behandelten. Die wichtigen Mitglieder ihrer Gesellschaft wurden in aufwendigen Gräbern beigesetzt, deren Überreste überall in Irland zu finden sind. Mit dem Zustrom weiterer Siedler und dem Beginn der Bronzezeit ließ die Bautätigkeit an den Gräbern nach, bis eine weitere Gruppe von Neuankömmlingen in Irland eintraf, deren Name zu einem Synonym für Irland wurde.

Die Kelten

Die Kelten begannen um etwa 1200 v. Chr. ihr Einflussgebiet von der Alpenregion des europäischen Festlandes aus zu erweitern, und kamen um 500 v. Chr. nach Irland. Man nimmt an, dass die Kelten über einen längeren Zeitraum in kleinen Gruppen einwanderten und sich langsam mit der ansässigen Bevölkerung vermischten. Aufgrund ihrer überlegenen eisenzeitlichen Technologie und der strikten Organisation ihrer Familienverbände beherrschte die keltische Kultur bald ganz Irland.

Neolithische Gräber

Irland verfügt über eine ungewöhnlich große Anzahl neolithischer Denkmäler: Menhire (auch als Hinkelsteine bekannt), Steinkreise und Gräber. Die Funktion der ersten beiden wird immer noch diskutiert, die Nutzung der letzteren ist jedoch offensichtlich.

Es sind vier Arten von Grabstätten bekannt: Hofgräber bestanden aus einer Vorkammer an einem Ende und einer oder zwei Grabkammern am anderen Ende, die alle von Steinmauern umgeben waren. Portalgräber bestanden aus nur einer Grabkammer, die durch ein Portal zu erreichen war. Ein charakteristisches Merkmal dieser Gräber ist der große Deckstein, der als Dach der Grabkammer diente. Das berühmteste dieser Gräber ist der Poulnabrone Portal Tomb (auch bekannt als Poulnabrone Dolmen) im Burren. Keilgräber sind den Portalgräbern ähnlich, haben aber kein Portal und sind oft kleiner und einfacher gebaut. Die steinernen Strukturen aller Gräber waren ursprünglich mit Erde oder Geröll bedeckt, so dass nichts weiter als ein grasbewachsener Hügel in der Landschaft übrigblieb. Die anspruchsvollsten Gräber waren die Ganggräber. Architektonisch sind sie eine Kombination aus Hof- und Portalgrab. Ein oder mehrere Portale führten in einen langen Gang, der in eine Zentralkammer mündete, von der aus die Grabkammern betreten werden konnten. Das wichtigste Merkmal dieser Gräber war jedoch deren Verzierungen, die ersten Beispiele für irisches Kunsthandwerk, die aus geometrischen Formen und Mustern bestanden, die in den Stein gemeißelt oder geritzt wurden. Das bekannteste Beispiel für ein Ganggrab ist Newgrange in der Grafschaft Meath.

Diese Denkmäler sind Teil der irischen Landschaft, und viele von ihnen befinden sich inmitten von Wiesen und Weiden, umgeben von grasenden Rindern.

Die Familiengruppen, Gelfhine genannt, bestanden aus allen männlichen Nachkommen eines gemeinsamen Großvaters. Frauen wurden Mitglieder der Gelfhine ihres Mannes. Diese Familiengruppen lebten als Bauern und wohnten in so genannten *Ringforts* oder *Promontory Forts*. Diese Siedlungen bestanden aus einer oder mehreren kreisförmigen oder halbkreisförmigen verteidigungsfähigen Steinmauern. Im Inneren befanden sich die Häuser der Familiengruppe und genügend Platz, um in Kriegszeiten das Vieh unterzubringen. Felder und Weiden lagen außerhalb der Mauern. Diese Lebensweise bildete die Grundlage für die zahllosen kleinen Königreiche, die Irland in den folgenden Jahrhunderten ausmachten.

Die einzigen Menschen, die sich frei zwischen den Familiengruppen bewegen konnten, waren die Druiden, die Hüter des keltischen Glaubenssystems, das aus einem komplizierten Pantheon von Göttern bestand, die verschiedene Aspekte der Natur repräsentierten. Eine weitere angesehene Gruppe waren die *Filidh*, Geschichtenerzähler und Dichter, die wahrscheinlich von den Druiden abstammten, aber über längere Zeit bei derselben Familie blieben.

Viele der irischen Mythen und Legenden gehen auf diese Zeit zurück, und obwohl die etwa 150 überlieferten Geschichten keine faktuale Geschichte sind, haben sie eine wichtige Rolle für das Verständnis und die Entmystifizierung der Kelten gespielt.

St. Patrick und die Ankunft des Christentums

Während das benachbarte Britannien unter römische Herrschaft geriet, setzten die Kelten ihre Lebensweise auf die herkömmliche Weise fort. Aus unbekannten Gründen versuchten die Römer nie, ihr Reich auf Irland auszudehnen, aber es wird angenommen, dass zwischen Irland und Britannien enge Handelsbeziehungen bestanden.

Die Herrschaft der Kelten ging jedoch zu Ende, als sich eine neue Religion in Europa auszubreiten begann. St. Patrick ist Irlands Nationalheiliger, der der Legende nach den christlichen Glauben nach Irland brachte und dabei auch die Schlangen vertrieb. Dies ist eine der vielen Begebenheiten in der irischen Geschichte, in der sich Fakten und Fiktion vermischen. Patrick wurde als Patricius um 387 n. Chr. in Nordbritannien (oder möglicherweise Wales) geboren, wo das Christentum bereits etabliert war. Als kleiner Junge wurde er von irischen Piraten entführt und in die Sklaverei verkauft. Es heißt, dass er seine Zeit als Sklave damit verbrachte, irgendwo in Nordirland Ziegen zu hüten, wo ihm der Legende nach die Stimme Gottes sagte, wie er seinen Eigentümern entkommen und nach Hause zurückkehren könne. Zurück in Britannien schwor Patrick, das Wort Gottes nach Irland zu bringen. Und das tat er dann auch.

In Wirklichkeit war Patrick wahrscheinlich einer von mehreren Missionaren, die Irland bereisten, um die neue Religion zu predigen und Klöster zu gründen. Der christliche Glaube verbreitete sich schnell und innerhalb weniger Jahrhunderte war Irland zur neuen Religion bekehrt. Dies war der Beginn dessen, was in den irischen Geschichtsbüchern als das *Golden Age*, das Goldene Zeitalter, beschrieben wird. Während der Rest Europas nach dem Zusammenbruch des Römischen Reiches im Chaos versank, blühte Irland unter seiner neuen Religion auf, und die irischen Klöster wurden zu Zentren der Kultur und des Lernens, die Pilger und Studenten aus allen Ecken des Kontinents anzogen. Infolgedessen wurden die irischen Klöster sehr wohlhabend und mächtig, was sich in üppig illustrierten Büchern wie dem Book of Kells und anderen Kunstwerken aus dieser Zeit widerspiegelt.

Die Wikinger

Es überrascht nicht, dass die Reichtümer der irischen Klöster Plünderer anzogen, vor allem Wikinger aus den skandinavischen Ländern. Zunächst gingen die Wikinger nur auf kurze Raubzüge, doch mit der Zeit errichteten sie auch Stützpunkte entlang der irischen Küste. Diese Stützpunkte entwickelten sich zu Siedlungen und schließlich zu Städten: Dublin,

Blarney Castle in der Grafschaft Cork ist eines der am besten erhaltenen mittelalterlichen Gebäude Irlands.

Galway, Limerick, Waterford und Wexford haben alle ihren Ursprung als Wikingersiedlung. Im Laufe der Zeit vermischten sich die Wikinger mit den Einheimischen und brachten den Glauben und die Lebensweise der Wikinger in die irische Lebensweise ein.
Zu dieser Zeit war Irland in zahlreiche kleine Königreiche unterteilt, die schon vor der Ankunft der Wikinger in ständige Machtkämpfe und Kriege verwickelt waren und die kampffreudigen Neuankömmlinge verschlimmerten die ohnehin schon chaotische Situation nur noch mehr. Diese Uneinigkeit des Landes führte schließlich zu einem entscheidenden Wendepunkt in der irischen Geschichte.

Die normannische Invasion und die englische Besetzung

Im Jahr 1152 hatte der berüchtigte Diarmuit Mac Murchada, König von Leinster (einem Königreich an der Ostküste Irlands) Ambitionen, Hochkönig von Irland zu werden und schloss ein Bündnis, das die Geschichte Irlands für die nächsten Jahrhunderte bestimmen sollte. Um seine Feinde zu besiegen, suchte er die Unterstützung von Henry II. von England. Dieses Bündnis war der Beginn der normannischen Invasion, durch die Irland Teil des britischen Königreichs wurde.
In den folgenden Jahrhunderten unterdrückten die englischen Herrscher systematisch die irische Lebensweise und siedelten englische Siedler auf irischem Boden an. Irische Sprache, Traditionen und Religion (die Iren waren katholischen Glaubens, während die Engländer hauptsächlich Protestanten waren) wurden verboten. Die Folge war, dass die Mehrheit der irischen Bevölkerung in Armut lebte. Gelegentliche, meist lokale Aufstände wurden von den Besatzern brutal niedergeschlagen.

Die Große Hungersnot und der Weg zur Unabhängigkeit

Im 19. Jahrhundert war die Kartoffel zum wichtigsten Grundnahrungsmittel der Iren geworden. Als die Kartoffelfäule 1846 und in den drei folgenden Jahren den größten Teil der Ernten vernichtete und die englische Regierung nicht entsprechend reagierte, wurde Irland in eine der dunkelsten Zeiten seiner Geschichte gestürzt. Es war die Zeit des *Great Famine*, der Großen Hungersnot. Eine Million Menschen starben. Eine weitere Million floh nach Amerika, Australien und Großbritannien (bei einer Gesamtbevölkerung von 8 Millionen). Zwar hatte es in der Vergangenheit bereits Hungersnöte gegeben, doch die Große Hungersnot hat bis heute andauernde Auswirkungen auf das Land und die irische Psyche. Der schiere Verlust an Menschenleben und die Art und Weise, wie die irische Bevölkerung behandelt wurde, machten diese Zeit zu einem der am besten dokumentierten Ereignisse der irischen Geschichte. Hungernde Familien wurden von ihren Höfen vertrieben und in den meisten Fällen zum Verhungern am Straßenrand zurückgelassen. Arbeitshäuser boten Lebensmittel im Tausch gegen körperlich harte und meist sinnlose Arbeit an (die so genannten *Famine Roads* sind auch heute noch Teil der Landschaft – Straßen, die im Nirgendwo beginnen und enden und keinem Zweck dienen). Anstatt zu helfen, verschlimmerte dieses Projekt die Situation. Die Arbeit war hart, das Essen schlecht, und die Menschen starben weiterhin an Unterernährung. Darüber hinaus begünstigte die räumliche Nähe der Menschen in den überbevölkerten Arbeitshäusern die Ausbreitung von Krankheiten wie der Cholera. Während die irische Bevölkerung verhungerte, wurde der größte Teil der in Irland produzierten Lebensmittel, mit denen die Bevölkerung hätte ernährt werden können, nach England exportiert.

Die Große Hungersnot legte den Grundstein für den langen Kampf um die irische Unabhängigkeit. Nach mehreren gescheiterten Rebellionen und politischen Versuchen, ein unabhängiges Irland zu schaffen, nahm eine Gruppe von Revolutionären am Osterwochenende 1916 strategische Gebäude in Dublin in Besitz, ein Ereignis, das als *Easter Rising*, Osteraufstand, bekannt wurde. Der Aufstand war zwar erfolglos, markierte aber den ersten Schritt zu einem unabhängigen Irland. Im Jahr 1919 rief die immer noch intakte Gruppe, die den Osteraufstand initiiert hatte, die erste unabhängige irische Regierung aus. Zu dieser inoffiziellen Regierung gehörte auch ein militärischer Arm, der als Irisch-Republikanische Armee (IRA) bekannt wurde. Es folgte ein blutiger Guerillakrieg, der 1921 mit der Unterzeichnung des anglo-irischen Vertrags endete, der Irland den Status eines unabhängigen Mitglieds Großbritanniens und die Erlaubnis zur Bildung einer eigenen Regierung verlieh. Die unglückliche Nebenwirkung dieses Vertrags war die Teilung der Insel in Nordirland und den irischen Freistaat, aus dem 1937 schließlich die Republik Irland werden sollte.

Diese Trennung und die anschließende Diskriminierung der katholischen

Minderheit in Nordirland waren die Ursache für einen langanhaltenden und blutigen Bürgerkrieg, der als *The Troubles* bekannt wurde und erst 1998 mit dem Karfreitagsabkommen beendet wurde, das Nordirland eine eigene Regierung und ein gewisses Maß an Unabhängigkeit von England gab. Trotz des offiziellen Friedens haben die Spannungen in Nordirland nie ganz aufgehört und haben seit Brexit wieder zugenommen. Die aktuelle Situation ist mehr als fragil.

Die berühmte *Free Derry* Wandmalerei in der Stadt Derry ist eine mahnende Erinnerung an die *Troubles*.

Heute ist die Republik Irland ein völlig unabhängiger Staat, während Nordirland nach wie vor Teil Großbritanniens ist, aber wie Schottland und Wales eine eigene Regierung bilden kann.

Das moderne Irland

Die Republik Irland brauchte eine Weile, um den Anschluss an das übrige Europa zu finden, was zu dem oft romantischen Klischee einer Insel, die im 19. Jahrhundert stecken geblieben ist, führte. So dauerte es beispielsweise bis 1975, 99% aller irischen Haushalte mit Elektrizität zu versorgen, und noch in den 1980er Jahren war das offene Feuer oder ein Festbrennstoffofen in vielen irischen Haushalten das Hauptheizsystem. Irland hatte auch jahrzehntelang mit Arbeitslosigkeit und Armut zu kämpfen, selbst nach dem Beitritt zur Europäischen Wirtschaftsgemeinschaft (EWG), einem Vorläufer der EU, im Jahr 1973. Damals verließen Zehntausende von Iren das Land, um im Ausland Arbeit zu finden.

Die große Wende kam Ende der 1990er Jahre, als eine rücksichtslose Ausgabenkürzung und Gesetzesänderungen, die ausländische Arbeitgeber anlockten, den Beginn eines nie dagewesenen Wirtschaftswachstums markierten, das als *Celtic Tiger*, keltischer Tiger, bekannt wurde. Bis zum Jahr 2000 hatte sich das Bruttosozialprodukt in Irland verdreifacht, die Arbeitslosigkeit lag unter 5% und das Durchschnittseinkommen in Irland hatte sich verdoppelt. Der Lebensstandard erreichte und übertraf sogar den anderer europäischer Länder, und das einst romantisierte Hinterland wurde nicht nur zu einem beliebten Urlaubsziel, sondern zog auch Menschen aus dem Ausland an, die sich hier niederlassen und arbeiten wollten. Seit dem Aufschwung des keltischen Tigers hat sich Irland bis zur Unkenntlichkeit verändert und ist zu einem modernen und ethnisch vielfältigen Land geworden, das sich kaum vom übrigen Europa unterscheidet.

Dublin ist die Hauptstadt und wirtschaftliches Zentrum Irlands.

Die Zukunft

Brexit hat ein großes Fragezeichen bezüglich der Zukunft der irischen, nordirischen und englischen Beziehungen gesetzt und eine irische Wiedervereinigung zu einer wahrscheinlichen Möglichkeit gemacht. Viele fürchten allerdings das Wiederaufflammen des alten Konflikts und einen neuen Bürgerkrieg in Nordirland. Wirtschaftlich gesehen sind die Aussichten für Irland positiver, da es nun das einzige Land in der EU ist, in dem ausschließlich Englisch gesprochen wird, was es für ausländische Unternehmen sehr attraktiv macht.

Naturschutz

Irlands kolonialer Hintergrund hat direkte Auswirkungen auf die Beziehung zwischen Mensch und Land und damit auf den Naturschutz in Irland. Nach der Rückgabe Irlands an die irische Bevölkerung wurde Land als wertvoller Besitz betrachtet und nicht als etwas, das man der Natur überlassen könnte.

Darüber hinaus hatte die junge Republik mit Massenarbeitslosigkeit und Auswanderung zu kämpfen, wodurch das Wohlergehen der natürlichen Lebensräume und ihrer Flora und Fauna sehr weit nach unten auf der Liste der Prioritäten rutschte.

Selbst heute, mit wachsendem Umweltbewusstsein, ist die Schaffung von Wildnisgebieten in Irland ein heikles Thema. Viele Landeigentümer fragen sich nach wie vor, warum jemand Bäume pflanzen oder „Unkraut" auf wertvollem Ackerland gedeihen lassen würde.

Abholzung

Wie Irland zum am wenigsten bewaldeten Land in Europa wurde und Anfang des 20. Jahrhunderts nur 1% Waldfläche besaß, wird auf Seite 54 ausführlich erläutert. In den 1960er und 1970er Jahren wurden zwar Anstrengungen zur Wiederaufforstung unternommen, doch waren diese Maßnahmen eher kurzsichtig und auf schnelle Ergebnisse ausgerichtet, die auch der Wirtschaft zugutekommen sollten. Das Ergebnis war eine Aufforstung mit nicht einheimischen und kommerziell nutzbaren Nadelbäumen, deren Plantagen immer noch überall im Land zu sehen sind. Das Programm wurde hauptsächlich von Landbesitzern in Anspruch genommen, die Subventionen für die Anpflanzung von Bäumen auf Flächen erhielten, die für andere landwirtschaftliche Anwendungen nicht geeignet waren.

Erst in den letzten Jahren hat sich die Einstellung zur Wiederaufforstung geändert, und derzeit werden große Anstrengungen unternommen, um neue Wälder mit einheimischen Laub- und Nadelbäumen zu schaffen. Die meisten dieser Bemühungen werden von lokalen oder regionalen Gruppen durchgeführt, aber auch Coillte, die für die Wälder zuständige staatliche Stelle, hat begonnen, einen weniger kurzsichtigen und profitorientierten Weg zu verfolgen und sich auf die Wiedereinführung von langlebigen Mischwäldern zu konzentrieren. Ob es Irland gelingen wird, ein Gleichgewicht zwischen kommerzieller Aufforstung und naturfreundlichen Wäldern zu finden, bleibt abzuwarten.

Jahrhundertelange Entwaldung, um Raum für Weiden und Felder zu schaffen, machten Irland nahezu baumlos.

Torfabbau

Ein großer Teil der irischen Landfläche war einst mit Mooren bedeckt (siehe Seite 46). Mit dem Verschwinden der Wälder wurde Torf zum wichtigsten lokal verfügbaren Brennstoff. Während der private Torfabbau nur geringe Auswirkungen auf diesen Lebensraum hatte, hatten staatliche Projekte verheerendere Folgen. Um seinen eigenen Strom zu erzeugen, führte Irland torfbefeuerte Kraftwerke ein, die sich hauptsächlich in den Midlands in der Nähe des scheinbar unerschöpflichen Brennstoffvorrats der Hochmoore befanden. Über einen Zeitraum von weniger als einem Jahrhundert wurde der größte Teil der irischen Hochmoore systematisch abgetragen, um die Kraftwerke zu befeuern, aber auch um Torfkompost und andere Gartenprodukte zu gewinnen. Darüber hinaus wurden viele Torfgebiete im ganzen Land, sowohl Hoch- als auch Deckenmoore, entwässert und in Ackerland umgewandelt.

Heute steht das, was von Irlands Mooren übriggeblieben ist, unter Schutz, der private Torfabbau wurde eingeschränkt und im Jahr 2020 wurde der kommerzielle Torfabbau vollständig eingestellt. Die staatliche Behörde, die einst für die Zerstörung verantwortlich war, Board na Mona, hat inzwischen damit begonnen, einige der Torfgebiete wiederherzustellen, mit ersten positiven Ergebnissen in den Lough Boora Parklands (siehe Route 2). Nichtstaatliche Umweltschutzorganisationen wie das Irish Peatland Conservation Council arbeiten ebenfalls an der Wiederherstellung von Hoch- und Deckenmooren und leisten unerlässliche Aufklärungsarbeit über die Bedeutung und Funktion der Moorgebiete.

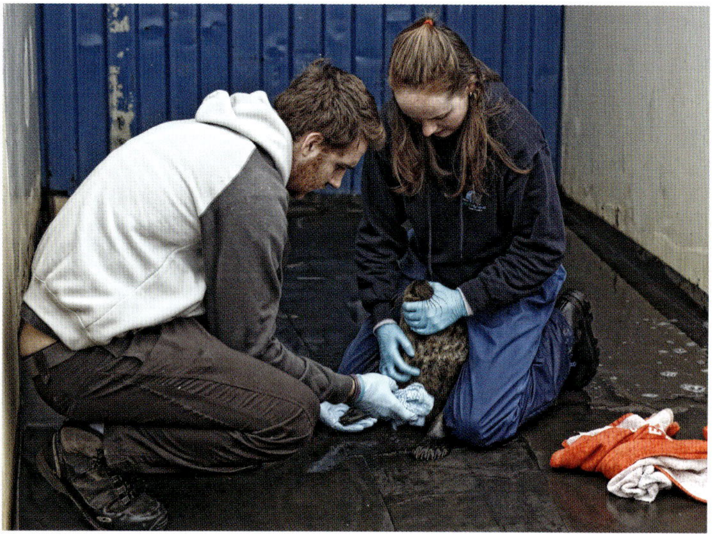

Seal Rescue Ireland ist eine von Irlands kleineren Naturschutzorganisationen und hat sich dem Erhalt der Robben und Seehunde gewidmet.

Wasserqualität

Irland verkauft sich gern als unberührtes Land. Leider beweist die Wasserqualität überall im Lande das Gegenteil. Fast die Hälfte aller inländischen Gewässer wies in den Jahren 2021/2022 eine unbefriedigende Wasserqualität mit hohen Konzentrationen von Stickstoff, Phosphor und anderen Schadstoffen auf. Die Quelle dieser Verschmutzung ist meist der unkontrollierte Einsatz von Düngemitteln auf landwirtschaftlichen Flächen sowie die Ableitung von ungeklärten Abwässern in Seen und Flüsse. Letzteres ist auch in den Küstenregionen immer noch gängige Praxis, was regelmäßig die Schließung von Stränden nach sich zieht.
Leider handelt es sich hierbei um ein seit langem bekanntes Problem, das von den verschiedenen sukzessiven Regierungen ignoriert wurde, und obwohl nun Wasseraufbereitungsanlagen in Planung sind, kann es Jahrzehnte dauern, bis dieses Problem vollständig beseitigt ist.
Trotz all dieser negativen Aspekte ist Irland auf dem richtigen Weg und das Umweltbewusstsein und der Wille zur Veränderung nehmen in der irischen Bevölkerung zu, was zu mehr Druck auf die Politiker und der Hoffnung führt, dass sich die Dinge nun schneller zum Besseren wenden werden.

Naturschutzgebiete, -gruppen und -aktivitäten

Irland verfügt über 5 staatliche Nationalparks und 439 Special Areas of Conservation (Schützenswerte Gebiete). Letztere sind zum Teil in staatlichem, zum Teil in privatem Besitz, und einige werden als nationale Naturschutzgebiete geführt. Der National Parks and Wildlife Service (NPWS) ist die staatliche Einrichtung, die alle diese Gebiete überwacht und verwaltet.
Daneben gibt es sowohl eine große Anzahl nicht-staatlicher national operierender Naturschutzorganisationen, als auch sehr viele lokale und regionale Gruppen. Einige der wichtigsten nationalen Organisationen sind Birdwatch Ireland (**www.birdwatchireland.ie**), Irish Wildlife Trust (**www.iwt.ie**), Irish Peatlands Conservation Council (**www.ipcc.ie**) und Irish Whale and Dolphin Group (**www.iwdg.ie**). In Nordirland gibt es unter anderem den Ulster Wildlife Trust (**www.ulsterwildlife.org**) und den National Trust (**www.nationaltrust.org.uk/days-out/northern-ireland**) und British Royal Society for the Protection of Birds (**www.rspb.org.uk/about-the-rspb/at-home-and-abroad/northern-ireland/**).
Alle diese Gruppen haben dazu beigetragen, das Bewusstsein für die irische Natur und deren Bewohner in der Bevölkerung zu schärfen, und die Regierungen dazu gedrängt, das irische Naturerbe mehr und intensiver zu schützen. Der bisher größte Erfolg war vermutlich die Ausrufung eines Wal- und Delfinschutzgebiets, das alle irischen Gewässer umfasst. Diese Erklärung wurde 1991 nach einer kurzen Kampagne der Irish Whale and Dolphin Group (IWDG) als Gesetz verabschiedet. Dieselbe Gruppe ist derzeit einer der Hauptakteure zur Durchsetzung einer radikalen Vergrößerung der ablandigen Schutzgebiete.

FLORA UND FAUNA

Für ein Land seiner bescheidenen Größe und isolierten Lage beherbergt Irland eine erstaunliche Artenvielfalt. An Land und im Meer tummeln sich 50 Säugetierarten, es gibt um die 400 Vogelarten, 12.000 Insektenarten und 4.000 Arten von Pflanzen (einschließlich Moose und Flechten).
Die irische Tierwelt ist im Allgemeinen der seines Nachbarlandes Großbritannien sehr ähnlich, es gibt allerdings einige Arten, die in Irland überraschenderweise fehlen. So leben in Irland keine Schlangen und der Legende nach wurden diese von Irlands Nationalheiligem St. Patrick von der Insel verbannt. Tatsächlich gibt es nur ein einziges einheimisches Reptil, die Bergeidechse. Das einzige andere Reptil, das in Irland vorkommt, ist die Blindschleiche, die 1970 in die Burren-Region eingeführt wurde und sich dort etabliert hat, allerdings nur in geringer Zahl. Säugetiere wie der Maulwurf, die Wildkatze und das Mauswiesel sowie eine Reihe von Mäusen, Spitzmäusen, Wühlmäusen und Fledermäusen sind in Irland, im Gegensatz zu Großbritannien, ebenfalls nicht heimisch.
Die Erklärung hierfür findet sich zum Ende der letzten Eiszeit vor etwa 10.000 Jahren. Als sich das Klima erwärmte, begannen Pflanzen und Tiere nach Norden zu wandern, um die neuentstandenen Lebensräume zu besiedeln. Das Abschmelzen des Gletschereises führte jedoch zu einem schnellen und massiven Anstieg des Meeresspiegels, der England und Irland vom Festland abschnitt. Die Zeit, in der sich Pflanzen und Tiere auf den späteren britischen und irischen Inseln ansiedeln konnten, war also begrenzt. Irland, das am weitesten vom europäischen Festland entfernt ist, bekam daher die geringste Zahl an Neuankömmlingen ab. Mit der Überflutung des St.-Georgs-Kanals, der Irische See und der Keltischen See verschwand jede Landbrücke zwischen Großbritannien und Irland, über die viele Pflanzen und Tiere hätten einreisen können.
Nachdem Irland schließlich zur Insel geworden war, ging die Anzahl der Arten, die Irland noch erreichen konnte, stark zurück. Vögel und andere flugfähige Tiere konnten die Reise natürlich unternehmen (und tun es heute immer noch) und es wird außerdem angenommen, dass auch einige Pflanzenarten in Form von Samen über die Meeresströmungen nach Irland gelangten. Eine weitere Art, die Irland über den Wasserweg erreichte, war der *Homo sapiens*, der in den folgenden Jahrtausenden die Vielfalt der irischen Flora und Fauna erheblich beeinflusste und dies weiterhin tut.

Papageitaucher auf der Great Saltee (Route 5).

Flora

Die Routen 2, 3, 4, 7, 9, 12, 13, 14, 15, 16, 20 und 22 eignen sich sehr gut, um Wildblumen und andere Pflanzen zu entdecken, ebenso wie die Ziele A und C auf Seite 156-157, Ziel A auf Seite 185, F auf Seite 227 und C und D auf Seite 248.

Für Besucher, die zum ersten Mal nach Irland kommen, mag die Fülle der Wildblumen, die Irland zu bieten hat, überraschend sein. Zwischen Frühling und Herbst (und manchmal auch im Winter) findet man Wildblumen von der Küste bis zu den Berggipfeln in einer Vielfalt von Lebensräumen. Orchideen sind in Irland ebenso weit verbreitet wie Wildblumen mit arktischem und alpinem Hintergrund. In Irland halten sich die Pflanzen allerdings nicht unbedingt an den ihnen zugewiesenen Lebensraum. So blüht zum Beispiel die Gewöhnliche Grasnelke, eine typische Küstenblume, auf dem Gipfel von Irlands höchstem Berg in 1000 Metern Höhe. Die Gründe für diese ungewöhnliche Flora sind das milde Klima, die nachwirkenden Ereignisse der letzten Eiszeit und menschliche Einflüsse.

Das Großblütige Fettkraut ist eine von Irlands fleischfressenden Pflanzen.

Die Flora Irlands hat sich seit der letzten Eiszeit mehrfach gewandelt. Die erste große Veränderung war der Übergang von Tundra zu Wald, der in der Zeit stattfand, als die Landbrücken zwischen dem Kontinent, Großbritannien und Irland noch intakt waren. Die Wälder, die schließlich einen Großteil Irlands bedeckten, wurden von Trauben-Eiche, Schwarz-Erle und Wald-Kiefer dominiert mit einem Unterwuchs aus Efeu, Hasel und ähnlichen Pflanzen. Die weitflächige und dichte Bewaldung hatte zur Folge, dass Gräser und Wildblumen vorwiegend auf die Küste, Waldlichtungen und die Uferstreifen von Flüssen und Seen sowie andere Feuchtgebiete beschränkt waren (allerdings häufen sich seit einigen Jahren die Hinweise, dass Irland weit weniger bewaldet war als bisher angenommen und viele Wissenschaftler unterstützen nun die Theorie einer Mischlandschaft aus Steppe und Wald). Mit zunehmender landwirtschaftlicher Aktivität und dem Wachstum der Moore wendete sich allerdings das Blatt, und Gräser und Wildblumen konnten die nun offene Landschaft erobern.

Auch wenn die industrielle Landwirtschaft in den letzten Jahrzehnten die Zahl und Vielfalt der Wildblumen stark dezimiert hat, ist Irland immer noch ein kleines Paradies für Botaniker. Vor allem Straßenränder, Gräben und

Hecken und die Küste bieten in den Frühlings- und Sommermonaten ein faszinierendes Schauspiel an Formen und Farben.

Wildblumen der Küste

Die Wildblumen der irischen Küste gehören zu den am besten angepassten und widerstandsfähigsten Pflanzen, die man sich vorstellen kann. Viele von ihnen wachsen in der Spritzwasserzone, wo sie regelmäßig mit Salzwasser in Berührung kommen und einige tolerieren sogar eine kurzzeitige Immersion in Meerwasser. Die häufigste und Irlands typischste Küstenblume ist die Gewöhnliche Grasnelke. Diese Pflanze kann weite Flächen bedecken, an den unwirtlichsten Orten wachsen und blüht im Frühjahr vorwiegend an Klippenrändern, felsigen Ufern und auf Mauern in Küstennähe. Die Blüten sind zartrosa, was sich im englischen Namen der Blume *Sea Pink* widerspiegelt, die Farbe kann aber von reinem Weiß bis zu einem karminroten Farbton variieren. Zu den Blumen, die oft in unmittelbarer Nähe der Grasnelke wachsen, gehören Echtes Löffelkraut, Klippen-Leimkraut, Gewöhnlicher Wundklee, Strand-Wegerich, Hornklee und Weißklee. Ein ebenso häufiger wie auch überraschender Anblick ist die Stengellose Schlüsselblume, eine Pflanze, die normalerweise mit Wäldern in Verbindung gebracht wird, hier aber im Schutz alter Steinmauern entlang von Küstenstraßen blüht. Später im Jahr findet man an der Küste Sand-Thymian, Berg-Sandglöckchen, Englische Fetthenne, Meerfenchel, Strand-Aster und Felsen-Schuppenmiere.

Die Gewöhnliche Grasnelke ist eine der am weitesten verbreiteten Küstenblumen (oben). Die am Klippenrand wachsende Stängellose Schlüsselblume weist darauf hin, dass Irland einst stark bewaldet war.

Abseits der unmittelbaren Küste, an Flussmündungen und in geschützten Buchten sehen die Pflanzengemeinschaften etwas anders aus. Die dominierende Pflanze der hier typischen Salzwiesen ist heute oft das Salz-Schlickgras, eine eingeführte und invasive Art. Zu den typischen einheimischen Wildblumen in diesem Lebens-

Wildblumen der Küste
Klippensäume & Felsküste Englische Fetthenne (*Sedum anglicum*), Gewöhnliche Grasnelke (*Armeria maritima*), Sand-Thymian (*Thymus serpyllum*), Gewöhnlicher Wundklee (*Anthyllis vulneraria*), Berg-Sandglöckchen (*Jasione montana*), Echtes Löffelkraut (*Cochlearia officinalis*), Strand-Wegerich (*Plantago maritima*), Meerfenchel (*Crithmum maritimum*), Felsen-Schuppenmiere (*Spergularia rupicola*), Frühlings-Blaustern (*Scilla verna*)
Kieselstrände Klippen-Leimkraut (*Silene uniflora*), Seekarotte (*Daucus carotus*), Gelber Hornmohn (*Glaucium flavum*), Europäischer Meersenf (*Cakile maritima*), Wilde Rübe (*Beta vulgaris maritima*), Küsten-Meerkohl (*Crambe maritima*)
Dünen Echtes Labkraut (*Galium verum*), Strandwinde (*Calystegia soldanella*), Scharfer Mauerpfeffer (*Sedum acre*), Strand-Wolfsmilch (*Euphorbia paralias*), Salzmiere (*Honckenya peploides*), Gelbes Teerkraut (*Parentucellia viscosa*), Efeu-Sommerwurz (*Orobanche hederae*), Salzburger Augentrost (*Euphrasia salisburgensis*), Rundblättrige Glockenblume (*Campanula rotundifolia*), Kleines Knabenkraut (*Anacamptis morio*), Hundswurz (*Anacamptis pyramidalis*), Wildes Stiefmütterchen (*Viola tricolor*), Stranddistel (*Eryngium maritimum*), Strand-Platterbse (*Lathyrus japponicus*), Bibernell-Rose (*Rosa pimpinelifolia*)
Salzwiesen Gewöhnliche Grasnelke (*Armeria maritima*), Strand-Aster (*Aster tripolium*), Strandflieder (*Limonium vulgare*), Milchkraut (*Glaux maritima*), Portulak-Keilmelde (*Halimione portulacoides*), Flügelsamige Schuppenmiere (*Spergularia media*), Salz-Schuppenmiere (*Spergularia marina*), Queller (*Salicornia sp.*)

raum gehören Flügelsamige Schuppenmiere und Salz-Schuppenmiere, Strandflieder, Strand-Milchkraut, Echte Strandkamille, Echtes Löffelkraut und Queller, eine essbare Pflanze, die längere Zeit in Salzwasser überleben kann. An den Rändern der Salzwiesen sind Sumpf-Schwertlilie, Gewöhnliche Grasnelke und Strand-Aster häufig anzutreffen. An Kiesstränden findet man Pflanzen wie den Europäischen Meersenf, die Wilde Rübe, die Seekarotte, das Kletten-Labkraut und den immer selteneren Gelben Hornmohn.

Dünen sind ein weiterer Hotspot für Wildblumen. Zwischen den dichten Büscheln des Strandhafers findet man vielfältige Pflanzengemeinschaften, die Arten wie Stranddistel, Strandwinde, Kriechende Hauhechel, Scharfen Mauerpfeffer, Hundswurz, Sand-Thymian, Bibernell-Rose und Rundblättrige Glockenblume beinhalten. Erwähnenswert ist auch die Austernpflanze, die wahrscheinlich die seltenste Küstenblume Irlands ist. Sie wächst immer oberhalb der Flutlinie und wurde bisher nur an einigen wenigen Stellen an der Nordküste gesichtet. Die Art ist weiter nördlich (auf den Shetland-Inseln, in Nordskandinavien und Grönland) häufiger anzutreffen, und es wird erwartet, dass die Austernpflanze aufgrund des Klimawandels eher früher als später von Irlands Küste verschwinden wird.

Ein besonderer Ort für Wildblumen an Irlands Küste ist Machair, ein kalkreiches Grasland, das auf den Westen Irlands und Schottlands beschränkt ist (siehe Seite 27). Hier mischen sich Salzburger Augentrost, Weißklee, Klappertopf, Rundblättrige Glockenblume und Magerwiesen-Margerite mit Fuchs' Knabenkraut und Hundswurz sowie anderen Blumen, die normalerweise nicht an der Küste zu finden sind.

Wildblumen der Moore

Moore zeichnen sich durch sehr spezifische Pflanzengemeinschaften aus, die sich an die sauren und nährstoffarmen Bedingungen von Hoch- und Deckenmooren angepasst haben. Die faszinierendsten Mitglieder dieser Gemeinschaften sind die fleischfressenden Pflanzen, die Insekten fangen, um ihren Nährstoffbedarf zu decken. In Irland sind dies der Mittlere und Rundblättrige Sonnentau als auch der nur auf den Inseln beheimatete Langblättriger Sonnentau, das Gewöhnliche, das Großblütige und das Portugiesische Fettkraut sowie der Wasserschlauch. Die Rote Schlauchpflanze wurde Anfang des 20. Jahrhunderts eingeführt und hat sich seither in einer Reihe von Moorgebieten in den irischen Midlands ausgebreitet.

Die Hauptvegetation der Hochmoore unterscheidet sich erheblich von derjenigen der Deckenmoore. In den Letzteren dominieren grasähnliche Pflanzen (u.a. das Scheiden-Wollgras und das Schmalblättrige Wollgras und verschiedene Binsen und Seggen), während in Hochmooren verschiedene Arten von Torfmoos vorherrschen. Viele Wildblumen können jedoch in beiden Moortypen gedeihen. Das sind, neben den erwähnten fleischfressenden Pflanzen, der Beinbrech, Fieberklee, Sumpf-Blutauge, Wasserminze, Rosmarinheide, Gewöhnliche Moosbeere und verschiedene Heidearten. Die Artenvielfalt ist allerdings in Hochmooren meist größer, vorausgesetzt das Moor befindet sich in seinem natürlichen Zustand. Zu den typischen und weitverbreiteten Pflanzen der Deckenmoore gehören Beinbrech, Wald-Läusekraut, Gagel, Heidearten und die fleischfressenden Pflanzen. In den Deckenmooren der Westküste kommen einige seltene Heidearten vor, alle mit einer sehr begrenzten lokalen Verbreitung. Irische Heide wächst in den trockeneren Teilen der Moorgebiete in Connemara und der Grafschaft Mayo. Spanische Moorheide, wie die vorherige ein Mitglied der lusitanischen Flora (siehe Seite 107), wächst nur an einigen wenigen Standorten in den Grafschaften Kerry, Galway, Mayo und Donegal. Die Pflanze kommt

Fieberklee ist eine von Irlands auffälligsten Moorpflanzen.

auch im Nordwesten Spaniens vor, und einige Botaniker glauben, dass die Spanische Moorheide versehentlich durch die Handelsbeziehungen zwischen den beiden Ländern nach Irland eingeführt wurde. Ebenfalls zur lusitanischen Pflanzengruppe gehört die Purpur-Heide, die auf einige wenige Standorte im Westen Connemaras und im Nordwesten der Grafschaft Mayo beschränkt ist. Eine weitere seltene Pflanze der Moorgebiete – und wahrscheinlich Irlands seltenste Blume überhaupt – ist der Moor-Steinbrech, der von nur zwei Standorten bekannt ist. ein paar Individuen wurden im Norden der Grafschaft Mayo entdeckt und eine kleine Population findet sich auf dem Garron Plateau in der Grafschaft Antrim.

Sumpf-Herzblatt gedeiht in feuchten Lebensräumen.

An einigen Küstenstandorten wurde das Deckenmoor durch Heideland, im Englischen bekannt als *Coastal Heath*, ersetzt. Aufgrund der besseren Entwässerung und meist sehr dünnen Torfschicht hat diese Variante der Moore ihre ganz eigene Pflanzengemeinschaft entwickelt. Grau-Heide, Glocken-

Typische Wildblumen von Moor, Fen und Heide

Hoch- und Deckenmoor Blaubeere (*Vaccinium myrtillus*), Wasserschlauch (*Utricularia sp.*), Beinbrech (*Narthecium ossifragum*), Fieberklee (*Menyanthes trifoliata*), Gagel (*Myrica gale*), Rosmarinheide (*Andromeda polifolia*), Gewöhnliches Fettkraut (*Pinguicula vulgaris*), Großblütiges Fettkraut (*Pinguicula grandiflora*), Portugiesisches Fettkraut (*Pinguicula lusitanica*), Schmalblättriges Wollgras (*Eriophorum angustifolium*), Gewöhnliche Moosbeere (*Vaccinium oxycoccus*), Scheiden-Wollgras (*Eriophorum vaginatum*), Mittlerer Sonnentau (*Drosera intermedia*), Rundblättriger Sonnentau (*Drosera rotundifolia*), Blutwurz (*Potentilla erecta*), See-Pfeifenkraut (*Eriocaulon aquaticum*), Frühlings-Nabelnüsschen (*Omphalodes verna*), Niederliegendes Johanniskraut (*Hypericum humifusum*)

Heide Wiesen-Wachtelweizen (*Melampyrum pratense*), Quendel-Seide (*Cuscuta epithymum*), Stechginster (*Ulex europaeus*), Westlicher Stechginster (*Ulex gallii*), Glocken-Heide (*Erica tetralix*), Irische Heide (*Daboecia cantabrica*), Besenheide (*Calluna vulgaris*), Grau-Heide (*Erica cinerea*), Wald-Läusekraut (*Pedicularis sylvatica*), Quendelblättriges Kreuzblümchen (*Polygala serpyllifolia*), Geflecktes Knabenkraut (*Dactylorhiza maculata*)

Alkalisches Fen und Seeufer Augentrost (*Euphrasia sp.*), Purgier-Lein (*Linum catharticum*), Gewöhnliches Kreuzblümchen (*Polygala vulgaris*), Sumpf-Stendelwurz (*Epipactis palustris*), Kleines Knabenkraut (*Anacamptis morio*), Fleischfarbenes Knabenkraut (*Dactylorhiza incarnata*), Weiße Waldhyazinthe (*Platanthera bifolia*), Zarter Gauchheil (*Anagallis tenella*), Bach-Sternmiere (*Stellaria alsina*), Sumpf-Herzblatt (*Parnassia palustris*)

heide und Besenheide sind oft die vorherrschenden Arten, zu denen sich noch Stechginster und Wildblumen wie Hornklee, Wald-Läusekraut, Blutwurz, Gewöhnliches Kreuzblümchen und Fleischfarbenes Knabenkraut gesellen.

Fen (siehe Seite 50) tritt in zwei Varianten auf: alkalisch (oft von kalkhaltigen Quellen gespeist) und sauer. Die Flora eines sauren Fen ist der eines Hochmoores sehr ähnlich, während das nährstoffreiche alkalische Fen eine völlig andere Pflanzengemeinschaft beherbergt, zu der unter anderem Sumpf-Herzblatt, Wasserminze, Blut-Weiderich, Marsh St John's Wort (eine Johanniskrautart – *Hypericum elodes*), Sumpf-Blutauge, Sumpf-Kratzdistel, Fleischfarbenes Knabenkraut, Fliegen-Ragwurz und Breitblättrige Ständelwurz gehören.

Wildblumen der Berge

Da die überwiegende Mehrheit der irischen Berge von Deckenmooren bedeckt ist, gibt es eine typische Gebirgsflora an sich nicht. Die wenigen alpinen Spezialisten sind sehr selten und auf wenige, kleine Gebiete beschränkt. Einige klassische Gebirgsblumen – Arten, wie sie in den Alpen und in den skandinavischen Gebirgen vorkommen – wachsen zwar in Irland, allerdings nicht zwingend in den Bergen. Die Silberwurz und den Frühlings-Enzian findet man zum Beispiel im Burren und werden auf Seite 104 beschrieben.

Möchte man eine Pflanzenfamilie als typisch irische Gebirgsblumen beschreiben, so sind das vermutlich die Steinbrechgewächse.

Der sehr seltene Schnee-Steinbrech und der ebenso sporadisch auftretende Fetthennen-Steinbrech sind auf höhere Gebirgslagen beschränkt, während der Dreifinger- und der Astmoos-Steinbrech häufiger vorkommen und auch an

Fetthennen-Steinbrech ist eine der seltensten Pflanzen Irlands.

Typische Wildblumen der Berge

Seltene Bergflora Schnee-Steinbrech (*Saxifraga nivalis*), Fetthennen-Steinbrech (*Saxifraga aizoides*), Dreifinger-Steinbrech (*Saxifraga tridactylites*), Astmoos-Steinbrech (*Saxifraga hypnoides*), Rosenwurz (*Rhodiola rosea*), Wimper-Sandkraut (*Arenaria ciliata*), Stengelloses Leimkraut (*Silene acaulis*), Alpen-Frauenmantel (*Alchemilla alpina*), Gewöhnliche Alpenscharte (*Saussurea alpina*)

den niedrigeren Berghängen zu finden sind. Rosenwurz, die sich oft an den steilsten Klippen festklammert, Wimper-Sandkraut und Stängelloses Leimkraut sind auf einige wenige Standorte in den Bergen der Grafschaften Sligo, Leitrim und Donegal beschränkt. Es wird vermutet, dass diese Pflanzen Überlebende der Eiszeit sind. DNA-Tests am Wimper-Sandkraut in den Dartry Mountains haben gezeigt, dass diese Art seit 150.000 Jahren an diesem Standort vorkommt.

Der Alpen-Frauenmantel, eine unscheinbare grüne Pflanze, wurde bisher nur an 3 Standorten in den Grafschaften Wicklow und Kerry nachgewiesen. Die Gewöhnliche Alpenscharte, die im Spätsommer und Frühherbst blüht und blaue, distelartige Blüten hervorbringt, ist nur von 10 Standorten in derselben Region bekannt.

Wildblumen der Wälder und Hecken

Der größte Teil der heutigen irischen Wälder entstand zwischen dem 17. und 19. Jahrhundert als Teil der großflächigen Landgüter. Die meisten dieser Wälder bestehen vorwiegend aus Laubbäumen, wobei die einheimischen Eichen und die eingeführten Buchen dominieren. Die ursprünglichen Eichenwälder haben nur in einigen wenigen Gebieten überlebt. Die Wildblumen der Wälder sind unter den ersten, die im Frühjahr blühen, bevor sich das Kronendach schließt und der Waldboden in andauernde Dunkelheit fällt. Die häufigsten Vertreter dieser Bodenflora sind die Stängellose Schlüsselblume, Buschwindröschen, Bärlauch und Hasenglöckchen. In manchen Wäldern treten die beiden letztgenannten gemeinsam auf und bedecken den Wald-

Buschwindröschen (oben) und Hasenglöckchen (unten) sind zwei von Irlands typischen Waldblumen.

boden mit einer Decke aus Weiß und Blau. Weitere Vertreter der Waldflora, die ein wenig später blühen, sind Kriechender Günsel, Echte Nelkenwurz, Gewöhnliches Hexenkraut, Wald-Sauerklee, Französische Erdkastanie, Waldmeister, Blut-Johanniskraut, Erdbeer-Fingerkraut, Walderdbeere, Salbei-Gamander, Sanikel, Gefleckter Aronstab und verschiedene Orchideen, darunter Großes und Kleines Zweiblatt und das Schwertblättrige Waldvögelein. Im Zuge der Abholzung der irischen Wälder fanden viele der typischen Waldblumen Zuflucht in den Hecken, die heute eine erstaunliche Vielfalt an Pflanzen beherbergen. Die Grundbausteine einer Hecke sind Schlehe und Eingriffeliger Weißdorn, zu denen sich andere Sträucher und Kletterpflanzen wie Faulbaum, Holunder, Gewöhnlicher Schneeball, Efeu, Geißblatt, Hundsrose, Gewöhnlicher Spindelstrauch, Holzapfel und Stechpalme gesellen. Diese Arten bieten den Schutz, den die Waldblumen benötigen. Neben den bereits erwähnten Arten sind Stinkender Storchenschnabel, Scharbockskraut, Gewöhnliche Braunelle, Große Sternmiere und Gras-Sternmiere, Felsen-Nabelkraut, Wald- und Hain-Veilchen, Wiesen-Kerbel und Wilde Engelwurz häufige und weit verbreitete Heckenbewohner.

Wiesen-Wachtelweizen ist ein Halbschmarotzer, der in Irland in vielen Lebensräumen zu finden ist.

Typische Wildblumen der Wälder und Hecken

Frühling Busch-Windröschen (*Anemone nemorosa*), Hasenglöckchen (*Hyacinthoides non-scripta*), Kriechender Günsel (*Ajuga reptans*), Scharbockskraut (*Ficaria verna*), Gegenblättriges Milzkraut (*Chrysosplenium oppositifolium*), Gefleckter Aronstab (*Arum maculatum*), Stengellose Schlüsselblume (*Primula vulgaris*), Bärlauch (*Allium ursinum*), Männliches Knabenkraut (*Orchis mascula*), Wald-Erdbeere (*Fragaria vesca*), Gewöhnliche Schuppenwurz (*Lathraea squamaria*), Hain-Veilchen (*Viola riviniana*)

Spätes Frühjahr und Sommer Wilde Engelwurz (*Angelica sylvestris*), Bach-Nelkenwurz (*Geum rivale*), Pfennigkraut (*Lysimachia nummelaria*), Gewöhnliches Hexenkraut (*Circaea lutetiana*), Französische Erdkastanie (*Conopodium majus*), Hain-Gilbweiderich (*Lysimachia nemorum*), Sanikel (*Sanicula europaea*), Rauhaar-Steinbrech (*Saxifraga hirsuta*), Berg-Ehrenpreis (*Teucrium scorodonia*), Blut-Johanniskraut (*Hypericum androsaemum*), Winter-Heliotrop (*Petasites fragrans*), Wald-Sauerklee (*Oxalis acetosella*), Waldmeister (*Galium odoratum*), Schwertblättriges Waldvögelein (*Cephalanthera longifolia*), Nestwurz (*Neottia nidus-avis*), Fuchs' Knabenkraut (*Dactylorhiza fuchsii*), Waldhyazinthe (*Platanthera chlorantha*), Großes Zweiblatt (*Neottia ovata*)

Das milde und feuchte Klima lässt auch eine Vielfalt an Moosen und Farnen in den irischen Wäldern gedeihen. Neben weit verbreiteten Arten wie Hirschzungenfarn, Echtem Wurmfarn, Breitblätterigem Dornfarn, Königsfarn und anderen gibt es in Irland auch einige Seltenheiten: Der Englische Hautfarn, Wilsons Hautfarn und der Prächtige Dünnfarn kommen an einigen Standorten im Südwesten, Westen und Nordwesten des Landes vor.

Wildblumen des Burren

Der Burren ist das größere der beiden Kalkstein-Karstgebiete Irlands und bekannt für seine einzigartige Flora. Die meisten Besucher kommen, um den Frühlings-Enzian zu sehen, der im April und Mai blüht. Diese kleine blaue Alpenblume wächst oft zusammen mit dem kontinentalen Männlichen Knabenkraut und der arktisch-alpinen Silberwurz. Diese Kombination ist nur ein Beispiel für die einzigartigen und ungewöhnlichen Pflanzengemeinschaften, für die der Burren so berühmt ist. Andere seltsame Erscheinungen sind Büschel von Grau- und Besenheide, die normalerweise auf saurem Boden gedeihen, und Waldpflanzen wie Stängellose Schlüsselblume, Hasenglöckchen und Buschwindröschen, die auf ungeschützten Kalksteinflächen wachsen. Der Burren beherbergt auch einige seltene

Der Stolz des Burren: Der Frühlings-Enzian

Das Küstengebiet von Ballyryan, nördlich von Doolin, ist zusammen mit dem Burren-Nationalpark Irlands Hochburg für den Frühlings-Enzian. Jede Pflanze produziert mehrere hundert Samen, die im Sommer abgeworfen werden, um im folgenden Frühjahr zu keimen. Dabei gibt es jedoch ein Problem. Um keimen zu können, müssen die Samen des Frühlings-Enzians Frost erfahren. Experimente haben gezeigt, dass Samen, die in warmer Erde aufbewahrt werden, nicht keimen, sondern in einer Ruhephase verharren. Leider ist Frost im Burren sehr selten, und zwischen einem Frostereignis und dem nächsten können Jahre vergehen. Um zu überleben, hat sich der Frühlings-Enzian des Burren eine andere Lösung einfallen lassen. Reife Pflanzen bilden unterirdische Stängel, aus denen neue Rosetten wachsen, die wiederum neue Enzianblüten hervorbringen. In den 8.000 Jahren seiner Isolation hat der Frühlings-Enzian des Burren nicht nur eine alternative Fortpflanzungsmethode entwickelt, sondern er unterscheidet sich auch optisch von den Populationen auf dem Kontinent. Noch sind diese Unterschiede winzig und nur für den interessierten Botaniker von Interesse. Aber in ein paar tausend Jahren könnte sich der Frühlings-Enzian des Burren zu einer völlig neuen Art entwickeln.

Bibernell-Rose (links) ist eine typische Dünenpflanze, gedeiht aber auch im Burren, in einem für sie ungewöhnlichen Lebensraum. Pyramiden-Günsel (rechts) ist eine der seltensten Blumen Irlands und wächst nur im Burren, der Grafschaft Galway und auf Rathlin Island (Route 15 und 22).

Arten wie Pyramiden-Günsel, Graues Sonnenröschen, Fingerstrauch und Rasen-Steinbrech. Weitere Wildblumen, die typischerweise im Burren zu finden sind, sind der Blutrote Storchenschnabel, die Gemeine Eberwurz, der Bittere Kranz-Enzian, die Rundblättrige Glockenblume, das Echte Labkraut und der Echte Dorst (alles klassische Kalk-Liebhaber) und eine Fülle von Orchideen, darunter O'Kelly's Spotted Orchid, eine reinweiße Form des Fuchs' Knabenkrauts.

Wildblumen der Wiesen und Weiden

Irland ist berühmt für seine grünen Felder. Diese Felder erhalten ihre leuchtend grüne Farbe durch Gülle und Kunstdünger und bestehen vorwiegend aus schnellwachsenden Gräsern, die jegliche andere Flora unterdrücken. Die traditionellen, farbenfrohen Heuwiesen überleben nur noch in Schutzgebieten und auf einer Handvoll ökologisch bewirtschafteter Bauernhöfe. Dort, wo sie wachsen dürfen, beherbergen die alten Heuwiesen eine große Vielfalt an Gräsern und Wildblumen wie Gemeinen Teufelsabbiss, Magerwiesen-Margerite, Kuckucks-Lichtnelke und Wiesen-Schlüsselblume. Die vorkommenden Pflanzenarten hängen sehr stark von der Bodenbeschaffenheit ab, die innerhalb eines Feldes oft unterschiedlich ist.

Typische Wildblumen der Wiesen und Weiden

Wiesen-Schaumkraut (*Cardamine pratensis*), Kuckucks-Lichtnelke (*Lychis flos-cuculi*), Frühlings-Nabelnüsschen (*Omphalodes verna*), Echter Baldrian (*Valeriana officinalis*), Sumpf-Ziest (*Stachys palustris*), Scharbockskraut (*Ficaria verna*), Fuchs' Knabenkraut (*Dactylorhiza fuchsia*), Hundswurz (*Anacamptis pyramidalis*), Mücken-Händelwurz (*Gymnadenia conopsea*), Gewöhnliche Braunelle (*Prunella vulgaris*), Wiesen-Schlüsselblume (*Primula veris*), Gemeiner Teufelsabbiss (*Succisa pratensis*), Magerwiesen-Margerite (*Leucanthemum vulgare*)

Wildblumen der Seen und Flüsse

Da viele der irischen Flüsse und Seen immer noch naturbelassen sind, beherbergen sie eine große Vielfalt an Wildblumen. Eine der interessantesten ist die Wasser-Lobelie, die unter Wasser gedeiht und in flachen Seen entlang der irischen Westküste zu finden ist. Die Pflanze wird erst im Juli und August sichtbar, wenn sie einen Stängel mit kleinen, weißen Blüten über die Wasseroberfläche streckt. Weitere interessante Wasserpflanzen sind verschiedene Wasserhahnenfußarten sowie der Froschbiss, die in langsam fließenden Flüssen im Süden, in den Midlands und in Teilen Nordirlands vorkommen. Gelbe Teichrose, Weiße Seerose und Gewöhnliches Pfeilkraut sind in ganz Irland häufig zu finden. Andere weit verbreitete Arten, die auch regelmäßig in Gräben und auf sehr feuchten Feldern und Wiesen vorkommen, sind Echte Brunnenkresse, Froschlöffel, Sumpf-Vergissmeinnicht, Sumpf-Schwertlilie und Bachbunge.

Typische Wildblumen der Seen und Flüsse

Gewöhnliches Pfeilkraut (*Sagittaria sagittifolia*), Bachbunge (*Veronica beccapunga*), Sumpf-Vergissmeinnicht (*Myosotis scorpioides*), Froschbiss (*Hydrocharis morsus-ranae*), Sumpf-Schwertlilie (*Iris pseudacoris*), Wasser-Lobelie (*Lobelia dortmanna*), See-Pfeifenkraut (*Eriocaulon aquaticum*), Echte Brunnenkresse (*Nasturtium officinale*), Weiße Seerose (*Nymphaea alba*), Gelbe Teichrose (*Nuphar lutea*), Froschlöffel (*Alisma sp.*), Wasserminze (*Mentha aquatica*)

Lusitanische Flora

Lusitania war eine römische Provinz im westlichen Teil der Iberischen Halbinsel. Botaniker haben den Namen für die botanische Region übernommen, die sich entlang der Atlantikküste von Portugal und Spanien erstreckt und in der Arten vorkommen, die anderswo selten oder gar nicht vorhanden sind. Interessanterweise kommen einige dieser Arten an der irischen Westküste vor und dieses lusitanische Element fügt der irischen Flora zweifellos ein äußerst attraktives, exotisches Element hinzu.

Die Pflanzen, die zu dieser Gruppe gehören, benötigen sehr milde Wintertemperaturen und relativ feuchte und kühle Sommer. Das klassische Beispiel ist der Erdbeerbaum, der im südwestlichen Teil Irlands wächst.

Die seltensten Vertreter der lusitanischen Flora sind die Mattiazzi-Graslilie, eine wunderschöne weiße Blume, die nur an einigen wenigen Standorten im Südwesten der Grafschaft Kerry und im Westen der Grafschaft Cork gefunden wurde, das Wimper-Sandkraut, das nur auf Ben Bulben in der Grafschaft Sligo wächst, und der Weidenblättrige Alant, der nur von einem einzigen Standort in der Grafschaft Tipperary bekannt ist.

Für Botaniker ist die lusitanische Flora immer noch ein Rätsel. Diese Pflanzengruppe ist auf die Atlantikregion zwischen der Iberischen Halbinsel und

Irland beschränkt. Einige Arten fehlen jedoch in Ländern wie Frankreich und Großbritannien und kommen nur in Irland und auf der Iberischen Halbinsel vor (z. B. Irische Heide).
Drei Theorien, wie es zu dieser merkwürdigen Verbreitung kam, werden seit Jahrzehnten diskutiert. Eine Theorie besagt, dass
diese Pflanzengemeinschaften schon vor der Eiszeit in Irland vorkamen und irgendwie überlebt haben, eine andere geht von einer Landbrücke zwischen dem Kontinent und Irland aus, und die dritte spekuliert, dass diese Pflanzen durch den Handel in der Mittelsteinzeit eingeführt worden sind. Neuere Studien geben der letzteren Theorie den Vorzug, aber es bleiben Zweifel.

Der Erdbeerbaum präsentiert seine Blüten und Früchte zur selben Zeit.

Lusitanische Pflanzen und wo man sie finden kann
Venushaarfarn (*Adiantum capillus-veneris*): Grafschaft Clare, Grafschaft Galway, Grafschaft Mayo
Wimper-Sandkraut (*Arenaria ciliata*): Grafschaft Sligo
Erdbeerbaum (*Arbutus unedo*): Grafschaft Kerry, Grafschaft Sligo, Grafschaft Cork
Irische Heide (*Daboecia cantabrica*): Grafschaft Galway, Grafschaft Mayo
Purpur-Heide (*Erica Erigena):* Grafschaft Galway, Grafschaft Mayo
Spanische Moorheide (*Erica mackaiana*): Grafschaft Donegal, Connemara
Salzburger Augentrost (*Euphrasia salisburgensis*): alle westlichen Grafschaften
Irische Wolfsmilch (*Euphorbia hyberna*): alle westlichen Grafschaften
Weidenblättriger Alant (*Inula salicina*): Lough Derg, Grafschaft Tipperary)
Krummblatt-Miere (*Minuartia recurva*): Grafschaft Kerry, Grafschaft Cork, Grafschaft Waterford
Gefleckte Waldwurz (*Neotinea maculata*): alle westlichen Grafschaften
Großblütiges Fettkraut (*Pinguicula grandiflora*): Grafschaft Cork, Grafschaft Limerick, Grafschaft Clare, Aran Islands
Portugiesisches Fettkraut (*Pinguicula lusitanica*): alles westlichen Grafschaften, selten
Rauhaar-Steinbrech (*Saxifraga hirsuta*): Grafschaft Kerry, Grafschaft Cork
Spateliger Steinbrech (*Saxifraga spathularis*): alle westlichen Grafschaften, Grafschaft Waterford
Mattiazzi-Graslilie (*Simethis mattiazzii*): Grafschaft Kerry, Grafschaft Cork

Farne und Moose

Irlands mildes und feuchtes Klima bietet die perfekten Bedingungen für Farne und Moose. Von den letztgenannten wurden um die 800 Arten nachgewiesen, was etwa 50 %

Braunstieliger Streifenfarn in der Karstlandschaft des Burren (oben). Farne und Moose wachsen in Irlands mildem und feuchtem Klima besonders gut (unten).

aller in Europa bekannten Arten entspricht. Viele davon sind selten und stehen auf der Liste der gefährdeten Arten, wie das Moss *Ditrichum cornubicum*, das auf den kupferhaltigen Böden von Allihies in der Grafschaft Cork wächst. Häufiger sind das Brunnenlebermoos (*Marchantia polymorpha*), das während seines Fortpflanzungszyklus wie ein Miniaturwald aussieht, und das Swan's Neck Thyme Moss (*Mnium hornum*), eine Sternmoosart, die im Mittelalter als Matratzenfüller verwendet wurde.

Während die Bestimmung von Moosen selbst für Experten schwierig ist,

Weitverbreitete Farne

Gewöhnliche Natternzunge (*Ophioglossum vulgatum*), Zerbrechlicher Blasenfarn (*Cystopteris fragilis*), Adlerfarn (*Pteridium aquilinum*), Heufarn (*Dryopteris aemula*), Breitblätteriger Dornfarn (*Dryopteris dilatata*), Rippenfarn (*Blechnum spicant*), Hirschzungenfarn (*Asplenium scolopendrium*), Prächtiger Dünnfarn (*Trichomanes speciosum*), Wald-Frauenfarn (*Athyrium filix-femina*), Venushaarfarn (*Adiantum capillus-veneris*), Echter Wurmfarn (*Dryopteris filix-mas*), Gewöhnlicher Tüpfelfarn (*Polypodium vulgare*), Königsfarn (*Osmunda regalis*), Milzfarn (*Asplenium ceterach*), Gelappter Schildfarn (*Polystichum aculeatum*), Grannen-Schildfarn (*Polystichum setiferum*), Braunstieliger Streifenfarn (*Asplenium trichomanes*), Schwarzer Streifenfarn (*Asplenium adiantum-nigrum*), Mauerraute (*Asplenium ruta-muraria*) sind Farne etwas einfacher zu identifizieren. Neben den weit verbreiteten Arten wie Rippenfarn, Hirschzungenfarn, Gewöhnlichem Tüpfelfarn und dem allgegenwärtigen Adlerfarn beherbergt Irland auch einige seltene Arten wie die bereits erwähnten Hautfarne, den Prächtigen Dünnfarn und die Mondraute.

Farne pflanzen sich durch Sporen fort, die sehr leicht und klein sind und so große Entfernungen überwinden können. Sogar in der Stratosphäre der Erde wurden Farnsporen gefunden. Farne benötigen feuchte Umweltbedingungen und da es in Irland keinen Mangel an Feuchtigkeit gibt und die Isolation des Landes kein Problem für die Ausbreitung der Sporenpflanzen darstellt, ist es kein Wunder, dass Irland ein Land der Farne ist. Im Jahr 2021 wurde sogar eine neue Farnart im Killarney Nationalpark entdeckt – eine winzige tropische Art, deren nächster Bestand in der Karibik liegt!

Irlands Orchideen

Die meisten Besucher, die Irland zum ersten Mal besuchen, sind überrascht, Orchideen zu finden, Pflanzen, die man mehr in Zentraleuropa und im Mittelmeerraum erwartet. Der Grund für die weite Verbreitung von Orchideen in Irland und dem benachbarten Großbritannien ist die wärmende Wirkung des Golfstroms, der das Klima mild genug hält, um diese Pflanzen gedeihen zu lassen. In Irland wurden etwa dreißig Orchideenarten nachgewiesen (die genaue Zahl hängt von der jeweiligen Taxonomie ab – was in einem Handbuch als Unterart bezeichnet wird, ist im nächsten eine eigene Art). Eine dieser umstrittenen Arten ist das Westliche Knabenkraut, das nur in Irland vorkommt. Andere besondere und seltene Orchideen sind die Irische Drehwurz, Weißzüngel, Hohlzunge, Gefleckte Waldwurz und Nestwurz. Häufigere Arten sind das Männliche Knabenkraut, Fuchs' Knabenkraut, Hundswurz und Sumpf-Stendelwurz. Die beiden letztgenannten Arten sind typische Dünenbewohner, während andere Arten auf kalkhaltigem Grasland (Weiße Waldhyazinthe und Berg-Waldhyazinthe, Fliegen-Ragwurz und Bienen-Ragwurz), in Wäldern (Breitblättrige Ständelwurz und Zweiblatt) und auf Torfböden und Heideland (Purpurrotes und andere Knabenkräuter, die im englischen unter *Marsh Orchids* zusammengefasst werden) vorkommen. Letztere sind für ihre Vielfalt an Unterarten bekannt. Die am weitesten verbreitete *Marsh Orchid* ist das Fleischfarbene Knabenkraut, das

O'Kelly's Spotted Orchid ist eine weißblühende Unterart des Fuchs' Knabenkraut.

Irische Drehwurz (oben) ist eine der seltensten Orchideen Irlands (Route 20), das Männliche Knabenkraut dagegen ist weit verbreitet (Route 13, 14 und 15).

in fünf Unterarten erscheint, die sich alle leicht in der Blatt- und Blütenfärbung unterscheiden. Einige der Varianten kann man in ganz Irland finden und wachsen oft nebeneinander (siehe Route 12), andere sind in ihrer Verbreitung sehr begrenzt, z. B. kommt *D. incarnata var. hyphaematodes* nur in den Grafschaften Clare, Galway und Mayo vor.

Invasive Pflanzen

Eine Reihe von Pflanzen und Wildblumen, die oft mit der irischen Landschaft assoziiert werden, sind alles andere als einheimisch. Die Scharlach-Fuchsie, eine aus Südamerika stammende Pflanze, die im Westen und Südwesten sehr häufig vorkommt, ist aus Gärten entkommen, ebenso wie die leuchtend orangefarbenen Montbretien, die sich entlang vieler Landstraßen etabliert haben.

Während diese beiden keine große Bedrohung für die heimische Flora darstellen, sind andere zu einem echten Problem geworden, allen voran der Rhododendron, der sehr schnell wächst und ein undurchdringliches Dickicht bildet und so die einheimischen Pflanzen verdrängt. Dasselbe gilt für den Japanischen Staudenknöterich und das Drüsige Springkraut. Alle drei Arten sind in vielen Teilen Irlands, darunter auch dem Killarney Nationalpark, nur schwer unter Kontrolle zu halten.

Typische invasive Pflanzen und Wildblumen

Scharlach-Fuchsie (*Fuchsia magellanica*), Montbretie (*Crocosmia sp.*), Pontischer Rhododendron (*Rhododendron ponticum*), Japanischer Staudenknöterich (*Fallopia japonica*), Drüsiges Springkraut (*Impatiens glandulifera*), Bergahorn (*Acer pseudoplatanus*), Glöckchen-Lauch (*Allium triquetrum*), Acker-Glockenblume (*Campanula rapunculoides*), Mammutblatt (*Gunnera tinctoria*), Gewöhnliche Waldrebe (*Clematis vitalba*)

Säugetiere

Die Routen 1, 5, 8, 9, 10 und 12 sind gut geeignet, um Säugetiere zu beobachten, ebenso wie die Ziele D auf Seite 158, D, E und F auf Seite 187-188 und A auf Seite 225.

Die Anzahl der Landsäugetierarten in Irland ist relativ klein. Das größte dieser Tiere ist der Rothirsch, der seit dem Ende der letzten Eiszeit in Irland heimisch ist. Allerdings ist nur die Herde im Killarney Nationalpark wirklich einheimisch. Alle anderen Herden, die man im Land finden kann, sind Wiedereinbürgerungen, entweder mit Tieren aus der Killarney-Herde oder aus Schottland. Andere Hirscharten, Sikahirsche und Damhirsche, wurden seit dem Mittelalter als Ziertiere für die Gärten des Adels oder zur Jagd eingeführt. Es ist nicht überraschend, dass sich einige dieser Tiere selbstständig machten und nun in vielen Teilen Irlands frei herumlaufen. Beide Arten sind dafür bekannt, dass sie mit Rotwild hybridisieren, was den Naturschützern Anlass zur Sorge gibt.

Die *Feral Goats*, verwilderte Ziegen, ein häufiges Tier in den Bergen und an der Küste, fällt in dieselbe Kategorie. Allerdings leben diese Nachkommen von Nutztieren schon viel länger wild und unabhängig als die eingeführten Hirsche und werden von vielen Fachleuten als einheimisch klassifiziert.

Irlands größtes Landraubtier und eine der wenigen Arten, die in Irland nicht gefährdet ist, ist der Rotfuchs. Sein Status ist vermutlich auf seine Fähigkeit zurückzuführen, sich an seine menschlichen Nachbarn anzu-

Der Fuchs ist Irlands größtes Raubtier, ernährt sich aber auch von Früchten. Außerdem hat er sich gut an das Stadtleben angepasst und den Inhalt von Mülltonnen als potentielle Nahrungsquelle angenommen.

passen und infolgedessen sind Füchse sowohl in ländlichen als auch in urbanen Gebieten weit verbreitet. Ein unglücklicher Nebeneffekt dieser weiten Verbreitung ist, dass die Fuchsjagd in Irland nach wie vor erlaubt ist. Andere irische Raubtiere, die weniger häufig vorkommen und schwerer zu entdecken sind, sind Hermelin, Baummarder, Fischotter und der invasive Amerikanische Nerz, der aus Pelzfarmen entkommen ist, sich in der irischen Landschaft sehr wohl fühlt und inzwischen eine große Bedrohung für am Boden nistende Vögel darstellt.

Eine Besonderheit unter den Säugetieren Irlands ist der *Irish Hare,* der Irische Feldhase, eine Unterart des Schneehasen, die ihre Fähigkeit verloren hat, ihr Fell in den Wintermonaten von Braun nach Weiß zu wechseln. Aufgrund der milden und meist schneefreien Winter in Irland ist dieser Farbwechsel nicht mehr erforderlich. Weitere einheimische Landsäugetiere

Der Rothirsch

Rotwild war einst in ganz Irland verbreitet, was sich in zahlreichen Ortsnamen widerspiegelt. So heißt *ceim an fiadh* beispielsweise „der Pass des Hirsches" und *cluain fiadh* bedeutet übersetzt „die Wiese des Hirsches". Durch Bejagung wurde die Art in allen Teilen Irlands mit Ausnahme der KillarneyRegion ausgerottet, und selbst hier war der Rothirsch dem Aussterben sehr nahe.

In den 1960er Jahren wurden Anstrengungen zur Rettung der Killarney-Herde unternommen, und im Rahmen dieses Plans wurde eine Gruppe von Tieren nach Inishvickillane, eine kleine Insel vor der Küste der Grafschaft Kerry, verbannt, wo sie noch heute als genetische Zeitkapsel im Atlantik umherstreifen. Eine andere Gruppe wurde in den 1980er Jahren in den Connemara Nationalpark verfrachtet, wo sie gut gedieh und sich schließlich über die Grenzen des Nationalparks hinaus ausbreitete. Eine weitere Herde von Wanderern, die englischen Ursprungs ist, entkam aus einem Gehege nahe der Ortschaft Maum Cross an der Ostgrenze Connemaras. Diese beiden Gruppen haben sich inzwischen in der Bergwildnis Connemaras fest etabliert. Weiter nördlich in der Grafschaft Donegal wurden schottische Rothirsche im Glenveagh Nationalpark wieder angesiedelt, und auch diese Tiere haben sich sowohl über die Grenzen des Nationalparks als auch der Grafschaft hinweg ausgebreitet.

Die Hirschbrunft im Oktober bringt jedes Jahr Tiere und Menschen näher zusammen.

Die Kegelrobbenpopulation in Irland hat sich über die vergangenen Jahrzehnte erholt und die Tiere sind nun nicht mehr ungewöhnlich an Irlands Küste.

sind das Eichhörnchen, die Waldmaus, die Zwergspitzmaus, der Igel, der Dachs und neun Fledermausarten, darunter die seltene Kleine Hufeisennase.

Meeressäugetiere

Die häufigsten Meeressäugetiere in Irland sind Seehunde und Kegelrobben. Beide stehen unter Schutz und der einst bedrohte Bestand hat sich über die letzten Jahrzehnte gut erholt. Beide Arten sind an der gesamten irischen Küste weit verbreitet und können bei Küstenwanderungen im Wasser und mit etwas Glück auch beim Ausruhen an felsigen Ufern und Stränden beobachtet werden.

Kegelrobben gebären ihren Nachwuchs im Herbst, und ab September tauchen Jungtiere an den Küsten im ganzen Land auf, besonders nach schlechtem Wetter. Freiwillige halten nach diesen Tieren Ausschau und unterernährte oder verletzte Tiere werden im Seal Rescue Ireland Zentrum in der Grafschaft Wexford, das auch für Besucher geöffnet ist, wieder aufgepäppelt (**www.sealrescueireland.org**). Seehundbabys werden im Sommer geboren und im Gegensatz zu ihren Vettern können sie schon kurz nach der Geburt schwimmen und geraten daher seltener in Schwierigkeiten.

Robben sind nicht die einzigen Meeressäuger an Irlands Küste. Es ist immer noch ein gut gehütetes Geheimnis, dass Irland einer der besten Orte in Europa ist, um Wale und Delfine zu beobachten, sowohl vom Land als auch vom Boot aus. Die Shannon-Mündung zwischen den Grafschaften

Clare und Kerry beherbergt eine der wenigen sesshaften Gruppen von Großen Tümmlern in Europa, die vor Ort als die *Shannon Dolphins* bekannt sind. Diese Tiere (insgesamt über 100 Tiere) teilen sich in kleine Gruppen auf (meist 5 bis 20 Individuen) und können leicht vom Loop Head (Route 12) oder aus nächster Nähe während der Bootsausflüge, die im Frühjahr und Sommer stattfinden, beobachtet werden (siehe A aufSeite 225). Auch andere Wale und Delfine sind saisonal in Irland anzutreffen, insbesondere in den Gewässern vor der Süd- und Westküste. Dazu gehören kleinere Arten wie der Gemeine Delfin und Rundkopfdelfin, der Zwergwal und der Schweinswal, aber auch die Riesen wie der Buckelwal, Schwertwal und das zweitgrößte Tier der Welt, der Finnwal. Langjährige Forschungsarbeiten der Irish Whale and Dolphin Group haben gezeigt, dass die gleichen Tiere jedes Jahr zur Nahrungssuche an die irische Küste zurückkehren. Der berühmteste dieser wiederkehrenden Besucher ist der als John Coe bekannte Schwertwal, der jedes Jahr im Spätsommer entlang der irischen Westküste beobachtet wird.

Die Webseite der Irish Whale and Dolphin Group (**www.iwdg.ie**) bietet umfangreiche Informationen über Wale und Delfine in irischen Gewässern sowie aktuelle Meldungen über Sichtungen und Strandungen.

Die *Shannon Dolphins* sind eine ansässige Gruppe von Großen Tümmlern (Route 12).

Vögel

Die Routen 2, 3, 4, 5, 10, 11, 12, 18, 19, 20, 22 und 23 eignen sich am besten zur Vogelbeobachtung, ebenso wie B und C auf Seite 156-157 , H auf Seite 190, B und C auf Seite 225-226 und A und B auf Seite 247.

Irland ist ein Paradies für Hobbyornithologen. Von den Seen und Mooren im Zentrum des Landes bis zu den abgelegensten Küstenstreifen, sind Vögel die offensichtlichste und am leichtesten zu beobachtende Tierart. Mehr als 450 Arten wurden bisher beschrieben. Dazu gehören einheimische Vögel wie Zaunkönig, Kolkrabe und Wanderfalke, Sommergäste wie Steinschmätzer und Eissturmvogel als auch Wintergäste wie Ringelgans und Singschwan. Darüber hinaus ist Irland ein beliebter Zwischenstopp für viele Vögel auf ihrem Frühjahrs- und Herbstzug.
Eine vollständige Liste der Vögel Irlands gibt es auf der Webseite von Birdwatch Ireland (**www.birdwatchireland.ie**).

Die Silbermöwe ist ein weitverbreiteter ansässiger Küstenvogel (oben). Die Gryllteiste besucht Irland im Sommer und brütet in einigen Kolonien an Irlands Küste (unten).

Vögel der Küste

Im Frühjahr und Sommer beherbergen Irlands Steilklippen und Inseln eine Vielzahl von Zugvögeln, die zum Brüten nach Irland kommen. Die ersten Ankömmlinge jedes Jahr sind die Eissturmvögel, die manchmal bereits Ende Januar mit ihrer gackernden Balz beginnen. Der Großteil der brütenden Küstenvögel trifft allerdings erst ab Ende März ein: Basstölpel, Dreizehenmöwe, Papageitaucher, Trottellumme, Tordalk, Atlantiksturmtaucher und eine Reihe von Seeschwalbenarten.
Basstölpel bleiben gerne unter sich und bilden große Kolonien auf küstennahen Inseln wie Great Saltee, Bull Rock und Little Skellig, können aber gut vom Festland aus beobachtet werden, wenn sie auf Fischfang gehen.

Eissturmvogel (oben) und Tordalk (unten) brüten an Irlands Steilklippen im Sommer (Route 5, 10, 12 und 22).

Seeschwalben mischen sich ebenfalls nicht mit anderen Arten, bilden aber gemischte Kolonien mit anderen Seeschwalbenarten. Die Flussseeschwalbe ist die am weitesten verbreitete Art und brütet nicht nur an der Küste, sondern auch auf Binnenseen. Das gleiche gilt für Küstenseeschwalben und Brandseeschwalben, die auf Binnenseen an der Westküste wie Lough Corrib, Lough Mask und Lough Conn brüten, aber auch an der Küste zu finden sind. Die seltenste der Seeschwalben ist die Rosenseeschwalbe, die nur an einigen wenigen Orten an der Ost- und Südküste brütet. Dreizehenmöwe, Eissturmvogel, Tordalk und Trottellumme sind oft gemeinsam in gemischten Kolonien an Steilklippen anzutreffen. Trotz der Engen Nachbarschaft sind die Brutgewohnheiten dieser Vögel sehr unterschiedlich. Dreizehenmöwen bauen Nester aus Gras und Erde, Trottellummen legen ihre Eier auf den nackten Felsen, Eissturmvögel bauen provisorische Nester aus Steinen und Tordalke suchen sich Spalten im Felsen.

Papageitaucher und Atlantiksturmtaucher dagegen haben sehr ähnliche Brutgewohnheiten und nisten deshalb häufig Seite an Seite. Beide Arten brüten unterirdisch und nutzen dafür oft alte Kaninchenbauten. Während

Vögel der Küste
Ansässig Kormoran (kommt auch an Seen im Landesinneren vor), Krähenscharbe, Mantelmöwe, Heringsmöwe, Silbermöwe, Sturmmöwe (zusätzliche überwinternde Vögel), Lachmöwe, Eiderente (vorwiegend an der Nordküste), Brandgans, Austernfischer, Sandregenpfeifer, Bekassine (kommt auch in verschiedenen Feuchtgebiets-Lebensräumen vor), Felsentaube, Strandpieper, Berghänfling, Alpenkrähe, Kolkrabe (kommt auch in den Bergen vor und breitet sich in andere Lebensräume aus)
Brutvögel (Sommer) Basstölpel, Eissturmvogel, Dreizehenmöwe, Gryllteiste, Tordalk, Papageitaucher, Atlantiksturmtaucher, Sturmschwalbe, Wellenläufer, Flussseeschwalbe, Küstenseeschwalbe, Rosenseeschwalbe, Brandseeschwalbe, Zwergseeschwalbe, Flussuferläufer (kommt auch selten im Winter vor)
Durchzügler im Frühling & Herbst Großer Sturmtaucher, Dunkler Sturmtaucher, Schmarotzerraubmöwe, Spatelraubmöwe, Falkenraubmöwe, Skua, Schwalbenmöwe, Trauerseeschwalbe, Kampfläufer (selten), Graubruststrandläufer(selten), Zwergstrandläufer, Sichelstrandläufer, Regenbrachvogel, Bruchwasserläufer (selten), Waldwasserläufer, Thorshühnchen
Winter Eismöwe, Polarmöwe, Zwergmöwe, Eistaucher, Sterntaucher (eine kleine ansässige Brutpopulation existiert im Nordwesten), Kiebitz-Regenpfeifer, Goldregenpfeifer (kommt vereinzelt als ansässige Art vor), Sanderling, Alpenstrandläufer (kommt vereinzelt als ansässige Art vor), Knutt, Meerstrandläufer (selten), Steinwälzer, Großer Brachvogel (ansässige Brutpopulation ist vom Aussterben bedroht), Pfuhlschnepfe, Uferschnepfe, Rotschenkel (kommt vereinzelt als ansässige Art vor), Grünschenkel, Zwergschnepfe (selten), Waldschnepfe (kommt vereinzelt als ansässige Art vor)

Papageitaucher aber den ganzen Tag über ständig kommen und gehen, verbringen Atlantiksturmtaucher den ganzen Tag auf dem Meer und kehren nur im Schutz der Dunkelheit zu ihren Nestern zurück.
Ansässige Vögel wie Kormoran, Krähenscharbe und Mantel-, Herings- und Silbermöwe brüten zur gleichen Zeit wie die beschriebenen Besucher. Wie die Seeschwalben halten sie sich jedoch an Mitglieder ihrer eigenen Familie und brüten nur sehr selten zusammen mit anderen Arten. Andere ansässige Vögel, die man an der Küste antreffen kann, sind der Kolkrabe und die Alpenkrähe. Die Alpenkrähe nistet in Spalten in den Klippen, oft in der Nähe anderer Vögel, der Rabe dagegen wählt einsame Nistplätze. Rabennester sind leicht an ihrer Größe zu erkennen und bestehen aus Ästen und Gras. Strandpieper und Felsentaube, der Vorfahre der ordinären Stadttaube, sind ebenfalls häufige Küstenvögel.
Die Sommergäste reisen zwischen Ende Juli und Anfang September ab, und ein paar Wochen später treffen die ersten Winterbesucher ein. Darunter sind viele Watvögel, die den Sommer über ihre Jungen im hohen Norden aufgezogen haben.

Sanderling, Alpenstrandläufer, Knutt, Steinwälzer, Meerstrandläufer, Pfuhl- und Uferschnepfe, Rotschenkel, Grünschenkel, Austernfischer und Großer Brachvogel sind die häufigsten Arten (die beiden letzteren sind auch durch eine ansässige Population vertreten). Eine Reihe von Schwänen, Enten und Gänsen nutzen Irland ebenfalls als Winterquartier, so z. B. Sing- und Zwergschwan sowie Graugans, Ringelgans und Weißwangengans. Die Hälfte der Grönländischen Blässganspopulation verbringt ebenfalls den Winter in Irland. Schellente, Reiherente, Schnatterente, Eisente, Bergente, Trauerente, Mittelsäger und Krickente sind die häufigsten überwinternden Entenarten.
Andere Vögel wie der Regenbrachvogel nutzen Irland als Zwischenstation auf dem Weg in ihre weiter südlich gelegenen Winterquartiere (und kehren im Frühjahr auf demselben Weg zu ihren Brutgebieten zurück). Die Wintergäste mischen sich oft mit den ansässigen Vögeln wie Graureiher, Seidenreiher, Eiderente, Sandregenpfeifer, Austernfischer, Bekassine und Kiebitz. Letzterer verbringt den Sommer in den Midlands, um zu brüten, und zieht im Winter in die Wattgebiete und Salzwiesen entlang der Küste.

Vogelzug

Die Lage Irlands am westlichen Rand Europas und etwa auf halbem Weg zwischen Afrika und der Arktis bringt die Insel in die Flugroute sehr vieler Zugvögel. Die meisten von ihnen brüten im Sommer rund um den Polarkreis und überwintern im Mittelmeergebiet, in Afrika oder auf dem offenen Atlantik. Einige wenige Arten brüten auf dem Kontinent und im [Mittelmeergebiet und überwintern auf offener See, was sie ebenfalls in die Nähe Irlands bringt. Was all diese Vögel gemeinsam haben, ist, dass sie auf ihren Reisen Tausende von Kilometern zurücklegen, und für viele ist Irland ein willkommener Ort, um sich für einige Tage oder Wochen auszuruhen, bevor sie weiterziehen.

Zu den häufigsten Besuchern gehört der Regenbrachvogel, der oft jedes Jahr an genau denselben Stellen auftaucht. Thorshühnchen, Schmarotzerraubmöwe, Skua und (seltener) Falken- und Spatelraubmöwe sieht man entlang der Westküste, vor allem im Herbst. Buntfuß-Sturmtaucher und Dunkler Sturmtaucher sind ebenfalls regelmäßige Durchzügler, werden aber seltener gesichtet, da sie nicht sehr nahe an die Küste kommen. Trauerseeschwalbe, Schwalbenmöwe und Zwergstrandläufer können manchmal auf Landzungen oder in Flussmündungen rastend beobachtet werden.

Während die größeren Vögel die Atlantikroute zu bevorzugen scheinen, sind die kleineren Vögel hauptsächlich an der Ost- und Südküste anzutreffen. Dazu gehören Schafstelze, Sommergoldhähnchen, Wendehals, Wiedehopf, Turteltaube und viele andere. Zu den seltensten Besuchern gehören Rosenstar, Pirol, Nachtigall und Baumfalke.

Die besten Orte für die Beobachtung der Vogelwanderung im Frühjahr und im Herbst (im Herbst ist die Artenvielfalt in der Regel größer) sind alle exponierten Landzungen entlang der irischen Küste.

Gegenüber: Die Goldammer (oben) ist in Irland selten geworden, während der Buchfink nach wie vor in Gärten, Parks und Hecken weit verbreitet ist (unten).

Vögel der Wälder und Kulturlandschaft

Abseits der unmittelbaren Küste unterscheiden sich die Vogelgemeinschaften nicht so sehr von denen auf dem europäischen Festland. Irland beherbergt viele der typischen Singvögel wie Rotkehlchen, Zaunkönig, die vier Meisenarten (Kohlmeise, Blaumeise, Schwanzmeise und Tannenmeise), Wiesenpieper, Heckenbraunelle, Schwarzkehlchen, Buchfink, Distelfink, Grünling, Erlenzeisig, Star, Amsel, Sing- und Misteldrossel, Wintergoldhähnchen sowie Haus- und Feldsperling. Die europaweit verbreitete Bachstelze kommt hier in der Unterart der britischen Inseln, der Trauerbachstelze, vor. Die meisten dieser Vögel leben in den Hecken, die das Land durchziehen, und die einfachste Art, sie zu beobachten, ist ein Spaziergang entlang einer ruhigen Landstraße.

Krähen sind ebenfalls weit verbreitet und werden von Nebelkrähe, Saatkrähe, Dohle, Eichelhäher, Elster und den bereits erwähnten Kolkraben und Alpenkrähe vertreten.

Mehlschwalbe, Uferschwalbe, Rauchschwalbe und Mauersegler sind häufige Sommergäste, ebenso wie Steinschmätzer und Dorngrasmücke. Regelmäßige Wintergäste, die oft in großen Schwärmen auf den Feldern rasten, sind Wacholderdrossel und Rotdrossel.

Wie anderswo in Europa auch, hat auch in Irland die moderne Landwirtschaft zu einem Rückgang von einst weit verbreiteten Arten geführt. Eine dieser Arten ist die Goldammer, ein Vogel, der auf Getreidefelder angewiesen ist und heute nur noch in den Midlands und in Teilen des Ostens und Südens vorkommt, wo seine Bestände allerdings stetig abnehmen. Das Rebhuhn steht vor dem gleichen Dilemma, und der einst weit verbreitete Vogel ist heute auf ein kleines Gebiet in der Grafschaft Offaly beschränkt. Die Wachtel, die ebenfalls auf Getreidefelder angewiesen ist, findet sich nur noch in der Grafschaft Offaly und im benachbarten Kildare.

Der Kolkrabe ist an Steilklippen an der Küste und in den Bergen zuhause.

Den stärksten Bestandsrückgang aber hatte der Wachtelkönig zu verzeichnen. Dieser unscheinbare Vogel zieht von seinem Winterquartier in Ostafrika zum Brüten nach Europa und kommt etwa im April in Irland an. Sein unverwechselbarer Ruf, der sich in seinem wissenschaftlichen Namen *Crex crex* widerspiegelt, war einst der Klang des Sommers, der über die irischen Felder hallte. Neuerungen in der landwirtschaftlichen Praxis und der damit verbundene Verlust der alten Heuwiesen brachten den Wachtelkönig jedoch an den Rand des Aussterbens. In den Shannon Callows (siehe Seite 40) gab es 1978 noch 1062 rufende Männchen. Im Jahr 1993 waren es nur noch 174, 2005 nur noch 23 und 2015 wurde erstmals kein Wachtelkönig mehr in den Callows gehört. Heute sind die letzten verbliebenen Hochburgen dieses ikonischen Vogels einige der Inseln an Irlands Nordküste und wenige abgelegene Gebiete in der Grafschaft Mayo, aber selbst dort ist die Zukunft dieses Vogels ungewiss.

Ackerland, Hecken und Waldgebiete

Waldgebiete Buntspecht (ansässig seit 2005, breitet sich von Osten über die Midlands in den Westen aus), Singdrossel, Misteldrossel, Wintergoldhähnchen, Tannenmeise, Waldbaumläufer, Eichelhäher, Erlenzeisig, Alpenbirkenzeisig, Fichtenkreuzschnabel (selten), Ziegenmelker (selten), Ringdrossel (selten), Gimpel, Grauschnäpper, Gartenrotschwanz

Kulturland Wachtel, Distelfink, Grünling, Goldammer, Bluthänfling, Feldsperling, Wachtelkönig (sehr selten), Kuckuck, Uferschwalbe, Mönchsgrasmücke, Dorngrasmücke, Gartengrasmücke, Wacholderdrossel (Winter), Rotdrossel (Winter), Bergfink (Winter), Grauammer (Winter)

Vögel der Moore und Feuchtgebiete

Überschwemmungswiesen, Torfmoore, intakte als auch abgetragene, und andere Feuchtgebiete sind wichtige Lebensräume für Vögel, insbesondere in den irischen Midlands. Dieses Gebiet ist besonders wichtig für den überwinternden Singschwan und im Sommer brüten zahlreiche Goldregenpfeifer und Kiebitze in den Moorgebieten und um die angrenzenden Seen. Diese Seen und Tümpel ziehen außerdem eine Vielzahl von Enten und anderen Wasservögeln an. Haubentaucher, Zwergtaucher, Wasserralle, Teichhuhn und Blässhuhn sind häufig anzutreffen, verstecken sich aber gerne in den Schilfgürteln am Rande der Seen, während Höckerschwan und Stockente sich gerne auf dem offenen Wasser zeigen.

Ein typischer, aber sich selten zeigender Vogel der westlichen Deckenmoore ist das Moorschneehuhn (z. B. Routen 1, 2, 16), das in geringerer Zahl auch in den Hochmooren der Midlands und des Ostens vorkommt.

Hoffnung auf eine bessere Zukunft gibt der Kranich. Dieser Vogel galt seit dem 18. Jahrhundert als ausgestorben, einzelne Vögel wurden aber in den vergangenen Jahren gelegentlich gesichtet. Im Sommer 2021 wurde schließlich ein erstes Brutpaar in einem wiederhergestelltem Moorgebiet in den Midlands registriert, das im folgenden Jahr zurückkehrte, um erneut zu brüten.

Der Brachvogel ist ein aussterbender Brutvogel, als Wintergast aber immer noch sehr zahlreich (oben). Die Pfeif-ente ist ebenfalls ein Wintergast (unten).

Vögel der Moore und Feuchtgebiete

Ansässig Moorschneehuhn, Rebhuhn (selten), Haubentaucher, Zwergtaucher, Wasserralle, Teichhuhn, Blässhuhn, Feldlerche, Wiesenpieper, Gebirgsstelze, Trauerbachstelze, Schwarzkehlchen, Wasseramsel, Rohrammer

Sommergäste Steinschmätzer, Berghänfling, Schilfrohrsänger, Teichrohrsänger, Feldschwirl, Fitis

Durchzügler Braunkehlchen

Vögel der Seen und Flüsse

Irlands Seen und Flüsse sind die Heimat einer Vielzahl von Vögeln. Zu den selteneren Brutvogelarten auf den Binnenseen gehören Trauerente, Tafelente, Löffelente, Kolbenente, Schnatterente, Spießente und Knäkente. Häufiger sind Reiherente, Krickente und natürlich Stockente und Höckerschwan. Mittelsäger, Haubentaucher, Zwergtaucher, Wasserralle, Teichhuhn und Blässhuhn sind regelmäßig in den Schilfgürteln anzutreffen, in denen auch Schilfrohrsänger und Teichrohrsänger brüten. Der Kiebitz ist ebenfalls ein verbreiteter Brutvogel in den Midlands.

Spießenten sind lokal vorkommende Wintergäste (Route 23).

Gebirgsstelze, Wasseramsel und Eisvogel sind relativ häufig und an schnell fließenden Bächen anzutreffen, während Lachmöwe und Sturmmöwe an größeren Flüssen und Seen zu finden sind.

Manche Vögel nutzen die Binnenseen auch zur Überwinterung, allerdings nur in geringer Zahl. Die überwiegende Mehrheit dieser Vögel trifft man an oder in der Nähe der Küste oder an Flussmündungen an.

Vögel der Flüsse und Seen

Ansässig Haubentaucher, Zwergtaucher, Mittelsäger, Höckerschwan, Gänsesäger (selten, kommt auch als Wintergast vor), Wasserralle, Teichhuhn, Blässhuhn, Brandgans (oft in Küstennähe), Stockente, Schnatterente (selten), Seidenreiher (war vor 20 Jahren ein seltener Gast, ist inzwischen landesweit etabliert), Graureiher, Kiebitz (kommt auch als Wintergast vor, ist im Winter vorwiegend an der Küste zu finden)

Winter Zwergschwan, Singschwan, Ringelgans (oft in Küstennähe), Weißwangengans (oft in Küstennähe), Kanadagans (selten, kommt auch als kleine verwilderte Population vor), Grönländische Blässgans (oft in Küstennähe), Kurzschnabelgans (oft in Küstennähe), Graugans (selten), Schneegans (selten), Löffelente, Schellente, Reiherente (auch ansässig), Bergente, Tafelente, Krickente (auch ansässig, oft in Küstennähe), Pfeifente, Spießente (selten, auch ansässig), Trauerente (selten, auch ansässig), Samtente (selten)

Durchzügler Knäkente (selten)

Greifvögel

Die Greifvögel, die man in Irland am ehesten zu Gesicht bekommt, sind Wanderfalke, Turmfalke und Sperber, die in den verschiedensten Lebensräumen anzutreffen sind und sich perfekt an die Kulturlandschaft Irlands angepasst haben. Wanderfalke und Turmfalke sind auch in Städten nicht selten, wo die höheren Gebäude die Klippen der Küste und Berge ersetzen, während der Sperber sich ein Leben in Parks, Friedhöfen und Gärten geschaffen hat.

Weniger weit verbreitete Greifvögel sind der Mäusebussard (der sich von seiner früheren Hochburg im Norden in andere Teile Irlands ausgebreitet hat), der Merlin und die Kornweihe.

Seeadler und Steinadler waren einst in Irland beheimatet, wurden aber beide Anfang des 20. Jahrhunderts nach langer und systematischer Bejagung als ausgestorben erklärt. Im Jahr 2007 begannen Wiederansiedlungsprogramme für diese beiden Vogelarten. Steinadler aus Schottland wurden im Glenveagh Nationalpark ausgesetzt, während Seeadler eine neue Heimat im Killarney Nationalpark und am Lough Derg in der Grafschaft Clare erhielten. Im Großen und Ganzen waren diese Projekte ein Erfolg, da beide Arten brüten und ihr Verbreitungsgebiet ausdehnen. Leider sind die illegale Jagd und das Auslegen von vergifteten Ködern immer noch ein Problem, das jedes Jahr einige Opfer fordert.

Der Seeadler wurde in Irland wieder angesiedelt und brütet seit einigen Jahren erfolgreich.

Die Steinadler halten sich meist in abgelegenen Bergregionen auf und werden nur selten gesichtet. Die Seeadler hingegen sind häufiger anzutreffen und können am besten am Kenmare River (siehe E auf Seite 188) und am Lough Derg (siehe C auf Seite 226) beobachtet werden.

Ein weiterer Greifvogel, der Rotmilan, wurde 2011 im Wicklow Mountains Nationalpark und in der Grafschaft Down wiederangesiedelt, brütet ebenfalls und dehnt sein Verbreitungsgebiet langsam aus.

Die drei in Irland vorkommenden Eulenarten, die Schleiereule, die Waldohreule und die überwinternde Sumpfohreule, sind allesamt schwer zu finden, da ihr Bestand aufgrund des Mangels an Lebensraum stetig zurückgeht.

Andere Wirbeltiere

Auf Route 11 kann man die Kreuzkröte entdecken, und auf den Routen 10, 11 und 12 kann man am besten Riesenhaie beobachten.

Abgesehen von den Säugetieren ist die Liste der irischen Wirbeltiere eher kurz. Das einzige einheimische Reptil ist die Bergeidechse, und Amphibien sind nur mit drei Arten vertreten – Grasfrosch, Teichmolch und Kreuzkröte. Letztere kommt nur an einigen wenigen Stellen in den Grafschaften Cork und Kerry vor und ist eines der seltensten Tiere Irlands.

Fische sind mit 375 bekannten Meeres- und 40 Süßwasserarten vertreten. Besonders erwähnenswert ist der zweitgrößte Fisch der Erde, der Riesenhai, der sich in den Sommermonaten regelmäßig an Irlands Westküste einfindet. Diese Haie lassen sich an sonnigen Tagen am besten von Landzungen aus beobachten, wenn die Tiere, manchmal in großen Gruppen, langsam unter der Wasseroberfläche mit weit geöffnetem Maul dahinschweben.

Bergeidechse (oben) und Grasfrosch (unten) sind weit verbreitet aber meist schwierig zu entdecken.

In den letzten Jahren wurden während der Brutzeit im August und September vermehrt Hunderte von Riesenhaien gesichtet. Während der Brutzeit bilden die Haie sogenannte *Courting Circles* („Paarungskreise"), die im Durchschnitt aus 30 Haien bestehen, die stundenlang im Kreis schwimmen. Manchmal können diese *Courting Circles* auch von der Küste aus beobachtet werden. Aufgrund dieser Beobachtungen geht man nun davon aus, dass die Westküste Irlands eines der wichtigsten Brutgebiete des Riesenhais in Europa sein könnte. Aktuelle Meldungen über Sichtungen und andere Informationen sind auf der Webseite der Irish Basking Shark Group (**www.baskingshark.ie**) erhältlich.

Insekten und andere wirbellose Tiere

Die Routen 2, 3, 4, 13, 14, 15 und 16 eignen sich hervorragend um Insekten, insbesondere Schmetterlinge und Nachtfalter, zu sehen, ebenso wie Ziel C auf Seite 248.

Bis heute wurden in Irland rund 11.500 Insektenarten entdeckt. Die tatsächliche Zahl dürfte jedoch eher bei 12.000 bis 16.000 liegen. Die interessantesten unter ihnen sind wahrscheinlich die Schmetterlinge und Nachtfalter, von denen etwa 1.500 verschiedene Arten bekannt sind, was für ein kleines Land wie Irland nicht schlecht ist. Leider ist ihre Zahl, wie die der Insekten im Allgemeinen, rückläufig. Die besten Chancen, Schmetterlinge und Nachtfalter zu beobachten, hat man daher in Naturreservaten und Nationalparks sowie in ländlichen Gebieten, die nicht zu intensiv bewirtschaftet werden.

Der Burren ist einer dieser Orte. Neben häufigen und weit verbreiteten Arten wie dem Admiral, Tagpfauenauge, Kleinen Fuchs, Braunen Waldvogel, Kleinen Wiesenvögelchen und Hauhechel-Bläuling, gibt es hier auch seltenere Schmetterlinge zu entdecken und der Burren ist bekannt für Arten wie Frühlings-Perlmuttfalter, Skabiosen-Scheckenfalter, Nierenfleck-Zipfelfalter und Senfweißling.

Das Gleiche gilt für Nachtfalter. Die vollständige Liste wäre sehr lang, aber sie beinhaltet unter anderem so auffällige Arten wie Kleines Nachtpfauenauge, Mittlerer Weinschwärmer, Taubenschwänzchen, Grünes Blatt und Stachelbeerspanner. Eine Besonderheit ist die Grüneule, ein Nachtfalter, der auf dem europäischen Festland in den gemäßigten Zonen verbreitet ist, auf den europäischen Inseln aber nur im Burren zu finden ist.

Weitere gute Orte, um Schmetterlinge und Nachtfalter zu beobachten, sind das Bog of Allen, die Lough Boora Parklands und die Shannon Callows (alle in den Midlands), wo man den Braunen Waldvogel, Aurorafalter, Kronwicken-Dickkopffalter, Zitronenfalter und seltenere Arten wie Großes und Kleines Wiesenvögelchen, Skabiosen-Scheckenfalter, Großer Perlmuttfalter und Kaisermantel

Der Mittlere Weinschwärmer ist einer von Irlands größten Nachtfaltern.

Erwähnenswerte Schmetterlinge Irlands
Kronwicken-Dickkopffalter, Senf-Weißling, Grüner Zipfelfalter, Nierenfleck-Zipfelfalter, Zwerg-Bläuling, Frühlings-Perlmuttfalter, Großer Perlmuttfalter, Kaisermantel, Skabiosen-Scheckenfalter, OckerbindigerSamtfalter, Großes Wiesenvögelchen

Irlands Libellen
Blauflügel-Prachtlibelle, Gebänderte Prachtlibelle, Gemeine Binsenjungfer (*Lestes sponsa*), Glänzende Binsenjungfer (*Lestes dryas*; Connemara und Burren), Große Pechlibelle (*Ishnura elegans*), Kleine Pechlibelle (*Ishnura pumilio*), Gemeine Becherjungfer (*Enallagma cyathigerum*), Mond-Azurjungfer (*Coenagrion lunulatum*), Hufeisen-Azurjungfer (*Coenagrion puella*), Fledermaus-Azurjungfer (*Coenagrion pulchellum*), Früher Schilfjäger (*Brachytron pratense*), Vierfleck (*Libellula quadrimaculata*), Torf-Mosaikjungfer (*Aeshna juncea*), Braune Mosaikjungfer (*Aeshna grandis*), Gemeine Smaragdlibelle (*Cordulia aenea*; very local), Arktische Smaragdlibelle (*Somatochlora arctica*), Großer Blaupfeil (*Orthetrum cancellatum*), Kleiner Blaupfeil (*Orthetrum coerulescens*), Große Heidelibelle (*Sympetrum striolatum*), Blutrote Heidelibelle (*Sympetrum sanguineum*), Schwarze Heidelibelle (*Sympetrum danae*)

findet. Das Raven Nature Reserve in der Grafschaft Wexford ist ebenfalls ein Hotspot für Schmetterlinge mit Arten wie dem Kleinen Bläuling, Hochmoorgelbling und Kaisermantel.

Weitere bemerkenswerte Mitglieder der Insektenfamilie sind Libellen, die vorwiegend in der Nähe von Seen, Flüssen und in Mooren vorkommen. Es gibt nur eine begrenzte Anzahl von Arten, die in Irland heimisch sind, wie z. B. Vierfleck, die Braune Mosaikjungfer und Torf-Mosaikjungfer, die Frühe Adonislibelle, die Gebänderte Prachtlibelle und Gemeine Becherjungfer.

Käfer, Schildkäfer, Bienen, Hummeln und Wespen sind ebenfalls mit einigen Arten vertreten, ebenso wie Fliegen, darunter die berüchtigten Midges (vor allem *Culiodes impunctatus*), kleine Stechmücken, die in Schwärmen zu Tausenden auftreten

Zwei von Irlands besonderen Schmetterlingen: Großes Wiesenvögelchen (oben) und Goldener Scheckenfalter (unten).

Die Torf-Mosaikjungfer ist typisch für Moore und andere Feuchtgebiete.

und jeden sommerlichen Besuch eines Feuchtgebiets oder Moores zu einer Herausforderung machen.

Weitere wirbellose Tiere sind Spinnen, Tausendfüßler und Schnecken. Ein besonderer Vertreter der letzteren ist die *Kerry-Slug* (Kerry Schnecke, *Geomalacus maculosus*), eine attraktive Nacktschnecke von dunkelgrüner oder gräulicher Farbe mit weißen Flecken, die nur im Südwesten Irlands und auf der Iberischen Halbinsel vorkommt.

In der Gezeitenzone lässt sich ebenfalls eine Vielfalt wirbelloser Tiere beobachten. Eine Wattwanderung ist eine wunderbare Möglichkeit, diesen Lebensraum und seine Bewohner zu erkunden. Krebstiere und Schnecken sind weit verbreitet und leicht zu entdecken. Die Würmer, die eingegraben im Schlamm leben und eine wichtige Rolle im Nährstoffkreislauf spielen, sind schwieriger zu finden (man braucht einen Spaten, um sie freizulegen). Die felsige Gezeitenzone zeigt eine noch viel größere Artenvielfalt. Besonders *Rock Pools* (siehe Kasten auf Seite 36) sind ein Zufluchtsort für Seeigel, Seesterne, Seeanemonen, kleine Fische, Quallen und Schalentiere.

Typische wirbellose Tiere der Küste

Krustentiere Gemeine Strandkrabbe, Einsiedlerkrebs, Seepocke, Säge-Garnele, Nordsee-Garnele

Muscheln & Schnecken Große Strandschnecke, Genabelte Kreiselschnecke, Gemeine Napfschnecke, Durchscheinende Napfschnecke, Nordische Purpurschnecke, Schwertförmige Scheidenmuschel, Gemeine Miesmuschel

Würmer Wattwurm, Bäumchen-Röhrenwurm, Nereiden

Seeigel Steinseeigel, Essbarer Seeigel

Seesterne Gemeiner Seestern, Siebenarmiger Seestern, Eis-Seestern, Fünfeck-Seestern, Gepunkteter Blutstern

Seeanemonen Pferdeaktinie, Purpurrose, Wachsrose

DIE ROUTEN

In diesem Teil des Reiseführers stellen wir Wander- und Autorouten (oder eine Kombination von beiden) vor und empfehlen außerdem weitere Exkursionsziele, die sich besonders gut für die Tierbeobachtung und Erforschung der verschiedenen Lebensräume und ihrer Bewohner eignen. Darüber hinaus geben wir ab Seite 251 allgemeine Reiseinformationen und Tipps. Um die Reiseplanung zu erleichtern haben wir diesen Teil des Buches in vier geografische Abschnitte unterteilt.

Der erste Abschnitt (Seiten 130-159) behandelt Zentralirland (die so genannten Midlands) sowie den Osten und Süden des Landes. Dieser Teil Irlands wirkt kontinentaler und weniger ungezähmt als der Rest des Landes. Die Höhepunkte hier sind die Überreste der weiten Hochmoorgebiete, das Vogelschutzgebiet der Insel Great Saltee und die nahe gelegenen Seeschwalbenkolonien auf dem Festland sowie Irlands ältester Nationalpark, der Wicklow Mountains Nationalpark.

Der Südwesten (Seiten 160-190) und der Westen (Seiten 191-227) repräsentieren das, was die meisten Besucher von Irland erwarten: eine zerklüftete Küste, dramatische Berge und ein Flair von unberührter Wildnis. Zu den Höhepunkten gehören die schier endlosen Deckenmoore, die sich von der Küste bis in die Berge erstrecken, der *Atlantic Rainforest* (Atlantische Regenwald), zahlreiche Seevogelkolonien und die Karstlandschaft des Burren.

Nordirland (Seiten 228-247) unterscheidet sich beträchtlich vom Rest des Landes. Politisch gesehen gehört dieses Gebiet zum Vereinigten Königreich und ist sehr viel dichter besiedelt als der Rest der Insel. Ein großer Teil Nordirlands ist auch geologisch einzigartig und weist Gesteine auf, die nirgendwo sonst in Irland zu finden sind. Die Routen in diesem Abschnitt sind besonders für Vogelliebhaber interessant, da die nordirischen Meeresarme und Flussmündungen eine große Anzahl überwinternder Wat- und Wasservögel beherbergen.

Bevor Sie sich auf Entdeckungsreise begeben, möchten wir Ihnen eine gute Reise wünschen und Sie bitten, die Orte, die Sie besuchen, mit der Sorgfalt und dem Respekt zu behandeln, die sie verdienen.

Der Burren bietet eine gute Auswahl an Wanderrouten (Route 13 und 14).

Die Midlands, der Osten und der Süden

Der Landschaft der irischen Midlands, des Ostens und Südens fehlt weitgehend die Wildheit, für die Irland so bekannt ist. Dieser Teil Irlands ist vielmehr eine sanfte Agrarlandschaft mit Feldern, Weiden und Hecken. Die einzige Ausnahme bilden die mit Moor bedeckten Hügel der Wicklow Mountains südlich der irischen Hauptstadt. Auf dieser einsamen Hochebene ist es schwer vorstellbar, dass Dublin mit seinen 1,5 Millionen Einwohnern nur eine kurze Autofahrt entfernt ist.

Trotz ihres alles andere als wilden Aussehens beherbergen die Midlands eines der wichtigsten Naturgebiete des Landes, den Fluss Shannon. Trotz einiger Versuche gelang es Ingenieuren nie, die Überschwemmungsgebiete entlang des Flusses (die so genannten Shannon Callows) zu zähmen und die Heuwiesen der Shannon Callows sind daher weitgehend naturbelassen und ein Paradies für Pflanzen und Tiere. Die großen Hochmoore in diesem Teil des Landes erfuhren leider ein anderes Schicksal und von diesen einst riesigen Torfgebieten ist heute nicht mehr viel übrig. Heute sind sie Schauplatz der größten „Rewilding"-Maßnahmen, die Irland je erlebt hat. Der erste große Erfolg dieser Wiederherstellungsmaßnahmen war die Rückkehr eines brütenden Kranichpaares im Jahr 2021, eines Vogels, der im 18. Jahrhundert in Irland für ausgestorben erklärt worden war.

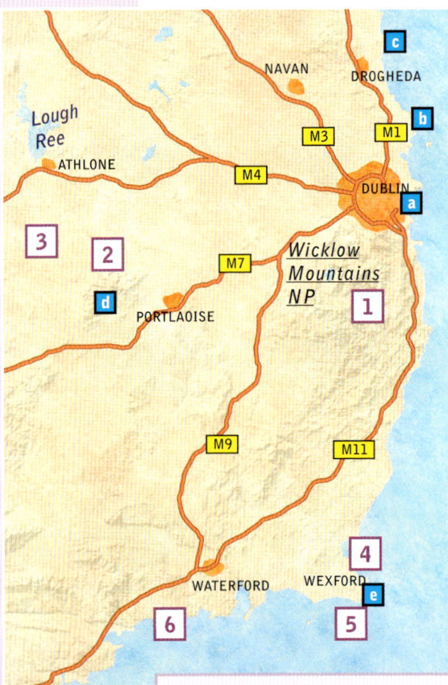

Die südöstliche Ecke Irlands ist eines der interessantesten Ziele für Vogelliebhaber. Im Winter beherbergen die Wexford Slobs eine der größten Ansammlungen von Wasservögeln in Irland und im Sommer findet man auf der Insel Great Saltee eine Vielzahl von Seevogelkolonien.

Höhepunkte

- Die Shannon Callows – eines der letzten natürlichen Überschwemmungsgebiete Europas, das traditionell bewirtschaftet wird und eine reiche Flora und eine vielfältige Vogelwelt beherbergt.
- Clara Bog – eines der schönsten Beispiele für ein Hochmoor in Irland.
- The Great Saltee – eine kleine Insel vor der Südküste Irlands und einer der besten Orte, um Seevogelkolonien zu erleben.

Route 1: Glendalough

3-4 STUNDEN, 9 KM
ANSTRENGEND

Der malerischste Teil des Wicklow Mountains Nationalparks.

Lebensräume: See & Fluss, Wald, Deckenmoor, Heide, Geröllfelder
Charakteristische Arten: Ringdrossel, Waldohreule, Eichhörnchen, Weißzüngel

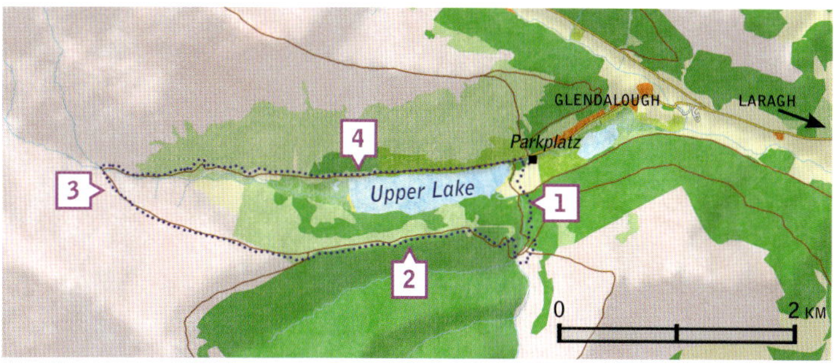

Der Wicklow Mountains Nationalpark (**www.wicklowmountainsnationalpark.ie**) ist der einzige Nationalpark an Irlands Ostküste und erstreckt sich über einen großen Teil der Wicklow Mountains. Die vorherrschenden Lebensräume sind Deckenmoor, Weide und Grasflächen. In den Tälern gibt es Misch-, Laub- und Nadelwälder, darunter einen der wenigen reinen Kiefernwälder Irlands. Seen und Flüsse sind ebenfalls wichtige Lebensräume und auf den exponierten Fels- und Geröllflächen in den höheren Lagen gedeihen seltene Pflanzen wie Weißzüngel, Alpen-Frauenmantel und Stern- und Astmoos-Steinbrech. Wanderfalken und Kolkraben sind in den Bergen häufig anzutreffen, und der Nationalpark ist auch einer der letzten Orte in Irland, an denen die Ringdrossel vorkommt. Dieser schwarz-weiße Verwandte der Amsel ist dafür bekannt, dass er in den Geröllfeldern an den oberen Berghängen brütet.

Die Wanderung führt in das malerischste Gebiet des Nationalparks, nach Glendalough, was übersetzt „Tal der 2 Seen“ bedeutet. Diese Route ist berühmt für ihre im 6. Jahrhundert gegründete Klostersiedlung, ein verlassenes Bergarbeiterdorf und ihre unvergleichliche Landschaft. Die Wanderung beginnt in Glendalough, umrundet den Upper Lake und führt durch die wichtigsten Lebensräume des Wicklow Mountains Nationalparks.

Im kleinen Dorf Glendalough gibt es ein Besucherzentrum, an dem Sie auf dem Weg zum Parkplatz, an dem die Wanderung beginnt, vorbeikommen.

Startpunkt Parkplatz Glendalough Upper Lake (GPS: 53.007176, -6.345074; gebührenpflichtig).

Dies ist einer von zwei Parkplätzen in Glendalough und der nächstgelegene zum Startpunkt der Route. Der andere Parkplatz liegt etwas weiter entfernt am Eingang des Tals und Sie sollten diesen nutzen, wenn Sie die Klostersiedlung besuchen möchten. Von diesem Parkplatz aus führt ein Wanderweg durch ein Waldstück und vorbei am Lower Lake zum Parkplatz des Upper Lake. Dies würde die Route um 1,5km (3km hin und zurück) verlängern.

1 Die Wanderung beginnt am südöstlichen Ende des Upper Lake und ist als „White Route" ausgeschildert. Der erste Teil des Weges beinhaltet einen steilen Anstieg durch einen Nadelwald und führt am Poulanass Waterfall vorbei, einem der schönsten Wasserfälle des Nationalparks. Dieses Waldgebiet ist eine der Hochburgen des Eichhörnchens, das durch die Einführung des Grauhörnchens, einer größeren und aggressiveren in Amerika heimischen Art, fast ausgerottet wurde. Der Bestand des Eichhörnchens hat sich jedoch in den letzten Jahren wieder erholt, sehr wahrscheinlich dank des Baummarders, dessen Population ebenfalls am Wachsen ist und der das Grauhörnchen als neues Beutetier entdeckt hat.

Die Anzahl der Eichhörnchen hat in den letzten Jahren wieder zugenommen.

2 Über eine Reihe von Stufen führt der Weg auf einen schmalen Bergrücken, der als „Spinc" bekannt ist und dem Südufer des Upper Lake folgt. Die Landschaft hier ist eine Mischung aus Deckenmoor und Heide mit vereinzelten Nadelholzplantagen im Süden. Dies ist der Lebensraum, den das Weißzüngel bevorzugt.

Der Spinc bietet einige der besten Ausblicke im Nationalpark, über den Upper Lake, das Glenealo Valley im Westen, Glendalough im Osten und die Wicklow Uplands im Norden. Der einheimische Rothirsch, der eingeführte Sikahirsch als auch eine Hybridform der beiden Arten sind in Glendalough weit verbreitet. Den Wanderfalken, den wiedereingeführten Rotmilan und Kolkraben kann man manchmal über dem See kreisen sehen. Das Moorschneehuhn ist ein typischer Bewohner der Heidelandschaft und in diesem Gebiet relativ häufig anzutreffen.

3 Der Weg führt schließlich hinunter ins Tal, überquert den Fluss und schlängelt sich dann in östlicher Richtung zurück zum See, wobei

Der Upper Lake in Glendalough ist der Startpunkt dieser Route.

er einige Geröllfelder durchquert. Dies ist der Lebensraum der Ringdrossel. In Irland nistet die Ringdrossel gerne in Geröllfeldern und findet ihre Nahrung in den feuchten Böden in der Nähe von Flüssen und Seeufern. Leider ist die Ringdrossel ein schüchterner Vogel und ausserdem einer der seltensten Sommergäste Irlands. Zu den wenigen Blumen, die in den Geröllfeldern wachsen, gehören der Scharfe Mauerpfeffer und der Spatelige Steinbrech.
Im Tal findet man außerdem die Überreste kleiner Hütten, die zu einem alten Bergarbeiterdorf gehörten. Glendalough und das benachbarte Tal Glendasan war einst Standort einer bedeutenden Bergbauindustrie, die hauptsächlich Blei, Zink und Silber abbaute und etwa 2.000 Menschen beschäftigte. Der Bergbau wurde vom 18. Jahrhundert bis Mitte des 20. Jahrhunderts betrieben.

4 Der Weg führt nun entlang der Nordseite des Upper Lake durch einen Nadelwald aus Waldkiefer und Lärche, dem einzigen Nadelbaum, der im Herbst seine Nadeln verliert. Die Lärche ist in Irland nicht heimisch, aber im Gegensatz zu anderen eingeführten Arten hatte sie einen positiven Einfluss auf ihren Lebensraum. Die abgeworfenen Nadeln geben Nährstoffe an den Boden ab und schaffen einen offeneren Wald, in dem sich eine vielfältige Bodenflora entwickeln kann. Die Bäume hier wurden im 19. Jahrhundert gepflanzt, um Holz für die Bergleute zu liefern und nach der Einstellung des Bergbaus entwickelte sich die Pflanzung dann zu einem wichtigen Lebensraum. Man kann hier gut Eichhörnchen beobachten, und auch die Waldohreule lebt und brütet in diesem Wald.

Der Weg endet am nordöstlichen Ende des Upper Lake, in der Nähe des Parkplatzes.

Route 2: Die Hochmoore der Midlands

GANZTÄGIG
100 KM

Eine Tour zu den letzten verbliebenen Hochmooren und Irlands schönstem Quellmoor.

Lebensräum: Hochmoor, Fen
Charakteristische Arten: Kiebitz, Rebhuhn, Teichmolch, Bergeidechse, Fettkraut, Rundblättriger Sonnentau, Mittlerer Sonnentau, Sumpf-Stendelwurz, Fliegen-Ragwurz

Irlands Midlands sind heute eine ausgedehnte Kulturlandschaft, die vom Ackerbau und der Viehwirtschaft geprägt ist. Die einst endlosen Torfgebiete, die diese Landschaft beherrschten, hauptsächlich Hochmoore, sind größtenteils verschwunden oder nur noch ein Schatten ihrer selbst, abgetragen für Brennmaterial und andere kommerzielle Anwendungen wie Torfkompost. Eine begrenzte Anzahl kleiner Moorgebiete ist jedoch intakt geblieben, und andere befinden sich im Prozess der Wiederherstellung und erhalten langsam ihre reiche Pflanzenwelt zurück (siehe Seite 46 und 99). Letztere wurden außerdem zur neuen Heimat vieler Vögel, insbesondere überwinternder Wasservögel.
Auf dieser Route werden Sie vier dieser Torfgebiete besuchen – zwei intakte Hochmoore, ein kommerziell abgebautes Hochmoor, das gerade restauriert wird, und ein Fen. Zwei davon liegen westlich von Tullamore, die beiden an-

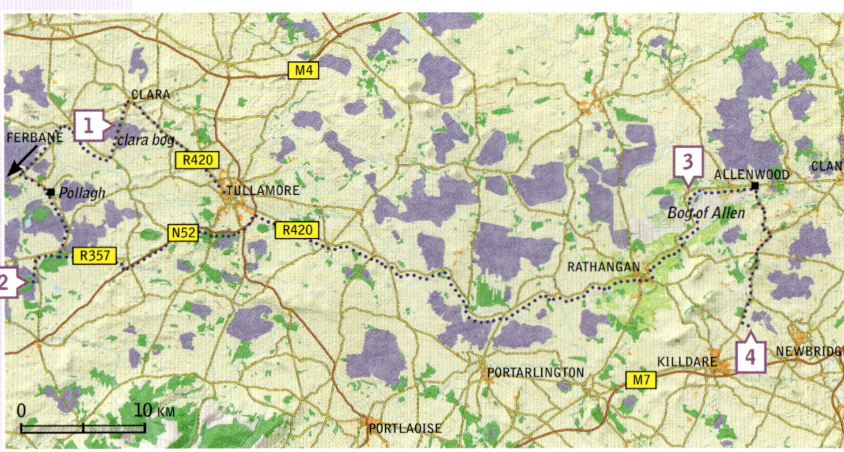

deren weiter östlich bei Newbridge. Jedes dieser Gebiete lässt sich bequem durch einen kurzen Fußmarsch erforschen.

Startpunkt Tullamore.

Verlassen Sie Tullamore in nordwestlicher Richtung auf der R420 und folgen Sie der Beschilderung nach Clara. Nach 10km erreichen Sie das Dorf Clara. Halten Sie sich hier links und folgen der Beschilderung zum Clara Bog Nature Reserve. Das Reservat liegt 2km südlich des Dorfes und kann über einen 1 Kilometer langen Rundweg erkundet werden. Ein Parkplatz ist vorhanden (GPS: 53.323359, -7.626041).

1 Clara Bog (**www.clarabognaturereserve.ie**) ist eines der schönsten verbliebenen Beispiele eines Hochmoors in Irland. Wie in allen Hochmooren dominieren hier Torfmoose die Vegetation, und im Clara Bog kommen 13 der 24 in Irland bekannten Moosarten vor. In dieser feuchten Welt fühlen sich die fleischfressenden Pflanzen sehr wohl: Rundblättriger und Mittlerer Sonnentau, Wasserschlauch und Gewöhnliches Fettkraut sind hier weit verbreitet. Weitere Pflanzen, die man von dem Steg aus, der durch das Schutzgebiet führt, sehen kann, sind Gewöhnliche Moosbeere, Rosmarinheide, Quendelblättriges Kreuzblümchen, Fieberklee und Beinbrech. Das Clara Bog beherbergt außerdem eine beeindruckende Vielfalt an Orchideen. Neben der Weißen Waldhyazinthe, dem Geflecktem Knabenkraut und Fuchs‘ Knabenkraut gibt es hier auch die Sumpf-Stendelwurz und das Zweiblatt, zwei Arten, die auf ein weniger saures Milieu hinweisen als das des durchschnittlichen Hochmoors.

Clara Bog im Winter.

Auch eine Vielzahl von wirbellosen Tieren ist hier zu finden. Libellen sind mit Großer und Kleiner Pechlibelle, Kleinem Blaupfeil und häufigeren Arten wie Vierfleck und Großer Heidelibelle vertreten. Irlands größte Spinne, die Gerandete Jagd-

Lough Boora ist ein guter Ort zur Vogelbeobachtung.

spinne, kann in den Moortümpeln beobachtet werden. Auch Nachtfalter und Schmetterlinge besuchen das Gebiet, darunter eine der seltensten Arten Irlands, der Ginster-Streckfuß, als auch der ebenfalls seltene und geschützte Skabiosen-Scheckenfalter. Weitere Arten, die aus dem Gebiet gemeldet wurden, sind das Große Wiesenvögelchen und das Kleine Nachtpfauenauge.
Der Grasfrosch und der scheue und in Irland seltene Teichmolch können in den feuchtesten Bereichen und den Moortümpeln beobachtet werden, und manchmal kann man Bergeidechsen beim Sonnenbaden auf dem Steg beobachten.

Folgen Sie der Straße in südlicher Richtung. An der ersten Kreuzung biegen Sie rechts ab. An der nächsten Kreuzung biegen Sie links auf die R436, Richtung Ferbane, ab. Folgen Sie dieser Straße (durch eine typische und etwas trostlose Landschaft mit abgebauten Torfmooren) und biegen Sie nach 6km links nach Pollach ab. Sie überqueren einen Fluss und biegen dann am Kanal rechts ab, um diesen nach 250 m zu überqueren. Auf der anderen Seite geht es scharf nach rechts und dann wieder nach links. Diese Straße führt Sie dann durch teils abgeerntete, teils intakte Torfgebiete bis zu einer weiteren Kreuzung, an der Sie nach rechts auf die R357 abbiegen. Auf dieser Straße biegen Sie nach 2km wieder rechts ab (Cloghan) und die nächste links zum Lough Boora Discovery Park. Nach etwa 1,5km sehen Sie das Besucherzentrum auf der rechten Seite und nach weiteren 500 m erreicht die Straße 2 Seen, an denen sich Parkplätze befinden (GPS: 53.220225, -7.726739).

2 Diese Parklandschaft ist ein Versuch, einen Teil der Feuchtgebiete der Grafschaft Offaly nach jahrzehntelangem Torfabbau wiederherzustellen, und verfügt über ein Netz von Wegen und Pfaden. Am interessantesten ist das Gebiet im Winter, wenn Singschwan, Goldregenpfeifer, Pfeifente, Krickente und Großer Brachvogel in großer Zahl anwesend sind. Auch Kornweihe und Merlin können im Winter beobachtet werden. Zu den ansässigen Vögeln gehören Teichhuhn und Zwergtaucher, die regelmäßig in und um die ausgedehnten Schilfgürtel anzutreffen sind. Im Sommer brütet eine große Anzahl von Kiebitzen in diesem Gebiet.
Die besten Plätze zum Beobachten der Vögel sind die Holzplattformen am Lough Boora (dem See auf der westlichen Seite der Straße) und der Beobachtungsturm am Tumduff Beag.
Das seltene Rebhuhn nistet in den Feldern der Lough Boora Parklands, ist aber sehr scheu. Die Tiere hier gehören zu der einzigen noch verbliebenen einheimischen Population und unterliegen einem intensiven Schutzprogramm.

Rundblättriger Sonnentau (oben) und Rotfrüchtige Scharlachflechte sind typische Mitglieder der Moorflora.

Kehren Sie auf die R357 zurück und biegen Sie rechts Richtung Tullamore ab. Sobald Sie auf der N52 sind, beginnen Sie, Kreisverkehre zu zählen. Folgen Sie der N52 (einer großen Umgehungsstraße um Tullamore) und biegen Sie am sechsten Kreisverkehr rechts auf die R420 in Richtung Portarlington ab. Fahren Sie weiter, bis Sie das Dorf Geashill hinter sich gelassen haben, und biegen Sie etwa einen Kilometer nach dem Dorf links auf die L1013 nach Walsh Island ab. In Walsh Island halten Sie sich rechts auf der R400. Sie fahren nun durch weitere Moorgebiete. An der Kreuzung mit der R419 fahren Sie links nach Rathangan. In Rathangan nehmen Sie die R414 nach Lullymore und Allenwood. Nach etwa 9km sehen Sie das Bog of Allen Nature Centre auf der linken Seite. Parken Sie hier (GPS: 53.278426, -6.942624).

3 Das Zentrum wurde Anfang 2000 vom Irish Peatland Conservation Council (**www.ipcc.ie**) eingerichtet und bietet einen detaillierten Einblick in die Geschichte der irischen Moorgebiete. Außerdem gibt es einige seltene

Ausstellungsstücke wie den Schädel eines Riesenhirschs (Irish Elk) zu sehen als auch einen kleinen Garten und ein Gewächshaus mit fleischfressenden Pflanzen aus aller Welt.

Folgen Sie der Straße (mit dem Auto oder zu Fuß) vom Bog of Allen Nature Centre in östliche Richtung für etwa einen Kilometer zum Lodge Bog, einem der wenigen intakten Überreste des einst riesigen Bog of Allen. Ein Parkplatz befindet sich neben der Straße. Lodge Bog ist ein weiteres gutes Beispiel für ein Hochmoor mit einer ähnlichen Flora und Fauna wie der des Clara Bog. Ein Holzsteg ermöglicht den Zugang zu diesem Gebiet.
Auf der anderen Straßenseite, gegenüber dem Lodge Bog, ein paar Schritte von der Straße entfernt und zwischen einigen Sträuchern hindurch, liegt eines der vielen Torfabbaugebiete, die den derzeitigen Zustand vieler irischer Hochmoorgebiete repräsentieren.

Folgen Sie der R414 bis Allenwood und biegen Sie rechts auf die R415 nach Kildare ab und folgen Sie dieser Straße bis Milltown. Pollardstown Fen ist nach 2km auf der linken Seite ausgeschildert (GPS: 53.183558, -6.845758).

Die Sumpf-Stendelwurz bevorzugt Feuchtgebiete wie Hoch- und Deckenmoore.

4 Pollardstown Fen ist eines der oft übersehenen Naturschutzgebiete Irlands, aber höchst faszinierend, wenn Sie sich für Moore interessieren. Es ist Irlands größtes alkalisches, quellgespeistes Fen und ein (möglicher) Vorläufer eines Hochmoores (siehe Seite 51). Die Vegetation wird von Seggen und Binsen als auch weiten Schilfständen und kleinen Gruppen von, Weiden, Birken und Erlen dominiert. Die wahren botanischen Kostbarkeiten aber sind jene Pflanzen, die alkalisches (basenreiches) Grundwasser bevorzugen. Dazu gehören das schöne Sumpf-Herzblatt (Blütezeit im Spätsommer), aber auch Orchideen wie das seltene Britische Knabenkraut und eine Unterart bekannt als Pugsley's Marsh Orchid (*Dactylorhiza traunsteinerioides*), Weiße Waldhyazinthe, die Fliegen-Ragwurz und Sumpf-Stendelwurz (Ende Mai bis Mitte Juli). Auch drei seltene Windelschneckenarten wurden aus dem Pollardstown Fen gemeldet: Geyer's Whorl Snail, Narrow-Mouthed Whorl Snail und Desmoulin's Whorl Snail (*Vertigo geyeri, Vertigo angustior* und *Vertigo moulinsiana*). Zwergtaucher, Blässhuhn und Teichhuhn leben in den Schilfdickichten, und auch Schilfrohrsänger und Rohrammer fühlen sich hier sehr wohl.

Route 3: Shannon Callows

6-7 STUNDEN, 25 KM
LEICHT

Eine Tour entlang des zentralen Teils des längsten Flusses Irlands.

Lebensräume: Fluss, Kulturgrasland (Heuwiesen)
Charakteristische Arten: Sommer-Knotenblume, Kleines Knabenkraut, Breitblättriger Merk, Kiebitz, Großer Brachvogel, Bekassine

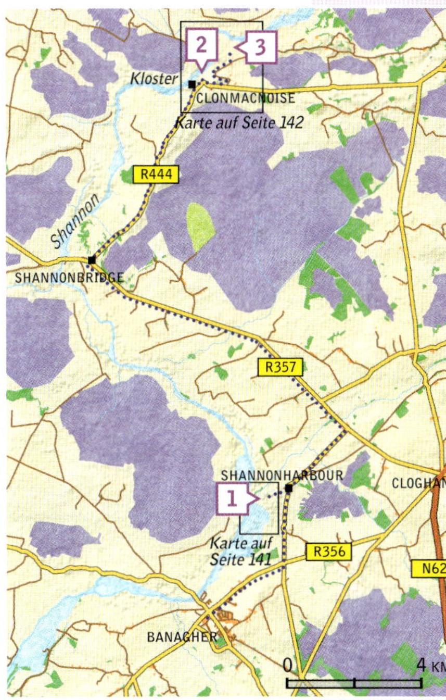

Irlands längster Fluss, der Shannon, fließt durch das Zentrum Irlands und beherbergt eines der letzten ungestörten Überschwemmungsgebiete Europas, die „Shannon Callows", die sich zwischen den Städten Athlone und Portumna auf beiden Seiten des Flusses erstrecken.
Die „Callows", abgeleitet vom irischen Wort *caladh* für „Flussaue", werden auf traditionelle Weise bewirtschaftet, befinden sich in Privatbesitz und sind daher nur an wenigen Stellen zugänglich. Die Auen werden jeden Winter dank der ergiebigen Regenfälle von etwa November bis März überflutet. Das Wasser bringt nährstoffreichen Sand und Schlamm mit sich, die sich auf den Feldern ablagern und im folgenden Frühjahr die Gräser und Wildblumen nähren, nachdem sich die Fluten zurückgezogen haben. Das Ergebnis sind Beispiele für die heute sehr seltenen Heuwiesen. Diese Wiesen beherbergen nicht unbedingt seltene Arten, stellen aber einen extrem artenreichen Lebensraum dar, der in den meisten Teilen Irlands und sogar Europas verschwunden ist. Bei Erhebungen wurden 216 Pflanzenarten in den Shannon Callows gezählt.
Wie der Großteil der irischen Landschaft, so wurden auch die Shannon Callows von den Gletschern der Eiszeit geformt. Hier hat das sich zurückziehende Eis Drumlins und Esker (auch als Wallberge oder Os bekannt) zurückgelassen. Beide Landformen bestehen aus Sand und Kies und wurden durch die Gletscherbewegung gestaltet. Während Drumlins zu langge-

Clonmacnoise ist eine von Irlands beeindruckenden frühchristlichen Klosteranlagen.

streckten, an ein halbiertes Ei erinnernde Hügel geformt wurden, sind Esker lange Bergrücken, die sich durch die Landschaft erstrecken. Das Vorhandensein der Esker ist einer der Gründe für die vielen historischen Bauwerke des Gebietes, zu denen unter anderem Klöster und Schlösser gehören. Die „Esker Riada“, auch bekannt als *An Slí Mór*, „The Great Highway” (Die Große Straße), war ein Netzwerk von Eskern, die sich quer durch die Midlands erstreckten, und die einzige Möglichkeit boten, die riesigen Moorgebiete der Region sicher zu durchqueren.
Für diese Route haben wir zwei Regionen der Shannon Callows ausgewählt, die über kurze (4km) Wanderungen leicht zu Fuß zu erreichen sind. Bitte denken Sie daran, dass Sie sich auf Privatland befinden und bleiben Sie auf den Wegen.
Auf dieser Route treffen Sie auch auf die typisch irischen Hecken, „Hedgerows”, die an fast jeder Straße und auf den angrenzenden Feldern zu finden sind.

Startpunkt Banagher

Nehmen Sie die R356 in Richtung Cloghan. Nach 2,5km biegen Sie links ab und folgen der Straße bis zu dem kleinen Dorf Shannonharbour. Biegen Sie im Dorf vor der Brücke links ab und folgen Sie der kleinen Straße und dem Schotterweg entlang des Kanals bis zu einem kleinen Parkplatz. Von hier aus gehen Sie zu Fuß am Fluss entlang.

1 Sie erreichen schließlich eine Baumreihe mit einem Tor, das mit einem Schild „Privat“ gekennzeichnet ist. Halten Sie sich links und folgen Sie der Baumreihe, bis Sie eine Lücke in derselben erreichen, die auf die Shannon Callows führt. Hier gibt es eine Reihe von Pfaden. Erkunden

Sie sie nach Lust und Laune, aber bleiben Sie auf den Pfaden. Das gesamte Land ist in Privatbesitz und beherbergt außerdem eine Reihe bodenbrütender Vögel.

Die beste Zeit für einen Besuch ist das späte Frühjahr und der Frühsommer, wenn die Blumenpracht am schönsten ist. Im Gegensatz zu den meisten landwirtschaftlich genutzten Flächen Irlands wurden die Callows nie gepflügt oder neu angesät, sondern werden seit Generationen nur einmal im Jahr, im Spätsommer, für Heu gemäht. Das Ergebnis ist ein naturnahes Grasland, das zahlreiche Gras- und Blumenarten beherbergt: Häufig sind Sumpf-Dotterblume, Wiesen-Schaumkraut, Wasserminze, Sumpf-Labkraut, Echtes Mädesüß, Sumpf-Vergissmeinnicht und andere. Zwei seltene Besonderheiten, die in den Callows in der Nähe von Shannonharbour gefunden wurden, sind die Sommer-Knotenblume, ein Mitglied der Narzissen-Familie, das im späten Frühjahr blüht, bevor die Gräser die Oberhand gewinnen, und das Kleine Knabenkraut, eine der seltensten Orchideen Irlands.

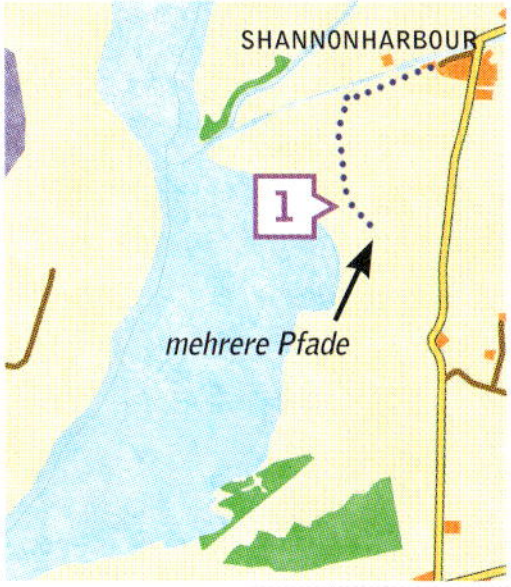

Zu den Brutvögeln, die Sie hier beobachten können, gehören Kiebitz, Rotschenkel, Großer Brachvogel und Bekassine, die alle relativ häufig sind. Das charakteristische Trommeln der Bekassine gehört zu der typischen Klangkulisse der Callows. Weitere Brutvögel sind Mönchsgrasmücke, Dorngrasmücke, Fitis, Rohrammer und Wiesenpieper, ein bevorzugtes „Opfer“ des Kuckucks.

Kehren Sie nach Shannonharbour zurück. Überqueren Sie dort die Brücke und halten sich rechts bis Sie eine Kreuzung erreichen. Biegen Sie links auf die R357 nach Shannonbridge ab. In Shannonbridge biegen Sie rechts auf die R444 nach Clonmacnoise ab. Für die folgenden 6km können Sie den Shannon zu Ihrer Linken sehen. Nachdem Sie den Eingang zum Besucherzentrum von Clonmacnoise (das in einer scharfen Rechtskurve liegt) passiert haben, biegen Sie auf die erste Straße links ab. Diese schmale Straße führt Sie zum Friedhof von Clonmacnoise, wo Sie das Auto auf einem der Parkplätze abstellen können.

Die Shannon Callows in der Nähe von Clonmacnoise aus der Vogelperspektive.

2 Von hier aus haben Sie einen Blick auf eine der bedeutendsten Klosteranlagen

Bekassine an einem frostigen Wintermorgen in den Callows.

Irlands. Clonmacnoise wurde 544 gegründet und entwickelte sich zu einem der seiner Zeit wichtigsten Klöster Europas, das Studenten und Pilger aus Großbritannien und vom Kontinent anzog.

3 Vom Friedhof aus folgen Sie der Straße für 600 m, bevor Sie links auf einen Schotterweg abbiegen, der Sie in die Callows bringt. Dies ist wahrscheinlich der beste Ort, um die verschiedenen Arten von Wiesenlebensräumen zu erkunden. Das erste Feld zu Ihrer Rechten wird immer nur für kurze Zeit überflutet und beherbergt Arten, die trockeneren Boden bevorzugen, wie Fuchs' Knabenkraut und Wiesen-Flockenblume. Nur einige Metern weiter werden Sie feststellen, dass sich die Pflanzengemeinschaften hin zu Arten wandeln, die es gerne etwas feuchter haben, mit Arten wie z. B. der Sumpf-Schwertlilie, der Bachbunge, dem Gewöhnlichen Gilbweiderich und den in der Einleitung erwähnten Arten. In den Randgebieten des Flusses, die nur in sehr trockenen Sommern zugänglich sind, beginnen Seggen zu dominieren, und entlang des Flussufers finden sich weite Schilfgürtel. Hier und in einigen der Kanäle und Gräben des Gebiets gedeiht eine Rarität, der Breitblättrige Merk, der nur in den Callows und weiter nördlich entlang des Flusses Erne wächst. Weitere Pflanzen, die hier zu finden sind, sind das Gewöhnliche Pfeilkraut, Froschbiss, Weiße Seerose und Gelbe Teichrose.

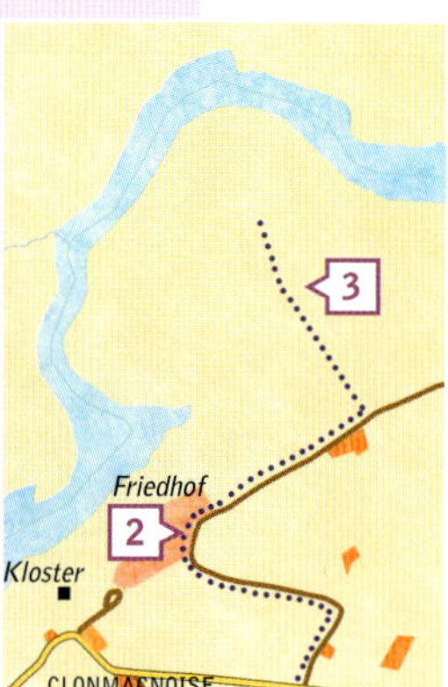

Dieses Gebiet war einst eine Hochburg für einen der scheusten Brutvögel Irlands, den Wachtelkönig. Dieser Vogel mit seinem charakteristischen Ruf, der ihm seinen wissenschaftlichen Namen *Crex crex* einbrachte, war früher in ganz Irland weit verbreitet, ist aber als Folge sich intensivierender Landwirtschaft verschwunden. Warum der Wachtelkönig die Callows verlassen hat, ist noch nicht vollständig geklärt, und derzeit brüten nur noch sehr wenige Vögel auf einigen Inseln im Nordwesten Irlands.
Im Winter ist dieses Gebiet der Callows ein guter Ort, um Kiebitze in großer Zahl zu sehen. Singschwan, Uferschnepfe (beide aus ihren Brutgebieten in Island) und Bekassine sind ebenfalls häufig.

Von hier aus kehren Sie nach Banagher zurück.

Route 4: Rund um Wexford Harbour

5-6 STUNDEN, 10 KM
LEICHT

Weite Sandstrände und von Menschen geschaffene Zufluchtsorte für überwinternde Vögel und Schmetterlinge.

Lebensräume: Kulturland (Weideland), Sandstrand & Dünen, Wald
Charakteristische Arten: Grönländische Blässgans, Weißwangengans, Singschwan, Rundblättriges Wintergrün, Fichtenspargel

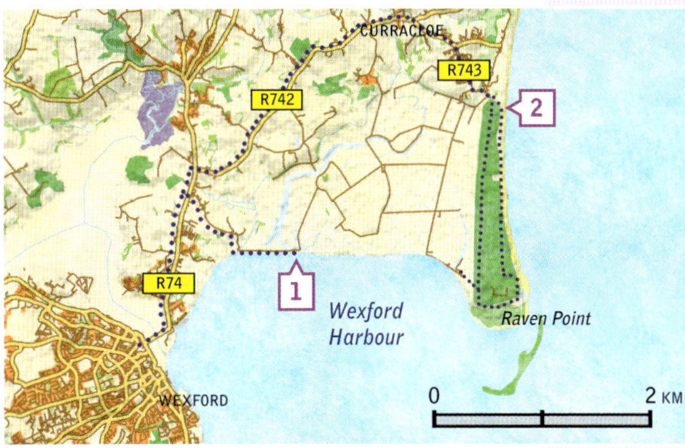

Scheinbar endlose Sandstrände und geschützte Buchten sind das Markenzeichen von Irlands Süd-Osten. Dieser Teil Irlands ist auch einer der wichtigsten Verbindungspunkte zu Großbritannien und Europa. Der Hafen von Rosslare bringt tagtäglich einen nicht enden wollenden Strom von Besuchern und Gütern in das Land.
Statistisch gesehen hat der Süd-Osten die meisten Stunden ununterbrochenen Sonnenscheins in Irland und ist deshalb bekannt als der „Sunny South-East", der „Sonnige Südosten". Aus demselben Grund ist die Gegend auch bei den irischen Urlaubern sehr beliebt, und so kann es hier im Sommer ziemlich voll werden.
Nichtsdestotrotz beherbergt der „Sunny South-East" einen der wichtigsten Lebensräume für Vögel in Irland, der ungewollt von Menschenhand geschaffen wurde, sowie ein ungewöhnliches Waldgebiet, das zu einem Paradies für Schmetterlinge wurde.

Startpunkt Wexford
Wexford Town ist eine der größten Städte an Irlands Südostküste und liegt an der gleichnamigen Bucht.

Fahren Sie auf der R74 nach Norden. Nachdem Sie die Brücke über den Fluss Slaney überquert haben, biegen Sie nach 2,5km rechts ab und folgen

der Straße zum Wexford Wildfowl Reserve (GPS: 52.356374, -6.420982). Folgen Sie dem Weg zum Besucherzentrum.

1 Das Schutzgebiet des Wexford Wildfowl Reserve bietet neben einem Informationszentrum auch einen Aussichtsturm und einige Vogelbeobachtungsunterstände und liegt am Rande der Wexford Slobs. Die Wexford Slobs liegen an der nordöstlichen Ecke des Hafens von Wexford auf einem Gebiet, das im 19. Jahrhundert dem Meer abgerungen wurde, um zusätzliches Ackerland zu schaffen. Ein unvorhergesehener Nebeneffekt des Projektes war, dass überwinternde Grönländische Blässgänse, die einen Großteil ihrer traditionellen Überwinterungsgebiete in den Torfgebieten der Midlands verloren hatten, diesen neuen Lebensraum annahmen, und im Laufe der Zeit wurden die Wexford Slobs, wie das Gebiet jetzt genannt wird, zum Hauptüberwinterungsgebiet für diese Art in Irland. Rund 10.000 Grönländische Blässgänse besuchen die Slobs jeden Winter und zu diesen gesellen sich noch weitere Wasservögel: Ringelgans, Blässgans, Weißwangengans,

Alpenstrandläufer und Sandregenpfeifer (oben) und Austernfischer (mitte) auf den Wexford Slobs. Die Dünen des Raven Nature Reserves (unten).

Grönländische Blässgänse

Kurzschnabelgans und Schneegans. Zwerggans, Rothalsgans und Graugans überwintern ebenfalls in den Wexford Slobs, allerdings in geringerer Anzahl als die anderen Arten. Sing- und Zwergschwan, Stockente, Pfeifente, Krickente, Reiherente, Tafelente, Brandgans, Schellente, Mittelsäger, Löffelente, Schnatterente, Bergente und Spießente bekommt man auch zu sehen, und auch Watvögel wie Kiebitz, Goldregenpfeifer, Großer Brachvogel, Uferschnepfe, Rotschenkel, Kampfläufer, Austernfischer, Alpenstrandläufer, Dunkler Wasserläufer und Grünschenkel besuchen die Wexford Slobs.

Kehren Sie auf die R741 zurück und fahren Sie 1,5km nach Norden. Biegen Sie rechts auf die R742 nach Curracloe ab. In Curracloe nehmen Sie die R743 in Richtung Curracloe Beach und folgen der Beschilderung zum Raven Nature Reserve. Vom Parkplatz aus können Sie einen 6,6km langen Spaziergang durch die Dünen und den angrenzenden Wald unternehmen.

2 Das Raven Nature Reserve begann sein Dasein als schmale Sandbank und östliche Grenze der Wexford Slobs. Im Laufe der Zeit entwickelte sich ein Dünensystem, in dem die Grönländischen Blässgänse heute gerne die Nacht verbringen. Außerdem beherbergen die Dünen das in Irland seltene Wintergrün, eine Pflanze, die leicht an ihren ledrigen, runden Blättern zu erkennen ist.

Die früheren adligen Landbesitzer bepflanzten einen Teil der Sandbank im 19. Jahrhundert mit Nadelbäumen, überwiegend exotischen Arten wie Schwarzkiefer, Monterey-Kiefer und Douglasien, als auch mit der einheimischen Waldkiefer, zum einen, um das Land zu stabilisieren, aber auch zur Holzgewinnung.

Im Laufe der Zeit siedelten sich auch einheimische Sträucher und Bäume, hauptsächlich Weidenarten, an, als auch andere Pflanzen wie der seltene Fichtenspargel, ein chlorophyllloser Parasit. Darüber hinaus zog das Waldgebiet eine Vielzahl von Tieren an. Heute ist das Raven Nature Reserve Heimat für das Eichhörnchen, den Baummarder, die Kreuzkröte und über 20 Schmetterlingsarten, darunter Faulbaum- und Hauhechel-Bläuling, Postillon, Rotbraunes Ochsenauge und Kaisermantel.

Route 5: Great Saltee

GANZTÄGIG, 5 KM
MITTELSCHWER

Kleine Insel mit vielfältigen Seevogelkolonien.

Lebensräume: Steilklippen
Charakteristische Arten: Kegelrobbe, Eissturmvogel, Basstölpel, Dreizehenmöwe, Tordalk, Trottellumme, Papageitaucher, Atlantiksturmtaucher

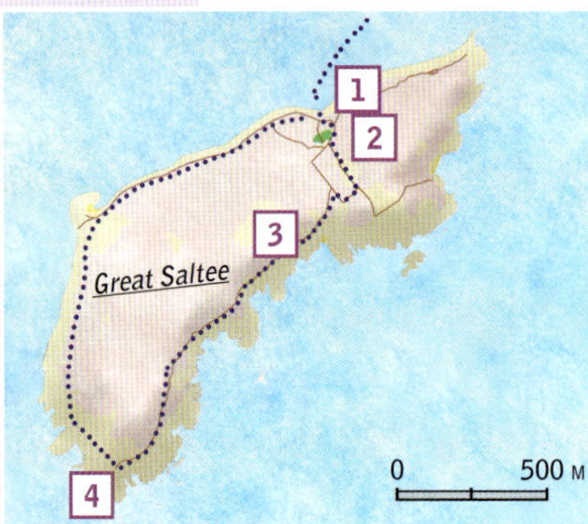

Die Great Saltee ist Teil einer kleinen Inselgruppe, die 5km vor der Küste der Grafschaft Wexford liegt und ein Muss für jeden Vogelliebhaber ist. Die Insel beherbergt die vermutlich beeindruckendsten Seevogelkolonien Irlands. Die Vielfalt der Arten und die Zugänglichkeit der einzelnen Kolonien suchen ihresgleichen. Alpendohle, Eissturmvogel, Basstölpel, Dreizehenmöwe, Tordalk, Trottellumme, Papageitaucher, Atlantiksturmtaucher, Krähenscharbe, Kormoran und Mantelmöwe brüten alle auf der Insel.

Great Saltee und die nahe gelegene, aber unzugängliche Little Saltee befinden sich in Privatbesitz. Der erste Besitzer der Inseln, der leicht exzentrische und leider verstorbene Michael the First, verkündete, nachdem er Eigentümer der Saltee Islands geworden war: *„Es war nie meine Absicht, aus diesen Inseln Profit zu schlagen. Besucher sind immer und kostenfrei willkommen. Vogelbeobachter werden immer besonders willkommen sein.“* Seit 1943 sind die Inseln nun im Besitz der Neale Familie, und nach wie vor sind Besucher und besonders Vogelkundler willkommen.

Die Vögel sind an Menschen gewöhnt, was die Great Saltee zu einem wunderbaren Ort macht, um die Tiere aus nächster Nähe zu beobachten. Leider nutzen einige Besucher dies aus und kommen den Vögeln so nahe, dass die Tiere gezwungen werden, ihr Nest zu verlassen oder sogar den Brutzyklus ganz abzubrechen. Vor allem in den letzten Jahren hat das äußerst ignorante Verhalten einiger weniger Besucher die Vögel und die Zukunft des öffentlichen Zugangs zur Insel in Gefahr gebracht. Halten Sie also bitte einen Abstand von mindestens 6 Metern zu den Vögeln ein und befolgen Sie die Anweisungen auf den Schildern.

Das Boot zur Great Saltee legt im Frühjahr und Sommer vom Hafen in Kilmore Quay ab. Die Überfahrt ist wetterabhängig und dauert etwa 20 Minu-

ten. Tickets müssen im Voraus auf **www.salteeferry.com** reserviert werden und **www.salteeislands.info** bietet mehr Informationen über die Insel selbst. Parkplätze gibt es in der Ortschaft Kilmore Quay und am Hafen des Ortes. Bitte beachten Sie, dass das letzte Stück der Überfahrt mit einem Schlauchboot zurückgelegt werden muss und die Landung auf der Insel eine nasse und rutschige Angelegenheit sein kann.
Jeden Tag finden 2-3 Fahrten zur Insel statt. Aufenthaltszeit auf der Insel ist etwa 3,5 Stunden, es können aber besondere Vereinbarungen getroffen werden, wenn Sie länger bleiben möchten. Übernachtungen sind nicht erlaubt.

Startpunkt Das malerische Fischerdorf Kilmore Quay am südlichen Ende der R739, etwa 20km südlich von Wexford Town (GPS: 52.172313, -6.590377).

1 Wenn Sie bei Ebbe auf der Insel ankommen, werden Sie mit großer Wahrscheinlichkeit Kegelrobben antreffen, die sich am Ufer sonnen. Die Great Saltee ist eines der wenigen Brutgebiete der Kegelrobbe in der Osthälfte Irlands, und etwa 120 Tiere besuchen die Küste der Great Saltee regelmäßig. Da die Kegelrobben erst gegen Ende September und im Oktober ihre Jungen zur Welt bringen, gibt es allerdings keine Jungtiere zu sehen.

2 Stufen und ein ausgetretener Pfad führen auf die Insel, vorbei an dem Steinthron von Michael the First und zu den Überresten einer alten Siedlung und dem Haus der heutigen Eigentümer. Von hier aus schlängelt sich ein Pfad durch die mit Blumen gesprenkelten Grasflächen, die einen Großteil des Inselinneren bedecken, bis zur Südküste, wo sich die größten Vogelkolonien befinden. Die Blumen hier sind überwiegend eine ungewöhnliche Kombination aus Klippen-Leimkraut (einer typischen Blume der Küste) und Hasenglöckchen (einer typischen Waldblume). Woher die Hasenglöckchen kommen, ist unklar, sie könnten eingeschleppt worden sein oder ein Hinweis darauf sein, dass die Insel einst bewaldet war. Wiesenpieper und Feldlerche sind in diesem Teil der Insel häufig anzutreffen.

Brütende Basstölpel auf der Great Saltee.

3 Die ersten Seevögel, denen Sie begegnen werden, sind höchstwahrscheinlich Eissturmvogel, Dreizehenmöwe, Tordalk und Silbermöwe, die in kleineren Kolonien entlang der gesamten Südküste brüten. Herings- und Mantelmöwe haben Kolonien am südöstlichen Ende der Insel. Die erste große Kolonie ist die der Atlantiksturmtaucher, doch ist es unwahrscheinlich, einen dieser Vögel zu Gesicht zu bekommen. Atlantiksturmtaucher brüten in unterirdischen Höhlen und kehren nur im Schutze der Dunkelheit von ihren Beutezügen auf dem Atlantik zurück. Die Papageitaucher, die in derselben Kolonie und ebenfalls unter der Erde brüten, sind dagegen allgegenwärtig und machen sich nicht viel aus den menschlichen Besuchern.

4 Folgen SSie den Klippen in westlicher Richtung zu einer offensichtlichen Landzunge an der südwestlichen Ecke der Insel. Auf dem Weg dorthin können Sie ein Kolkrabennest in den Klippen erspähen und die Kiebitzkolonie ein paar hundert Metern von der Küste entfernt besuchen.
Die südwestliche Ecke der Insel, bekannt als Seven Heads, beherbergt die größere der beiden Basstölpelkolonien (eine kleinere Kolonie befindet sich an der südöstlichen Ecke der Insel). Bei der letzten offiziellen Zählung wurden 2446 Paare auf der Insel gezählt.

Von hier aus können Sie entweder zum Landeplatz zurückkehren oder, wenn Sie genug Zeit haben, der Küstenlinie am westlichen Rand der Insel folgen, bis Sie einen Sandstrand erreichen. An diesem Strand sind häufig Brandgänse anzutreffen, die etwas weiter im Landesinneren eine Brutkolonie haben. Wenn Sie von hier aus der Küstenlinie weiter folgen, gelangen Sie ebenfalls zurück zum Landeplatz.

Nahe gelegene Orte: Ein Ausflug zur Great Saltee lässt sich gut mit der Route rund um den Wexford Harbour (Route 4) verbinden.

Vogelbeobachter auf der Great Saltee.

Route 6: Die Copper Coast

GANZTÄGIG
40 KM

Das malerischste und geologisch interessanteste Gebiet der Südküste.

Lebensräume: Steilklippen, Sandstrände, Watt, Moor
Charakteristische Arten: Zarter Gauchheil, Sumpf-Blutauge, Uferschnepfe, Sumpfohreule, Rohrammer, Bergeidechse

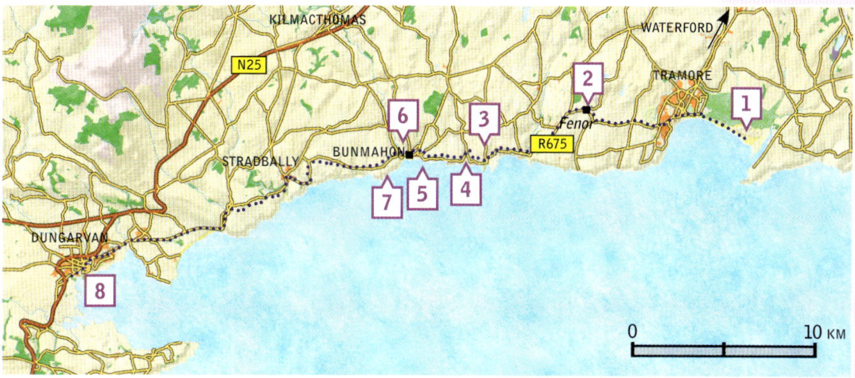

Die Copper Coast, ein UNESCO Global Geopark (**www.coppercoastgeopark.com**), liegt im Herzen der Südküste Irlands zwischen Tramore, einem der beliebtesten Badeorte Irlands, und der kleinen Ortschaft Stradbally. Das Gebiet hat seinen Namen vom historischen Kupferbergbau (Copper Coast bedeutet übersetzt Kupferküste), der in der gesamten Gegend seine Spuren hinterlassen hat. Es handelt sich um einen malerischen Küstenabschnitt mit einer Abfolge von Steilkippen und kleinen Buchten mit Sandstränden.
Diese Autoroute verbindet mehrere Sehenswürdigkeiten der Gegend und kurze Wanderungen. Die Hauptattraktion des Gebiets sind die Küstenlandschaft und deren geologische Besonderheiten, wie z. B. freistehende Felsnadeln und sogenannte „Blowholes“ (Blaslöcher). Außerdem beherbergt die Copper Coast überwinternde Vögel und ein seltenes alkalisches Moorgebiet.

Startpunkt Tramore – Strandparkplatz im südöstlichen Teil dieser beliebten Küstenstadt (GPS: 52.160118, -7.135855).

Von hier aus folgen Sie dem Weg entlang der Dünen (7km hin und zurück).

1 Der Strand von Tramore ist eine etwa in West-Ost-Richtung verlaufende Sandbank mit einem Dünensystem an ihrem östlichen Ende. Diese Sandbank bildet eine Barriere, die den inneren Teil der Tramore-Bucht schützt. Dieser innere Teil der Bucht ist als „Back Strand" bekannt, stellt aber eigentlich ein weites Wattgebiet dar, das bei Vögeln sehr beliebt ist. Um diese allerdings zu Gesicht zu bekommen, ist Timing sehr wichtig. Bei Ebbe ist es aufgrund der schieren Größe des Gebietes schwierig, die Vögel zu sehen. Am besten ist es, mit der ablaufenden Flut anzukommen, um Ringelgans, Uferschnepfe, Rotschenkel, Grünschenkel und Alpenstrandläufer anzutreffen. In den Dünen brütet eine kleine Kolonie von Sandregenpfeifern, und auch Schwarzkehlchen, Feldlerche und Wiesenpieper sind häufig zu sehen. Eine Besonderheit ist die Sumpfohreule, die das Gebiet regelmäßig besucht.
In den Dünen wachsen auch zwei eher ungewöhnliche Sträucher: der Gewöhnliche Liguster, der giftige Beeren trägt, und die Kratzbeere, eine Verwandte der Brombeere, die essbare Früchte produziert.

Zurück am Parkplatz folgen Sie der R675 Coast Road nach Westen, bis Sie das kleine Dorf Fenor erreichen.

2 Unmittelbar an der Hauptstraße und neben der Kirche des Dorfes liegt das Fenor Bog, bei dem es sich nicht um ein Moor, sondern um

Annestown Strand ist nur eine der vielen kleinen Buchten an der Copper Coast.

ein alkalisches Fen (siehe Seite 50) handelt, das in einer kleinen Senke unterhalb von Ballysconlon Hill liegt. Dieses bildschöne Örtchen lässt sich über einen kurzen hölzernen Rundweg erforschen, und es gibt einen Parkplatz vor Ort.

Das Gebiet ist eine Mischung aus kleinen Baumgruppen, überwiegend Weiden und Erlen, die den feuchten Boden tolerieren können, Seggen und einer Vielzahl von Wildblumen. Auf dieser kleinen Fläche wurden über 200 Pflanzen- und Tierarten gezählt. Zu den Pflanzen, die man hier sehen kann, gehören Fieberklee, Kuckucks-Lichtnelke, Rundblättriger Sonnentau, Sumpf-Blutauge, Wasserminze und Zarter Gauchheil. Rohrammer, Schwarzkehlchen und Kuckuck sind häufig anzutreffen, die Bergeidechse kann oft beim Sonnenbaden auf dem Holzsteg beobachtet werden, und Libellen, darunter die Große Königslibelle und die Frühe Adonislibelle, sind zahlreich.

Das sommerliche Fenor Bog (oben), Heimat des seltenen Zarten Gauchheils (unten).

Fahren Sie weiter auf der R675, die nach Süden abbiegt und an der Küste entlangführt. Nach 8km erreichen Sie Kilmurrin Cove.

3 Kilmurrin Cove ist einen kurzen Besuch wert, um einen Blick auf eines der größten „Blowholes“ der Südküste zu werfen.

Das Blowhole befindet sich auf den Klippen an der Ostseite der Bucht, nahe dem Picknickplatz und gekennzeichnetem Aussichtspunkt. Blowholes sind ein faszinierendes und nicht ungewöhnliches Merkmal der irischen Steilküsten. Die ständige Bewegung des Ozeans gräbt eine Höhle

Geologie der Copper Coast

Die Kupferküste ist wegen ihrer einzigartigen geologischen Geschichte ein UNESCO-Geopark. Diese Geschichte beginnt vor 460 Millionen Jahren, als sich die ältesten bisher entdeckten Gesteine der Gegend bildeten. Einige Millionen Jahre später lösten tektonische Bewegungen in der Erdkruste vulkanische Aktivität aus. Damals lag die zukünftige Copper Coast unter einem flachen Ozean, und der erste Vulkanausbruch geschah unter Wasser und schuf Basalt und Andesit (eine Zusammensetzung aus Rhyolith und Basalt, beides Formen von Lava), die noch heute im Gebiet von Bunmahon zu sehen sind. Nach diesem ersten Ausbruch kehrte das Leben für eine Weile in den Ozean zurück, was zu kalkreichen Ablagerungen von Schlamm- und Siltsteinen führte. Dann wurde vor etwa 455 Millionen Jahren ein zweiter Vulkan aktiv und schuf eine Reihe von Rhyolithen (ein kieselsäurereiches Vulkangestein, das mit sehr heftigen Ausbrüchen in Verbindung gebracht wird) und Brekzien (ein Sedimentgestein, das aus großen Fragmenten besteht).

Vor etwa 390 Millionen Jahren hatte sich die Copper Coast schließlich über den Meeresspiegel erhoben und beherbergte eine trockenen Wüstenlandschaft. In dieser Zeit entstanden roter Sandstein und Konglomerate, die einige Zeit später angehoben und zu Gebirgen gefaltet wurden (die Comeragh Mountains, ein Gebirgszug nördlich der Copper Coast sind eines der Überbleibsel aus dieser Zeit). Das letzte Kapitel wurde vor etwa 2 Millionen Jahren geschrieben, als Gletscher das Land bedeckten und durch ihre langsame Bewegung das Gestein unter ihnen erodierten und so der Landschaft ihre heutige Form gaben. Als das Eis am Ende der Eiszeit, vor etwa 10.000 Jahren, schmolz, ließen die Gletscher ihre Last aus geröllreicher Lehmerde zurück, die das darunter liegende Gestein überlagerte. So entstand der Gletscherschutt, der in den oberen Lagen der Klippen entlang der Küste zu sehen ist.

Ballyvooney Cove

in die Klippen, bis schließlich ein Teil des Höhlendaches einstürzt und so ein Blowhole entstehen lässt.

Fahren Sie weiter auf der R675 in westlicher Richtung.

Grünschenkel

4 Etwa 1,5km östlich von Bunmahon und 2km westlich von Kilmurrin Cove liegt die Tankardstown-Mine. Sie war einst einer der größten Kupferminen der Copper Coast und einige der Gebäude des Komplexes sind erhalten geblieben, darunter das Maschinenhaus und der Schornstein. Parkplätze sind am Straßenrand vorhanden.
Aus den Minen der Copper Coast sind mehr als 30 verschiedene Mineralien bekannt, von denen viele in Tankardstown und Umgebung gefunden wurden. Die schönsten Beispiele in Tankardstown sind Brochantit, ein grünes Mineral, und die Flusssteine aus Langit, ein bläulich-grünliches Kupfersulfat. Diese Mineralien werden vor allem in den alten Minenschächten sichtbar, die leider nicht für die Öffentlichkeit zugänglich sind. Die fortschreitende Küstenerosion legt jedoch Mineralienadern in den Klippenwänden frei, aber da sich die Klippen ständig verändern, ist es nicht möglich zu sagen, wo genau die farbenfrohen Mineralien zu sehen sind. Der folgende Halt ist allerdings einer der besten Orte, um einen Blick auf die Mineralien zu erhaschen.

5 Etwa 500m westlich von Tankardstown liegt Stage Cove, eine kleine Bucht mit einem Hafen. Sie können entweder von Tankardstown aus die Straße entlanglaufen oder die kurze Strecke mit dem Auto zurücklegen und an der Zufahrt zum Hafen parken. Die Klippen auf der linken Seite der Bucht sind voller alter Minenschächte, von denen sich einige zum Strand hin öffnen und einen Blick ins Innere erlauben.

Fahren Sie weiter auf der R675 nach Bunmahon.

Ein typisches Beispiel der verschiedenen Gesteinsarten, die man an der Copper Coast entdecken kann.

6 Bunmahon liegt in der Mitte der Copper Coast Route. Der Ort und dessen Umgebung sind bestens geeignet, um die Geologie und die Bergbaugeschichte der Gegend näher kennenzulernen. Im Dorf finden Sie den Copper Coast Geological Garden, ein Freilichtmuseum, das die geologische Geschichte der Erde erklärt, sowie das Besucherzentrum des Copper Coast Geoparks, das sich in einer ehemaligen Kirche befindet.

7 Etwas außerhalb und westlich von Bunmahon liegen die Bucht und der Strand von Tra na mBo und Bunmahon Head. Um dorthin zu gelangen, biegen Sie etwa 300m nach der Brücke in Bunmahon links ab und folgen der Seitenstraße zu einem Parkplatz. Dieser Ort ist nicht nur einer der malerischsten Orte an der Copper Coast, sondern zeigt auch Felsformationen aus zwei verschiedenen geologischen Epochen. Die Landzunge am östlichen Ende der Bucht besteht aus devonischen Sandsteinen und Konglomeraten (ein Sedimentgestein aus kieselgroßen Gesteinsbrocken), die vor etwa 380 Millionen Jahren abgelagert wurden. Wenn Sie entlang der Klippe in Richtung Osten gehen, werden Sie eine Veränderung in der Felswand sehen. Dies ist die Bruchlinie, an der das devonische Gestein auf das viel ältere Vulkangestein aus dem Ordovizium trifft. In der Bucht befindet sich auch eine freistehende Felsnadel direkt am Strand.

Kehren Sie auf die R675 zurück und biegen Sie auf die nächste Straße links ab. Diese schmale Küstenstraße führt entlang einer Reihe von malerischen Buchten: Ballydowane, Ballyvoony und schließlich Stradbally, das offizielle Ende der Copper Coast Route. Von hier aus können Sie weiter nach Westen bis Ballyvoyle fahren, wo die Straße wieder auf die R675 trifft. Als Alternative können Sie auch auf der R675 bleiben, die abseits der Küste verläuft.

8 Welchen Weg Sie auch wählen, Dungarvan ist die Endstation dieser Route. Dieses schöne Fischerstädtchen liegt an einer weiten Bucht, die von drei kleinen Flüssen gespeist wird. Ähnlich wie in Tramore gibt es hier eine lange Sandbank, bekannt als Cunnigar, die sich in die Bucht erstreckt und hinter der sich ein Wattgebiet etabliert hat. Zu den Vögeln, die man hier beobachten kann, gehören Pfeifente, Brandgans, Austernfischer, Großer Brachvogel, Uferschnepfe, Alpenstrandläufer, Eistaucher, Ringelgans und Schellente.

Die beste Zeit für einen Besuch ist Herbst und Winter. Die besten Plätze sind die alten Seebad-Gebäude in der Stadt und der Kreisverkehr an der N25 nach Cork am südwestlichen Stadtrand. Hier lässt es sich auch gut parken (GPS: 52.083992, -7.633637).

Der Seidenreiher, vor nicht allzu langer Zeit eine Seltenheit, ist heute ein weit verbreiteter Küstenvogel (oben). Die Überreste der Tankardstown Kupfermine (unten).

Weitere Exkursionsziele in den Midlands und im Osten und Süden

Siehe Karte auf Seite 130 für die Lage der folgenden Standorte.

A – Bull Island

GPS: 53.369986, -6.149253. Das North Bull Island Nature Reserve ist ein unerwartetes Kleinod am Rande der Stadt Dublin. Man erreicht es über die M50 North (die Ringstraße um Dublin), nimmt die Ausfahrt auf die R139 und R106 nach Howth und dann die R105 entlang der Küste. Die Ausfahrt nach Bull Island ist gut ausgeschildert.

Bull Island ist eine Sandbank, die sich nach dem Bau der Bull Wall bildete. Die Bull Wall wurde errichtet, um die Versandung des Hafens von Dublin zu verhindern. Im Laufe der Zeit verwandelte sich diese Sandbank in ein Dünensystem mit einer reichhaltigen Flora, zu der neben der typischen Dünenflora auch das seltene Kleine Tausendgüldenkraut, der Schmalblättrige Hohlzahn und der Knöllchen-Steinbrech gehören.

Zwischen den Dünen und dem Festland haben sich außerdem Watt- und Salzwiesengebiete entwickelt, die zu einem wichtigen Lebensraum für Wat- und Wasservögel geworden sind, insbesondere für überwinternde Ringelgänse und die heimische Brandgans, die in den Dünen nistet. Eine Vielzahl von Watvögeln, darunter Zwergstrandläufer, Sichelstrandläufer und Kampfläufer, nutzen das Gebiet als Zwischenstopp auf ihren jährlichen Wanderungen.

Leider ist Bull Island nicht der sicherste Ort und bekannt für seine Anziehungskraft auf kriminelle Individuen. Es ist nicht ratsam, Wertsachen im Auto zu lassen oder teure Ferngläser und Kameras zur Schau zu stellen.

B – Skerries

Skerries ist ein kleines Fischerdorf nördlich von Dublin und kann von der Autobahn M1, Ausfahrt 4, über die R132 und R127 über Lusk erreicht werden. Parkmöglichkeiten gibt es am Hafen (GPS: 53.585624, -6.10329) der auch der beste Ort zur Vogelbeobachtung ist.

Skerries ist einer der besten Orte für die Beobachtung von Seevögeln an Irlands Ostküste. Der Grund dafür sind drei kleine Inseln in Küstennähe und das größere und etwas weiter entfernte Rockabill Island, das Europas größte Rosenseeschwalben-Kolonie beheimatet.

Skerries ist zweifellos der beste Ort in Irland, um die Rosenseeschwalbe zu sehen. Hinzu kommen Brandseeschwalbe, Flussseeschwalbe, Sandregenpfeifer und Eiderente, die im Sommer in diesem Gebiet brüten. Im Winter zieht Skerries Watvögel wie Uferschnepfe, Großen Brachvogel, Rotschenkel, Grünschenkel, Sanderling und Steinwälzer an, aber auch Ringelgans,

Brandgans und seltenere Möwenarten wie Eismöwe und Polarmöwe. Skerries hat auch den Ruf, ungewöhnliche Besucher anzuziehen. Dazu gehören Turteltaube, Braunsichler, Krabbentaucher und Küstenseeschwalbe.

C – Clogher Head und Boyne Estuary

GPS: 53.733133, -6.260285. Clogher Head und die nahe gelegene Mündung des Flusses Boyne sind wahrscheinlich die lohnendsten Küstenorte im Osten Irlands, wenn Sie Vögel beobachten als auch nach Wildblumen suchen möchten. Die beiden Orte liegen nur wenige Kilometern voneinander entfernt und befinden sich beide in der Grafschaft Louth.

Die Dünen und der angrenzende Strand an der Boyne-Mündung können von der Stadt Drogheda aus, die direkt an der Autobahn M1 liegt, erreicht werden. In der Stadt nehmen Sie die R167, die entlang des Flusses Boyne verläuft, und biegen nach 5km rechts ab. Diese kleine Straße bringt Sie zu den Baltray-Dünen und zum Strand. Die Dünen beherbergen eine typische Dünenflora, die von Strandhafer dominiert wird und eine Vielzahl von Wildblumen wie Hundswurz, Wildes Stiefmütterchen, Augentrost, Echtes Labkraut und Kleines Tausendgüldenkraut aufweist. Eine kleine Kolonie von Zwergseeschwalben nistet in den Dünen, und auch einige Sandregenpfeifer sind hier zu Hause. Am angrenzenden Strand liegt das Wrack der MV Irish Trader, eines Frachtschiffs, das hier 1974 auf Grund lief und seitdem vor sich hin rostet.

Für weitere Vogelbeobachtungen geht es zurück auf die Straße nach Drogheda. Die R167 bietet mehrere Stellen, an denen man das Watt und die Salzwiesen der Flussmündung übersehen kann. Das Gebiet bietet eine große

Der weite Strand an der Boyne Mündung.

Vielfalt an Wat- und Wasservögeln, vor allem Austernfischer, Rotschenkel, Grünschenkel, Brandgans, Pfeifente und Krickente. Überwinternde Uferschnepfen sind besonders zahlreich und es wurden bis zu 450 Vögel gezählt. Clogher Head erreicht man, indem man auf der R167 nach Norden fährt und in Termonfeckin rechts auf die R166 abbiegt, die zum Dorf Clogherhead, dem nahegelegenen Hafen und der angrenzenden Landzunge führt. Die Landzunge bietet im Frühjahr eine Vielfalt an Wildblumen und ist vor allem wegen ihrer Fülle an Frühlings-Blaustern und einer weißen Variante des Gewöhnlichen Wundklees interessant. Die Hauptgründe für einen Besuch der Landzunge sind jedoch die Vögel. Clogher Head ist einer der besten Orte an Irlands Ostküste, um den Vogelzug im Frühjahr und vor allem im Herbst zu beobachten. Zu den Vögeln, die hier beobachtet wurden, gehören Cory-Sturmtaucher und Dunkler Sturmtaucher, Schwalben- und Zwergmöwe, Trauerseeschwalbe, Schmarotzerraubmöwe und Skua sowie Singvögel wie Feldschwirl, Schilfrohrsänger und Braunkehlchen. Der Hafen selbst zieht eine große Anzahl von Möwen an, und zu den ansässigen Silber- und Mantelmöwen gesellen sich im Winter Eismöwen und Polarmöwen.

Zusätzliche Anmerkung

Die Ziele A, B und C können zu einem Tagesausflug kombiniert werden, der auf Bull Island in Dublin beginnt und dann nach Norden nach Skerries, der Boyne-Mündung und Clogher Head führt. Wir empfehlen allerdings, sich Zeit zu nehmen, vor allem, wenn Sie gekommen sind, um Vögel zu beobachten. Besonders für Skerries sollte man sich mindestens einen halben Tag Zeit nehmen.

D – Irish Photography Hides

Die *Irish Photography Hides* wurden von dem ansässigen Landwirt und Hobbyfotografen Richard Duff gegründet und wenden sich vor allem an Naturfotografen. Die Beobachtungshütten sind mit Toilette und Holzofen ausgestattet und bieten eine der besten Gelegenheiten, einige der scheueren Tiere Irlands aus nächster Nähe zu sehen. Baummarder, Hermelin und Eichhörnchen sind regelmäßige Besucher. Eichelhäher und die seltene Goldammer sind zusammen mit vielen anderen Singvögeln ebenfalls fast immer anwesend.

Eichelhäher sind regelmäßige Besucher am Unterstand.

Die Beobachtungshütten befinden sich am Fuße der Slieve Bloom Mountains in der Grafschaft Laois, in der Nähe des Städtchens Mountmellick. Eine Vorausbuchung ist erforderlich (über www.irishphotographyhides.com) und eine Wegbeschreibung und weitere Informationen werden nach Bestätigung der Buchung bereitgestellt.

E – Lady's Island

GPS: 52.209563, -6.380673. Aufgrund des breiten Dammes, der Lady's Island mit dem Festland verbindet, ist die Insel praktisch eine Halbinsel, die sich in den gleichnamigen See erstreckt. Dieser „See" ist eine Sickerlagune, eine von nur zwei in Irland, die nur durch eine 200 Metern breite Sandbarriere an ihrem südlichen Ende vom Meer getrennt ist. Lady's Island Lake ist ein Naturschutzgebiet und Irlands wichtigstes Brutgebiet für Seeschwalben: Es beherbergt die zweitgrößte Kolonie von Rosenseeschwalben in Europa (rund 150 Paare), die hier zusammen mit Brandseeschwalben (rund 1.000 Paare) brüten. Weitere Brutvögel auf dem See sind Lachmöwe, Löffelente und gelegentlich Knäkente und Schnatterente. Die beste Möglichkeit, die Vögel zu beobachten, ist der markierte Spazierweg, der die (Halb)-Insel umrundet (ca. 2km).

Südöstlich des Dorfes (52.182769, -6.395604) liegt die Barriere, die Lady's Island Lake vom Meer trennt. Diese Barriere besteht aus einem Sandstrand und einem Dünensystem, das über verschieden Pfade erforscht werden kann. Die Dünen sind der einzige Ort in Irland an dem die Schneeweiße Strandfilzblume, eine grau-weiße Pflanze, die im August und September kleine, gelbe Blüten trägt, gedeiht.

Rosenseeschwalbe (oben) und Schneeweiße Strandfilzblume – zwei sehr seltene Arten, die man auf Lady's Island finden kann.

Der Süd-Westen

Einige der beliebtesten Reiseziele Irlands befinden sich im Südwesten des Landes. Ein Blick auf die Landkarte zeigt eine Küstenlinie, die im Süden von zahlreichen Buchten und kleinen Landzungen gekennzeichnet ist, und weiter westlich fünf markante Halbinseln, die sich in den Atlantischen Ozean erstrecken. Die Meeresarme, die diese Halbinseln voneinander trennen, sind ehemalige Flusstäler, die von Gletschern ausgehöhlt und schließlich überflutet wurden, als der Meeresspiegel am Ende der letzten Eiszeit anstieg. Die Halbinseln sind von Süden nach Norden Mizen, Sheep's Head (die kleinste), Beara, Iveragh (die größte und besser bekannt als „Ring of Kerry") und Dingle. Was alle diese Halbinseln gemeinsam haben, ist eine dramatische Küste, Gebirgszüge im Landesinneren und den Golfstrom, der hier sehr nahe der Küste verläuft und warmes Wasser aus dem Süden bringt. Diese Kombination aus Topografie und dem wärmenden Golfstrom schafft

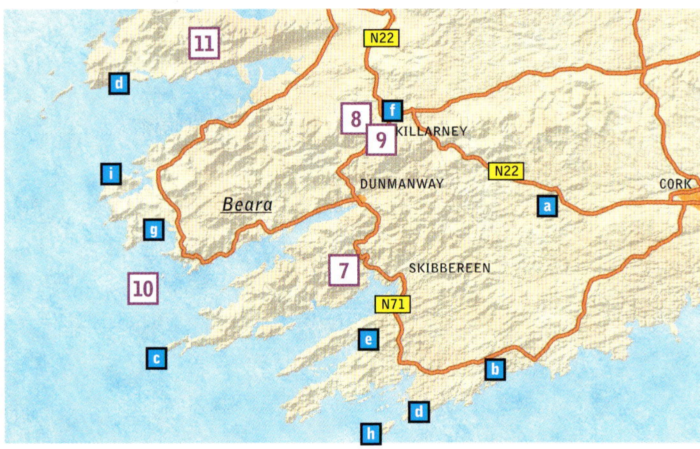

ein mildes und feuchtes Mikroklima (siehe Seite 22). Das Ergebnis ist eine einzigartige Landschaft mit üppiger Vegetation, schroffen Berggipfeln, Sandstränden und beindruckenden Felsküsten. Der Südwesten ist auch berühmt für die letzten verbliebenen einheimischen Wälder Irlands, auch bekannt als „Atlantic Rainforest", Atlantische Regenwälder, die vorwiegend die Täler und Berge der Halbinseln Beara und Iveragh bedecken.

Die hier beschriebenen Routen und Attraktionen finden sich hauptsächlich auf Beara, Iveragh und Dingle und konzentrieren sich auf die interessanteste Flora und Fauna. Aber allein schon aufgrund ihrer atemberaubenden Landschaft sind alle Halbinseln einen Besuch wert: Das westliche Ende der Halbinsel Mizen beherbergt einige der markantesten Sandsteinklippen

Irlands, Sheep's Head strahlt eine entspannte Atmosphäre aus und genießt unter Wanderern einen guten Ruf. Beara gilt als die optisch reizvollste Region, Iveragh – der Ring of Kerry – hat den Ruf, eine der imponierendsten Autorouten der Welt zu sein. Dingle ist eine bezaubernde Kombination aus Stränden, Klippen und Bergen, hat aber leider im Jahr 2020 eine seiner Hauptattraktionen verloren, den einsamen Großen Tümmler namens Fungie, der internationale Berühmtheit erlangte und jahrzehntelang in der Dingle-Bucht lebte. Fungie war dafür bekannt, dass er den Ausflugsbooten folgte und sich selbst ausgiebig zur Schau stellte. Es wird angenommen, dass der Delfin einfach dem Alter erlegen ist.

Killarney National Park ist einer der Highlights an Irlands Westküste.

Auf allen Routen, aber besonders im Killarney Nationalpark, werden Sie große Rhododendron-Sträucher sehen. Dabei handelt es sich um eine invasive Art, die wegen ihrer schönen Blüten in Gärten gepflanzt wurde und für die das milde und feuchte Klima sehr bekömmlich ist. Heute ist der Rhododendron eine große Bedrohung für die einheimischen Arten, da er sehr schnell und dicht wächst und dadurch andere Arten verdrängt.

Höhepunkte

- Der Killarney Nationalpark beherbergt die größten Flächen der verbliebenen atlantischen Regenwälder, sowie die einzige wirklich einheimische Rotwildherde, ganz zu schweigen von der bezaubernden Landschaft.
- Irlands Südwesten ist eines der besten Ziele für Wal- und Delfinbeobachtungen in Europa: Gemeiner Delfin, Großer Tümmler, Buckelwal, Finnwal, Schwertwal und andere Arten sind regelmäßig in diesen Gewässern anzutreffen.
- Die Insel Skellig Michael, ein UNESCO-Welterbe, die auch in den Star Wars Filmen zu sehen ist, liegt vor der Küste Kerrys in oft sturmgepeitschten Gewässern. Die Insel beherbergt ein frühchristliches Kloster und ist Heimat für eine Vielzahl von brütenden Seevögeln.

Route 7: Beara-Halbinsel

GANZTÄGIG, 70 KM

Eine Tour durch die einzigartigen Lebensräume des Südwestens Irlands. Eine besondere Flora und eine reiche geologische Vergangenheit.

Lebensräume: Deckenmoor, Atlantischer Regenwald (Eichenwald), Corrie-Seen (oder Tarns)
Geologie: Sandstein aus dem Devon, Gletscherschliff
Charakteristische Arten: Großblütiges Fettkraut, Kerry-Schnecke, Schwertblättriges Waldvögelein, Rundblättriger Sonnentau, Mittlerer Sonnentau, Beinbrech, Alpenkrähe, Kolkrabe

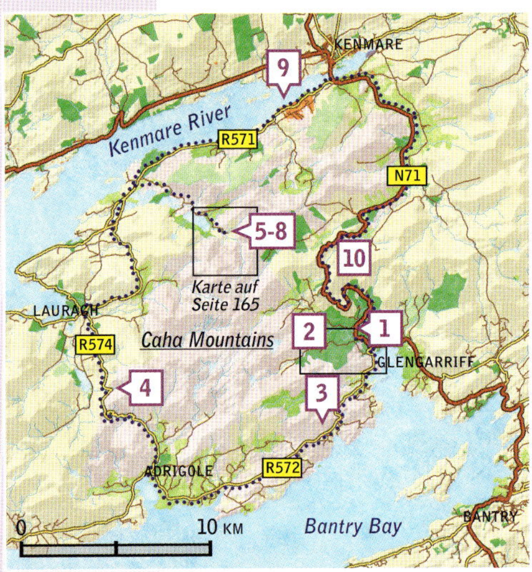

Die Beara-Halbinsel ist eine der fünf Landzungen, die den Südwesten Irlands dominieren. Obwohl das Gebiet den Ruf hat, die schönste der großen Halbinseln zu sein, ist es vom Massentourismus weitgehend verschont geblieben und strahlt selbst in der Hochsaison eine entspannte Atmosphäre aus.

Die Caha Mountains im Osten und die Slieve Miskish Mountains im Westen sind das Rückgrat von Beara und bilden eine natürliche Grenze zwischen der nördlichen und südlichen Hälfte der schmalen Landmasse. Zusammen mit dem Golfstrom beeinflussen sie das ganze Jahr über das milde und feuchte, fast subtropische Klima. Das Ergebnis ist eine üppige und vielfältige Flora, insbesondere im südöstlichen Teil der Beara-Halbinsel um die geschützte Glengarriff Bay.

Auf dieser Tagestour können Sie sich einen Überblick über die Beara-Halbinsel verschaffen. Die Tour beginnt mit einer Wanderung in den alten Eichenwäldern des Glengarriff Nature Reserve. Eine Autofahrt über schöne, ruhige Landstraßen führt dann entlang der Küste und hinauf in die Deckenmoore der Berge und eine weitere, etwas anstrengendere Wanderung beschließt die Tour. Wir empfehlen für die Wanderungen insgesamt 3-4 Stunden einzuplanen. Beachten Sie, dass auch verschiedene längere

„Atlantic Rainforest" im Glengarriff Nature Reserve.

Wanderrouten vor Ort möglich sind. Um diesem Gebiet gerecht zu werden, lohnt es sich, einige von ihnen zu erkunden.

Startpunkt Glengarriff Nature Reserve, Hauptparkplatz (GPS: 51.753633, -9.564185).
Das Glengarriff Nature Reserve liegt direkt an der N71 zwischen Kenmare und Bantry, etwa 1km nördlich des Dorfes Glengarriff. Beachten Sie, dass der Eingang in einer scharfen Kurve liegt und leicht übersehen werden kann, vor allem, wenn Sie aus Kenmare kommen.
Das Glengarriff Nature Reserve bietet insgesamt 5 ausgeschilderte Wanderungen mit unterschiedlichen Schwierigkeitsgraden und Längen. Hier beschreiben wir den einfachen und kurzen (3,5km) Big Meadow Walk, der unserer Meinung nach der interessanteste ist.

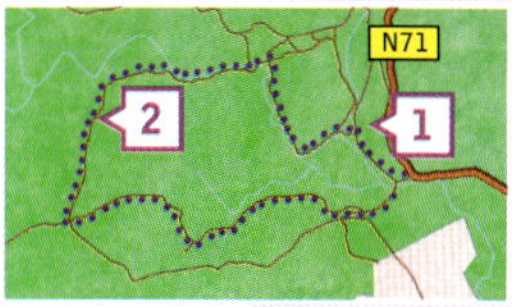

1 Vom Parkplatz führt eine Brücke über den Fluss Canrooska. Dann folgt die ausgeschilderte Route dem Fluss durch ein ursprüngliches Waldgebiet, ein Beispiel für den atlantischen Regenwald. Die Traubeneiche ist hier die wichtigste Baumart. Unter dem Kronendach dominieren verschiedene Farnarten und Stechpalme, und das feuchte Klima lässt eine Vielzahl von Flechten und Moosen gedeihen. Mit etwas Glück kann man hier die auffällig gefärbte Kerry-Schnecke entdecken – eine dunkelgraue oder braune Nacktschnecke mit hellen Flecken, ein Mitglied der lusitanischen Fauna. Im Frühsommer blüht hier auch das seltene Schwertblättrige Waldvögelein und die Irische Wolfsmilch, Letztere ist ein Mitglied der lusitanischen Flora (siehe Seite 106).
Nach etwa 500m zweigt der River Walk, der bisher die Big Meadow Route

begleitet hat, nach rechts ab. Der Big Meadow Walk folgt weiterhin dem Fluss und erreicht nach etwa 300m eine große Wiese.

2 Diese Wiese ist eine der wenigen traditionell bewirtschafteten und daher artenreichen Heuwiesen, die es noch in Irland gibt. Gemeiner Teufelsabbiss und Kuckucks-Lichtnelke sind hier die häufigsten Wildblumen. Im Winter wird die Wiese beweidet, um Gräser und Büsche in Schach zu halten. Neben der Big Meadow liegt ein See, der 2006 ausgehoben wurde und sich seither in ein geschäftiges Biotop verwandelt hat. Unter anderem trifft man hier die in Irland seltene Gemeine Smaragdlibelle an.

Von hier aus führt der Weg zurück zum Hauptparkplatz, durch Wald, offenes Buschland und Felder.

Vom Glengarriff Nature Reserve ist es nur eine kurze Fahrt auf der N71 in das gleichnamige Dorf. Im Dorf folgen Sie dem Ring of Beara (R572), der zwischen den Bergen und der Küste verläuft und Ausblicke auf die Bantry Bay und den berühmten Sugarloaf Mountain bietet.

Der malerische Hafen von Glengarriff liegt direkt an der Hauptstraße durch den Ort.

3 Die Landschaft in diesem Gebiet ist das Ergebnis der intensiven Vergletscherung während der Eiszeit. Die Bucht ist ein überflutetes Gletschertal, und die Berge, insbesondere der Sugarloaf, zeigen die charakteristischen, durch das sich bewegende Eis verursachten Rillen. Das Gestein dieser Berge besteht aus Sandstein aus dem Devon, der als „Old Red Sandstone" bekannt ist und im Licht der Morgen- und Abendsonne einen besonders warmen, rötlichen Schimmer annimmt. Entlang der Straße gibt es eine Reihe von Rastplätzen, an denen man anhalten und die Aussicht genießen kann.

In dem kleinen Dorf Adrigole biegen Sie in einer sehr scharfen Linkskurve rechts ab und folgen der R574 zum Healy Pass, der die Berge überquert und den südlichen mit dem nördlichen Teil der Beara-Halbinsel verbindet.

4 Die Straße windet sich in Serpentinen in die Berge und je höher man kommt, desto mehr dominiert das typische atlantische Deckenmoor die Landschaft. Auf der Passhöhe gibt es einen kleinen Kiosk (der meist geschlossen ist), an dem man das Auto abstellen und die Moorlandschaft genauer erkunden kann.

Der Blick nach Süden präsentiert die Bantry Bay und die dahinter liegende Sheep's Head Peninsula. Wenn Sie nördlich der Straße ein paar Schritte bergauf gehen, haben Sie nicht nur einen Panoramablick auf das Glanmore Valley und den Kenmare River (ein weiteres überflutetes Gletschertal), sondern finden auch die Flora des Deckenmoores zu Ihren Füßen: Sonnentau (sowohl Rundblättriger als auch Mittlerer), Beinbrech und Torfmoose sind hier reichlich vertreten.

Der Ausblick vom Healy Pass Richtung Süden.

Von hier aus windet sich die R574 hinunter bis auf Meereshöhe und folgt als R571 der Nordküste von Beara. Nach etwa 15km führt eine schmale Straße auf der rechten Seite zum Gleninchaquin Park (GPS: 51.825705, -9.730820).

5 Gleninchaquin Park ist ein Bergbauernhof im Herzen der Caha Mountains, der seit gut 200 Jahren bewirtschaftet wurde und seit einigen Jahren für Besucher geöffnet ist. Seine Hauptattraktion ist der berühmte Gleninchaquin Wasserfall. Gleich außerhalb der Parkgrenzen, nahe der Zufahrtsstraße und gut ausgeschildert, liegt der Uragh Stone Circle, eines der am besten erhaltenen neolithischen Denkmäler der Gegend. Der Steinkreis ist nach etwa 3km auf der rechten Seite ausgeschildert, der Gleninchaquin Park liegt 2km weiter am Ende des Tals.

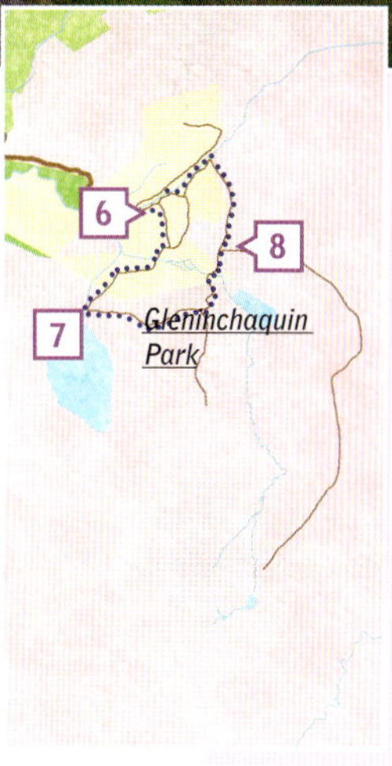

Der Ausblick vom Healy Pass nach Norden in das Glanmore Valley.

In Gleninchaquin gibt es eine Reihe von Wanderungen von unterschiedlichen Schwierigkeitsgraden, von denen wir den gut ausgeschilderten Heritage Walk (90 Minuten, anstrengend) beschreiben. Erfahrene Bergwanderer sollten sich überlegen, ob sie nicht einen ganzen Tag im Park verbringen möchten. Der Over the Waterfall Walk (2 Stunden) und der Boundaries Walk (7 Stunden) führen tief in die Caha Mountains und sind ein einzigartiges Erlebnis.

6 Der „Heritage Walk“ beginnt unterhalb des Wasserfalls und führt über einen geschotterten Weg bergauf. Das Großblütige Fettkraut und der Spatelige Steinbrech, die hier am Wegesrand wachsen, gehören zur lusitanischen Flora (siehe Seite 107). Ein kurzer Abstecher führt zu einem restaurierten Gehöft (bekannt als „Cabin"), das einen Einblick in die harten Lebensbedingungen zur Zeit der großen Hungersnot gibt (siehe Seite 87) und zudem einen weiten Blick über das Tal erlaubt.

7 Der Hauptpfad führt dann weiter bergauf zum Cummeenadillure Lough, einem typischen Corrie-See (siehe Seite 42), der von steilen Bergklippen umgeben ist.

8 Von hier aus wird der Pfad durch das oft nasse Moor steiler und unwegsamer, bis er den Bergrücken erreicht, von dem aus der Wasserfall ins Tal stürzt. Hier wachsen Beinbrech, Rundblättriger und Mittlerer Sonnentau, und an den feuchtesten Stellen kann man den Fieberklee finden. Vom Bergrücken aus hat man einen herrlichen Blick auf das Gleninchaquin Valley, die Nordküste von Beara, den Kenmare River und die Iveragh-Halbinsel. Der Kolkrabe und die seltene Alpenkrähe, unverwechselbar mit ihrem roten Schnabel und den roten Beinen, können hier oben gehört und mit etwas Glück auch gesehen werden. Der Wanderfalke ist hier ebenfalls heimisch und am Fluss sieht man häufig Wasseramseln.

Der Weg führt von hier wieder hinunter ins Tal und auf die Straße, die zum Parkplatz zurückführt.

Nachdem Sie auf die Hauptstraße des Ring of Beara (R571) zurückgekehrt sind, folgen Sie der Küste in östlicher Richtung nach Kenmare.

9 Entlang der Straße gibt es viele geschützte Buchten. Bei Ebbe kann man oft Seehunde beobachten, die sich auf den von Algen bewachsenen Felsen sonnen. Am Ende des Ring of Beara biegen Sie rechts auf die N71 ab, die Sie zurück nach Glengarriff führt (wenn Sie links abbiegen, gelangen Sie nach Kenmare und Killarney; Route 8).

10 Dieser Teil der N71 ist als Caha Pass bekannt. Die ansteigende Straße gibt den Blick auf die Berge frei, die Gleninchaquin umschließen. Nachdem Sie eine Reihe von Tunneln passiert haben, eröffnet sich ein Panoramablick auf die gesamte Kette der Caha Mountains, einschließlich eines weiteren Corrie-Sees, Lough Barley (der von Glengarriff aus ausgeschildert ist und auch einen Besuch wert ist). Von hier schlängelt sich die Straße wieder zurück zur Küste und Glengarriff.

Wintermorgen an der Bantry Bay im Süden der Halbinsel Beara.

Route 8: Killarney Nationalpark

GANZTÄGIG
60 KM

Ein erster Besuch des Killarney Nationalpark. Alle Lebensräume von Killarney: Berge, Seen und die herrlichen einheimischen Eichen- und Buchenwälder.

Lebensräume: Atlantischer Regenwald (Eichenwald), Deckenmoor
Charakteristische Arten: Hasenglöckchen, Bärlauch, Traubeneiche, Rothirsch, Erdbeerbaum, Irische Wolfsmilch

Der Killarney Nationalpark ist Irlands ältester Nationalpark. Er wurde 1932 gegründet, als das vor den Toren der Stadt Killarney gelegene Anwesen der Herbert-Familie, Muckross Estate, dem irischen Staat geschenkt wurde. Das ursprünglich kleine Gebiet ist seither erheblich gewachsen, und heute umfasst der Park über 102.000 km². Das Gebiet ist seit Jahrhunderten über die Grenzen Irlands hinaus für seine Landschaft berühmt und zieht auch heute noch zahllose Besucher an.

Die romantische Kombination aus schroffen Bergen, romantischen Seen und üppigen Wäldern ist aber nicht nur schön anzusehen; der Killarney Nationalpark beherbergt auch einige von Irlands seltensten Lebensräumen und eine reiche Vielfalt an Tieren und Pflanzen. Der Park verfügt über die größte Fläche ursprünglicher Wälder mit einer besonders großen Auswahl an Wildblumen, Farnen und Moosen. Darüber hinaus lebt in den Bergen und Wäldern Killarneys Irlands einzige einheimische Rotwildherde.

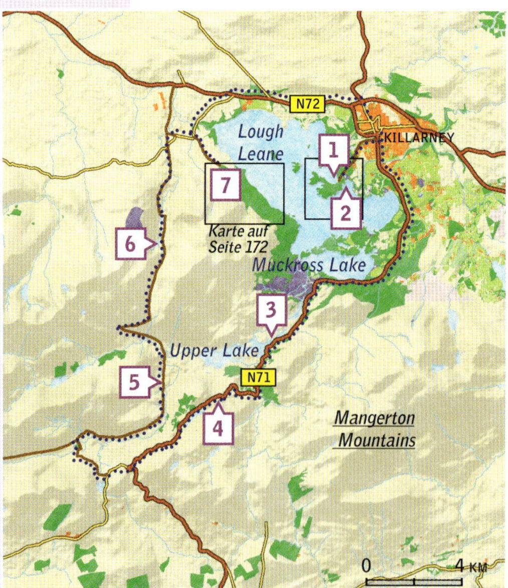

Diese eintägige Tour führt zu den wichtigsten landschaftlichen Sehenswürdigkeiten der Gegend, wie dem berühmten Ladies View und dem Gap of Dunloe sowie zu einer Reihe ökologisch interessanter Orte, wie dem Buchenwald auf

Ross Island und dem Deckenmoor im Black Valley. Unterwegs gibt es zahlreiche Möglichkeiten, anzuhalten und die verschiedenen Lebensräume genauer zu erkunden. Diese Route lässt sich gut mit Route 3 kombinieren.

Eagle's Nest und The Long Range

Startpunkt Ross Island Parkplatz (GPS: 52.041369, -9.529352)
Ross Island ist eine bewaldete Halbinsel, die sich in den Lough Leane erstreckt und von der N72 aus erreicht werden kann, die durch das Zentrum von Killarney verläuft. Die Seitenstraße, die zum Parkplatz führt, ist an einer Kreuzung gut ausgeschildert. Eine Tankstelle direkt an der mit einer Ampel ausgestatteten Kreuzung dient als Orientierungshilfe.

1 Vom Parkplatz aus folgen Sie dem „Mining Trail" (3km, leicht), der am Ross Castle beginnt, einem typischen mittelalterlichen „Towerhouse", das restauriert wurde und für Besucher geöffnet ist. Unmittelbar hinter dem Gebäude biegt ein schmaler Pfad rechts vom Hauptweg ab. Im Frühjahr ist dieser Teil von Ross Island besonders reich an Wildblumen. Ein Teppich aus Hasenglöckchen bedeckt den Waldboden und Bärlauch, Buschwindröschen, Wald-Sauerklee, Französische Erdkastanie, Sanikel und andere Frühlingsblüher sind ebenfalls weit verbreitet. Typische Waldvögel wie Zaunkönig, Rotkehlchen, Blau-, Tannen- und Kohlmeise sind hier ebenfalls zu sehen und zu hören. Die Gartengrasmücke ist ein seltener Sommergast, und in den letzten Jahren wurde auch der Buntspecht gesichtet. Letzterer kam erst 2005 an der irischen Ostküste an und hat sich seither fast landesweit ausgebreitet.

Nach etwa 500m trifft der Pfad wieder auf den Hauptweg. Halten Sie sich links und folgen den Schildern für den Miners Trail auf einen weiteren Seitenpfad.

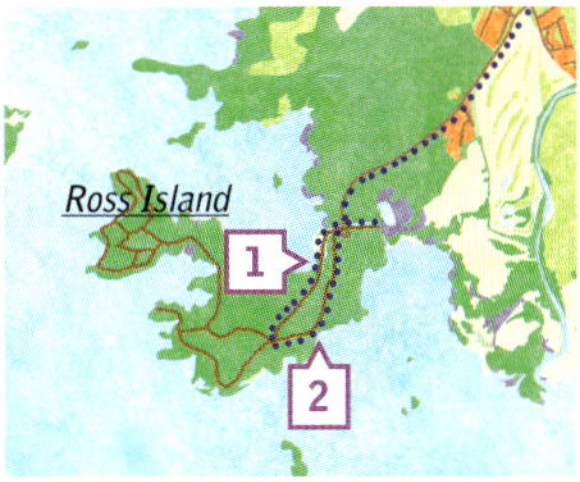

2 Der Pfad führt weiter durch Buchenwald und erreicht schließlich das Ufer des Lough Leane. Die Buche ist in Irland nicht heimisch, sondern wurde im

Der Blick in das Black Valley mit den schneegekrönten Gipfeln der MacGillycuddy's Reeks im Hintergrund (rechts). Die Früchte des Erdbeerbaumes (links).

Mittelalter in die großen Landgüter eingeführt und bürgerte sich mit der Zeit erfolgreich ein. Entlang des Uferwegs gibt es Überreste der Kupferminen zu sehen, die überall auf Ross Island zu finden sind. Der Kupferabbau begann hier in der frühen Bronzezeit, und bei Ausgrabungen wurden Steinhämmer und Glockenbecherkeramik gefunden.

Der Blick über den Lough Leane mit Tomies Mountain und Purple Mountain, die sich am gegenüberliegenden Ufer erheben, ist am frühen Morgen besonders malerisch. Nach längeren Trockenperioden (meist im Frühsommer) wird das normalerweise unter Wasser liegende Grundgestein sichtbar und skurril geformte Kalksteinformationen werden offenbart.

Von hier aus führt der Weg in einer Schleife zurück auf den Hauptweg, der zum Parkplatz zurückführt.

Kehren Sie auf die N71 zurück und biegen Sie rechts ab. Fahren Sie an der Einfahrt des Muckross House, dem Beginn der Route 9, vorbei. Nach etwa 10km erreichen Sie einen kleinen Parkplatz auf der rechten Straßenseite (kurz vor einer scharfen Rechtskurve und einer kleinen Brücke; GPS. 51.997608, -9.550830).

3 Von hier aus haben Sie eine der schönsten Aussichten im Killarney Nationalpark. Der Parkplatz befindet sich direkt neben dem Long Range, einem schmalen See, der den Muckross Lake und den Upper Lake miteinander verbindet. Die markante Form des Berges am anderen Ufer, bekannt als Eagle's Nest, wacht über dem See. Der Ursprung des Namens Eagle's Nest ist leicht zu erraten: Steinadler nisteten hier, bevor sie im späten 19. Jahrhundert ausstarben.

Fahren Sie weiter auf der N71. Nach 2,5km passieren Sie einen sehr kurzen Tunnel, der nur breit genug für ein Auto ist. Direkt hinter dem Tunnel können Sie das Auto in einer schmalen Parkbucht an der linken Straßenseite abstellen.

O'Sullivan's Cascade im Tomies Wood ist ein guter Ort, um seltene Moose und Farne zu entdecken.

4 Halten Sie hier Ausschau nach einem der bekanntesten Vertreter der lusitanischen Flora (siehe Seite 106), dem Erdbeerbaum. Ein kurzer Anstieg vom Parkplatz aus bringt Sie zu einem kleinen Wäldchen, in dem dieser ungewöhnliche Baum gut vertreten ist. Der Spatelige Steinbrech und der Prächtige Dünnfarn gedeihen hier ebenfalls (GPS: 51.981067, -9.573986).

Von hier aus schlängelt sich die Straße stetig bergauf durch den atlantischen Regenwald und gibt von Zeit zu Zeit den Blick frei auf den Upper Lake und die MacGillycuddy's Reeks, Irlands höchste Bergkette. Sie passieren schließlich den Ladies View, einen berühmten Aussichtspunkt aus viktorianischer Zeit, von dem aus man alle Seen Killarneys und die umliegenden Berge überblicken kann. Leider ist der Ort notorisch von Besuchern überlaufen, und außer ganz früh am Morgen oder sehr spät am Abend ist es sehr schwierig, einen Parkplatz zu finden.

Am Moll's Gap biegen Sie rechts auf die R568 ab und nach 800m wieder rechts auf eine kleine Straße, die in ein breites Tal hinunterführt.

5 Das Black Valley hat den Ruf einer der abgelegensten und stimmungsvollsten Orte in ganz Irland zu sein. An der Kreuzung im Tal biegen Sie rechts ab. Die Straße folgt dem Owenreagh River, der sich durch die Deckenmoor-Landschaft des Black Valley schlängelt. Es gibt zahlreiche Stellen, an denen man anhalten und die Landschaft und deren Pflanzen- und Tierwelt genauer erkunden kann. Gagel ist sehr weit verbreitet. Wasseramsel und Eisvogel sind entlang des Flusses zu sehen, während die Bekassine in den überwachsenen Bereichen des Moors rastet. Im Winter hält sich auch die Zwergschnepfe in diesem Gebiet auf.

6 Nach etwa 8km biegt eine weitere schmale Straße scharf rechts ab und führt zum Gap of Dunloe. Dieses enge Tal, das die MacGillycuddy's Reeks vom Purple Mountain trennt, ist eines der beliebtesten Ausflugsziele in der Gegend und Sie werden verstehen warum, sobald Sie einen Blick über das Tal werfen. Der Fluss Loe, der durch das Tal fließt, bildet drei Seen, neben denen sich die Berge fast senkrecht vom Talboden erheben. Es ist in der Tat einer der stimmungsvollsten Orte in Irland, den man am besten in der Stille des frühen Morgens genießt.

Am Fuß des Tals folgen Sie der Gap of Dunloe Straße und halten sich an allen Kreuzungen rechts (vorbei am Eingang zu Dunloe House & Gardens), bis Sie den Parkplatz für Tomies Wood erreichen. Sie befinden sich nun am Westufer des Lough Leane, fast genau gegenüber von Ross Island (GPS: 52.044680, -9.603440).

Morgendämmerung am Upper Lake.

7 Von hier aus führt ein 6km langer Rundweg durch den Tomies Wood, der sich an den unteren Hängen des gleichnamigen Berges befindet. Dies ist das schönste Beispiel für einen alten Eichenwald im Killarney Nationalpark. Die Traubeneichen hier haben ein Durchschnittsalter von etwa 200 Jahren und sind mit die ältesten in Irland. Lärchen und Waldkiefern sind ebenfalls vertreten und der Unterwuchs besteht hauptsächlich aus Stechpalmen. Es besteht hier auch eine gute Chance, einige der einheimischen Rothirsche zu sehen und Eichhörnchen sind in diesem Gebiet ebenfalls häufig.
Wir empfehlen einen kleinen ausgeschilderten Seitenweg zu nehmen, der zu einem kleinen Wasserfall, der O'Sullivan's Cascade, und zum Seeufer führt. Das Gebiet um den Wasserfall ist reich an Moosen und Farnen, darunter die seltenen, moosartigen Wilson Hautfarn und Englischer Hautfarn.

Von hier aus können Sie entweder zum Parkplatz zurückkehren oder den Hauptweg folgen und die Rundwanderung beenden.

Vom Parkplatz aus folgen Sie der Straße zurück zur N71 (ausgeschildert in Richtung Killarney), die Sie zum Ausgangspunkt der Route zurückführt.

Route 9: Muckross Lake

5 STUNDEN, 16 KM
MITTELSCHWER

Beliebter Spaziergang rund um den Muckross See. Ein seltener Eibenwald, der berühmte Torc Wasserfall und eine Reihe historischer Gebäude.

Lebensräume: Atlantic Rainforest (Eiben- und Eichenwald)
Geologie: Verwerfungslinie
Charakteristische Arten: Eibe, Englische Mehlbeere, Erdbeerbaum, Irische Wolfsmilch, Rothirsch

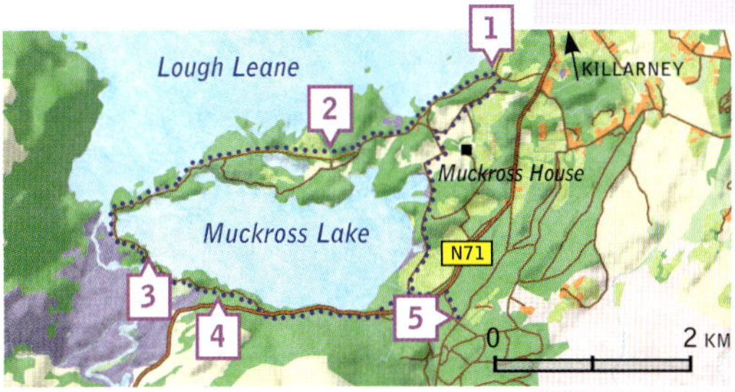

Diese beliebte Wanderung liegt im Herzen des Killarney Nationalparks. Die Route beginnt am Muckross House, einem Herrenhaus aus dem 19. Jahrhundert, und umrundet von dort aus den gleichnamigen See. Auf größtenteils asphaltierten Straßen führt der Weg durch ursprüngliche and jüngere Wälder mit Eichen, Kiefern und Buchen mit einer abwechslungsreichen Unterholzvegetation aus verschiedenen Sträuchern und Wildblumen. Der Höhepunkt ist Reenadinna Wood, ein kleines Stück Eibenwald, eines der wenigen in Europa.

Startpunkt Muckross House Parkplatz (GPS: 52.019560, -9.501994)

Neben dem Haus selbst bietet Muckross formale Gärten und ein Arboretum, die alle für die Öffentlichkeit zugänglich sind. Beachten Sie, dass es sich hier um eine der größten Touristenattraktionen Irlands handelt, die vor allem im Sommer und an Wochenenden sehr gut besucht sein kann.

1 Vom Parkplatz aus halten Sie sich rechts und folgen der Beschilderung zur Muckross Abbey. Dieses Franziskanerkloster aus dem 15. Jahrhundert liegt etwas abseits der Hauptroute, ist aber die zusätzlichen 2km wert. Muckross Abbey ist eine der am besten erhaltenen Abteien in Irland und im Kreuzgang steht eine beeindruckende Eibe. Der Legende nach wurde dieser Baum beim Bau des Klosters gepflanzt, was ihn zur drittältesten Eibe Irlands machen würde.

Die Eiben des Reenadinna Wood.

Nach dem Verlassen des Klosters folgen Sie dem Hauptweg, der am Seeufer entlang auf die Muckross-Halbinsel führt, die Lough Leane und Muckross Lake voneinander trennt. Der Blick auf den See wird allerdings häufig durch Bäume versperrt.

2 Nach etwa 2km erreichen Sie Reenadinna Wood. Dieser Eibenwald ist nicht ausgeschildert, aber die riesigen Eiben, die den Weg überschatten, sind schwer zu übersehen. Dies ist einer der wenigen reinen Eibenwälder in Europa und die Bäume wachsen hier auf weitgehend freiliegendem, oft mit Moos überwachsenen Kalkstein. Pollenanalysen haben ergeben, dass Reenadinna seit etwa 5.000 Jahren existiert, allerdings ist keine der derzeitigen Eiben älter als 200 Jahre. Das dichte, immergrüne Blätterdach hält das Sonnenlicht zurück und taucht den Boden in ein ständiges Zwielicht. Das Ergebnis ist eine sehr karge Bodenflora, die hauptsächlich aus Moosen, Farnen (Hirschzungenfarn und Grannen-Schildfarn) und vereinzelten Exemplaren von Wald-Sauerklee, Sanikel, Walderdbeere und Erdbeer-Fingerkraut besteht. Um diesen einzigartigen Wald optimal zu erleben, empfehlen wir, den Hauptweg zu verlassen und den Reenadinna Wood über einen der kleinen Nebenfade zu erkunden. Bitte bleiben Sie aber auf diesen Pfaden und treten Sie nicht auf die dicken Moosteppiche, da dies zu erheblichen Schäden führt.

Der Hauptweg führt weiter durch Mischwald. Der Erdbeerbaum ist hier ebenso zu finden wie eine seltene Form der Englischen Mehlbeere, deren irische Verbreitung auf das Gebiet um Killarney beschränkt ist. Auch Rotwild ist in diesem Gebiet häufig zu sehen, vor allem im Herbst während der Hirschbrunft. Diese Wälder sind auch eine Hochburg des Baummarders und einer der westlichsten Orte Irlands, an dem das Eichhörnchen gesichtet werden kann.

3 Schließlich erreichen Sie das „Meeting of the Waters“ auf Dinish Island. Hier vereinigen sich die Gewässer von Lough Leane und Muckross Lake, um in den Long Range und schließlich den Upper Lake zu fließen. Dinish Cottage stammt aus dem 18. Jahrhundert und wurde über die Jahre als Holzfällerhaus und Jagdhütte genutzt. Heute beherbergt das malerische Gebäude ein Café. Wasseramsel und Eisvogel können hier manchmal beobachtet werden.

4 Der Weg führt weiter durch Mischwälder, in denen sich Eichen- mit Kiefernbeständen und feuchten Abschnitten, in denen Erlen dominieren, abwechseln. Wildblumen, vor allem weit verbreitete Arten wie Wald-Sauerklee, Sanikel und Hainsimsen als auch Besenheide, die auf torfigem Untergrund wächst, sind ebenfalls zu sehen, und auch die seltenere Irische Wolfsmilch gedeiht an einigen Stellen. Der malerische Blick auf den Muckross Lake rundet das Bild ab.

Nach 2km überqueren Sie die N71 und wandern auf den unteren Hängen des Torc Mountain weiter. An einer Kreuzung können Sie entweder links abbiegen, um direkt zum Muckross House zurückzukehren, oder den rechten Weg wählen, der zum Torc Waterfall führt und die Wanderung um weitere vier Kilometern verlängert.

5 Der Torc Waterfall ist eine der Hauptattraktionen der Gegend. Der 20 Metern hohe Wasserfall hat seinen Namen von dem irischen Wort für Wildschwein und liegt auf einer geologischen Verwerfungslinie. Während der Torc Mountain selbst aus devonischem Sandstein besteht, der 400 Millionen Jahre alt ist, besteht seine Basis um den Muckross Lake aus viel jüngerem Kalkstein aus dem Karbon. Während einer Periode verstärkter tektonischer Aktivität wurde das Land unter dem Torc Mountain um etwa 3.000 Metern angehoben, was den älteren Sandstein freilegte.

Nach der erneuten Überquerung der N71 trifft der Weg wieder auf die Hauptroute und führt zurück zum Muckross House.

Muckross Lake an einem Wintermorgen.

Route 10: Die Skelligs

2-3 STUNDEN, 1,5 KM
MITTERSCHWER
(2 STUNDEN BOOTSFAHRT)

Eine Bootsfahrt zum faszinierendsten Ort Irlands.
Die größte Basstölpelkolonie Irlands.

Lebensräume: Steilklippen, Meer
Charakteristische Arten: Basstölpel, Papageitaucher, Gryllteiste, Trottellumme, Tordalk, Eissturmvogel, Großer Tümmler, Riesenhai, Mondfisch

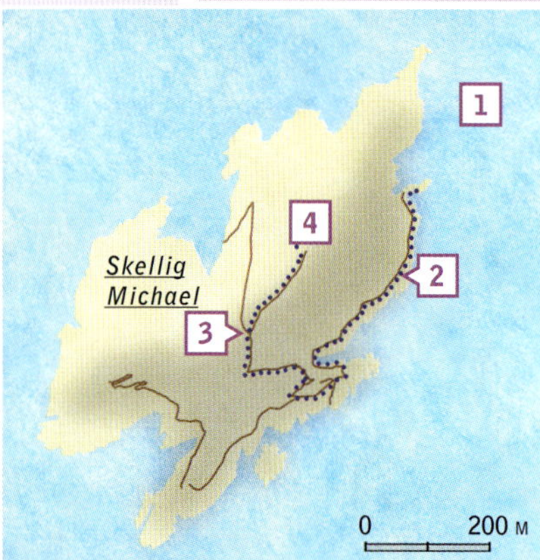

Die Skelligs sind zwei kleine Inseln vor der Küste der Grafschaft Kerry, die seit Jahrtausenden Besucher in ihren Bann ziehen. Die größere der beiden, Skellig Michael, erscheint aus der Ferne wie eine Pyramide, die aus senkrechten Felspfeilern erbaut wurde, die kleinere, Little Skellig, ist niedriger, aber ebenso markant. Beide Inseln dominieren den Blick von verschiedenen Küstenstandorten aus und sind ein beliebtes Fotomotiv.

Little Skellig beherbergt Irlands größte Basstölpel-Kolonie, in der rund 30.000 Paare dieses eleganten Vogels leben. Der Ausbruch der Vogelgrippe 2022 hat die Kolonie allerdings stark dezimiert. Skellig Michael, ein UNESCO-Weltkulturerbe, ist vor allem für seine frühchristliche Klostersiedlung und in jüngerer Vergangenheit für seinen Auftritt in den Star Wars Filmen bekannt. Außerdem beherbergt die Insel im Sommer zahlreiche Brutvögel wie Papageitaucher, Trottellumme, Tordalk, Dreizehenmöwe und Eissturmvogel.

Little Skellig ist für Besucher nicht zugänglich, aber die meisten Bootsbetreiber umrunden die Insel, so dass man einen guten Blick auf die nistenden Basstölpel erhält. In den Sommermonaten können Sie auf Skellig Michael an Land gehen, täglich ist aber nur eine begrenzte Anzahl von Besuchern erlaubt, so dass wir eine frühzeitige Buchung empfehlen.

Startpunkt Portmagee (GPS: 51.885799, -10.366231)
Portmagee ist ein kleines Fischerdorf am westlichen Ende der Iveragh-Halbinsel, das für seine bunten Häuser bekannt ist. Von hier aus führen mehrere Anbieter Ausflüge zu den Skelligs durch. Die Überfahrt zu den Inseln dau-

ert etwa 1 Stunde, und auf Skellig Michael haben Sie etwa 2,5 Stunden Aufenthalt. Informationen über die genaue Dauer des Aufenthalts und die Abfahrtszeiten zu und von der Insel erhalten Sie von dem jeweiligen Bootsbetreiber. Die Gewässer um die Skelligs sind selbst im Sommer notorisch rau und das Anlegen auf der Insel ist schwierig. Alle Ausflüge sind daher streng wetterabhängig.

Die charakteristischen Silhouetten der Skelligs, wie man sie vom Festland aus sieht (oben). Die Felsstufen auf Skellig Michael, die zur Klostersiedlung führen (unten).

1 Auf der Überfahrt werden Sie verschiedenen Seevögeln begegnen. Neben den allgegenwärtigen Herings- und Silbermöwen werden Sie Eissturmvögel, Papageitaucher und natürlich Basstölpel sehen. Halten Sie auch Ausschau nach Großen Tümmlern und Gemeinen Delfinen, die in diesen Gewässern häufig anzutreffen sind. Auch Riesenhaie und Mondfische gibt es hier, können aber nur bei ruhiger See gesichtet werden.
Wie bereits erwähnt, umrunden die meisten Bootsbetreiber Little Skellig, bevor sie auf der Hauptinsel anlegen. Vom Boot hat man hat einen sehr guten Blick auf die nistenden Basstölpel, die jeden noch so kleinen Teil des Felsens in Beschlag nehmen.

2 Skellig Michael ist nichts für schwache Nerven und für Menschen mit Höhenangst. Der erste Teil des Weges ist relativ eben, gut geschützt und verläuft entlang der Südwestseite der Insel mit abfallenden Steilklippen auf der einen, und noch steiler aufragenden Klippen auf der anderen Seite. Hier werden Sie auch den ersten Vögeln begegnen. Eissturmvögel und Dreizehenmöwen drehen ihre Runden und Papageitaucher, Tordalke und

Trottellummen inspizieren die neuen menschlichen Besucher von ihren Nistplätzen aus.
Nach 250m führt ein Seitenweg zum Gipfel der Insel, der etwa 200m über dem Meeresspiegel liegt. Sie müssen etwa 600 Stufen ersteigen, die von den ansässigen Mönchen vor etwa 1.000 Jahren in den Felsen gebaut wurden. An manchen Stellen ist der Anstieg nahezu senkrecht, aber die Aussicht und ein Meer von Klippen-Leimkraut, das im Frühsommer die Klippen bedeckt, sind die spektakuläre Belohnung für Ihre Anstrengungen.

3 Nach etwa 160m haben Sie den „Christ's Saddle" erreicht – ein Plateau zwischen Felspfeilern etwa auf halber Strecke zur Klosteranlage. Hier trifft man häufig Papageitaucher und erhascht einen Blick auf die Wanderfalken, die auf den Felspfeilern nisten. Von hier führen weitere steile Stufen zum Kloster.

Basstölpel mit Nistmaterial auf dem Weg zur Brutkolonie auf Little Skellig.

4 Das Kloster ist eine Ansammlung von halbkugelförmigen Steinhütten, einer Kapelle, einer kleinen Kirche, einem Garten und einem Friedhof, die seit über 1.000 Jahren dem atlantischen Wetter trotzen. Das Kloster wurde im 6. Jahrhundert gegründet und man kann sich leicht vorstellen, wie mühsam das Leben hier gewesen sein muss. Fisch war die einzige verfügbare Nahrungsquelle, und selbst diese war bei rauem Wetter schwer zu bekommen. Der kleine Garten konnte nur eine geringe Menge an Gemüse liefern, so dass der Großteil der Vorräte vom Festland herübergebracht werden musste. Bei gutem Wetter stellte das kein Problem dar, bei schlechtem Wetter dagegen ist die Insel auch heute noch manchmal wochenlang vom Festland abgeschnitten.
In der Umgebung des Klosters sehen Sie weitere Papageitaucher, Trottellummen und Tordalke sowie Gryllteisten und Küstenseeschwalben, die in kleiner Zahl auf der Insel nisten.

Beim Besuch von Skellig Michael ist es wichtig, die Zeit im Auge zu behalten. Die besondere Atmosphäre und die Sehenswürdigkeiten des Ortes lassen einen die Zeit vergessen. Leider ist der Rückweg zur Anlegestelle fast noch schwieriger als der Aufstieg und sollte nicht überstürzt werden.

Route 11: Die Dingle-Halbinsel

1-2 GANZTÄGIG
140 KM

Einige von Irlands schönsten Landschaften.
Eine weiter Querschnitt von Irland Nature von Watvögeln bis zu Wildblumen.
Ein fantastischer Ort zur Walbeobachtung vom Festland.

Lebensräume: Steilklippen, Sandstrände und Dünen, Schlick- und Sandwatt, See, Deckenmoor
Charakteristische Arten: Kreuzkröte, Ringelgans, Singschwan, Buckelwal

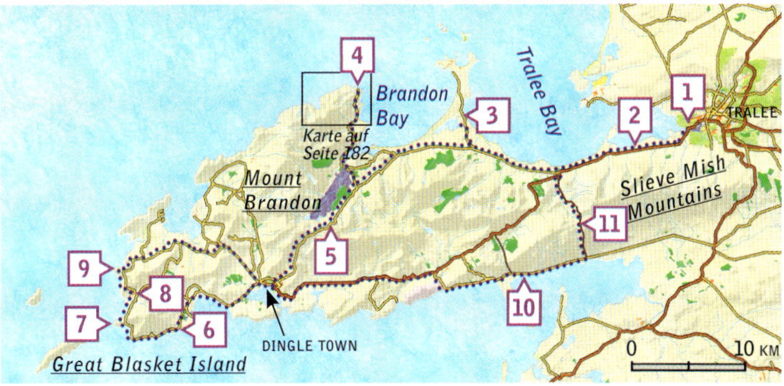

Die Dingle-Halbinsel ist die nördlichste der Halbinseln in der Grafschaft Kerry und ist bekannt für ihre atemberaubende Landschaft: eine wilde, aber wunderschöne Kombination aus Meer, Küste und Bergen. Die Tralee Bay im Nordosten der Halbinsel ist für ihre großen Gruppen von Wat- und Wasservögeln bekannt, während die westliche Spitze und das Gebiet zwischen dem Festland und der Blasket Islands Inselgruppe einer der besten Orte Irlands für die Beobachtung von Walen und Delfinen ist. Das gebirgige Landesinnere bietet weite Gebiete von Deckenmooren, die auch von unerfahreneren Alpinisten auf schmalen, in die Berge führenden Straßen erkundet werden können.

Diese Autoroute verbindet eine Reihe von kurzen Wanderungen (2-5km), die alle zusammen einen Tag gut füllen. Einige der Haltepunkte auf der Route wurden speziell für die Beobachtung von Seevögeln, Walen und Delfinen ausgewählt. Es ist allerdings wichtig zu wissen, dass Sie, um Wale, Delfine und Vögel auch wirklich zu sehen, zur richtigen Zeit und unter den richtigen Wetterbedingungen vor Ort sein sollten. Außerdem empfehlen wir mindestens 2-3 Stunden für jede Beobachtungssession einzuplanen. Wenn Sie sowohl die Wanderungen als auch die Beobachtungen machen möchten, empfehlen wir Ihnen, mindestens 2 Tage in der Gegend zu bleiben und die Route in zwei Teile aufzuteilen (östlicher Teil und westlicher Teil). Dingle Town bietet eine Vielzahl von Unterkünften und ist auch ein guter Ausgangspunkt für die Wanderungen.

Startpunkt Blennerville, Tralee Bay Wetlands Besucherzentrum (GPS: 52.262716, -9.718352)

1 Der Tralee Bay Wetlands Eco and Activity Park (**www.traleebaywetlands.org**) bietet Informationen über die Bucht von Tralee und ihre Vogelwelt, Führungen durch den Park sowie einen Aussichtsturm mit Blick auf die Bucht und die Berge. Zu den Arten, die man hier beobachten kann, gehören Seidenreiher, Teichhuhn, Bekassine, Krickente und Großer Brachvogel.

Vom Tralee Bay Centre aus fahren Sie auf der N86 in Richtung Blennerville. Fahren Sie durch das Dorf (bekannt für seine alte Windmühle, die für die Öffentlichkeit zugänglich ist) und folgen Sie der Straße entlang der Küste für etwa 7km. Biegen Sie rechts auf eine kleine Seitenstraße ab, die Sie zum Derrymore Beach bringt.

Die Feuchtgebiete am Rande der Stadt Tralee, die Windmühle in Blennerville und die Bergrücken der Slieve Mish Mountains.

Sanderling am Derrymore Beach.

2 Ein Spaziergang (ca. 5km) entlang des Strandes in nordöstlicher Richtung bringt Sie zu Derrymore Island, einem staatlichen Naturschutzgebiet auf Privatgelände. Das Gebiet ist Teil der Tralee Bay, einem Schutzgebiet für Wat- und Wasservögel. Die Ostseite der (Halb-)Insel ist als Rastplatz für Pfeifenten und Ringelgänse bekannt, aber auch andere Vögel wie Rotschenkel, Grünschenkel, Sanderling, Alpenstrandläufer, Kiebitz, Mittelsäger, Singschwan und andere lassen sich hier beobachten und manche der Arten treten manchmal in großer Zahl auf.

Fahren Sie zurück zur N86 und biegen Sie rechts ab. Nach etwa 4km halten Sie sich rechts und nehmen die R560 (die N86 biegt hier links ab und führt nach Dingle Town). Nach 8km biegen Sie rechts ab in Richtung Castlegregory. In der kleinen Ortschaft halten Sie sich links und fahren dann etwa 200m geradeaus. Nehmen Sie die rechte Abzweigung, ausgeschildert nach Lough Gill, die Sie zu einem kleinen Parkplatz an diesem See führt, der ebenfalls zum Tralee Bay Schutzgebiet gehört (GPS: 52.26122, -10.030278).

3 Ein Großteil des Lough Gill kann von einem kleinen, in den See hineinragenden Steg aus überblickt werden. Der See ist besonders reich an überwinternden Wasservögeln: Sing- und Zwergschwan, Krickente, Pfeifente und Bergente kommen in großer Zahl vor. Schnatterente, Löffelente, Reiherente, Tafelente und Blässhuhn sind ebenfalls regelmäßige Gäste, allerdings etwas weniger zahlreich.

Kehren Sie auf die R560 zurück und folgen Sie der Straße für etwa 8km. Biegen Sie rechts auf die R550 nach Cloghane und Brandon ab. Diese Straße führt Sie durch kleine Dörfer mit malerischen Häfen und vorbei an Sandstränden. Wir empfehlen von Zeit zu Zeit anzuhalten, um die Landschaft zu bewundern. Am Ende der Straße befindet sich ein kleiner Parkplatz am Brandon Point (GPS: 52.288292, -10.161455).

4 Brandon Point selbst ist ein beliebter Ort zur Vogelbeobachtung. Atlantiksturmtaucher, Basstölpel, Eissturmvögel und Mitglieder der Alkenvögel sind häufig zu sehen, und im Herbst kann man den Großen als auch den Dunklen Sturmtaucher, Schwalbenmöwen und Wellenläufer vor-

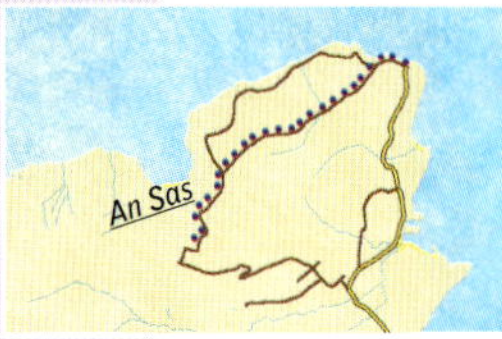

beiziehen sehen. Der Parkplatz selbst ist gut geeignet, um diese Vögel zu beobachten.

Vom Parkplatz aus beginnt einer der schönsten Wanderwege Irlands. Die 14km lange Rundwanderung ist wunderschön, aber etwas zu lang, um sie komplett in dieser Route unterzubringen. Wir empfehlen, den ersten Teil der Wanderung entlang der Küste nach An Sas zu erforschen. An Sas bietet eine der beeindruckendsten Küstenszenarien in Irland, eine kleine Bucht, umgeben von nahezu senkrechten Klippen (8km hin und zurück).

Kehren Sie auf die R560 zurück und fahren Sie über den Conor Pass in Richtung Dingle Town (An Daingean). Falls Sie im Wohnmobil unterwegs sein sollten, müssen Sie leider die Hauptstraße nach Dingle Town, die N86, nehmen.

5 Der Conor Pass ist eine der dramatischsten Bergstraßen Irlands. Die breite und gut ausgebaute Straße verengt sich zur Passhöhe hin auf nur eine sehr schmale Fahrspur. Auf der einen Seite geht es steil bergab, auf der anderen Seite befinden sich senkrechte Klippen und nur wenige Ausweichmöglichkeiten. Achten Sie auf den Gegenverkehr, denn Rückwärtsfahren ist auf dieser Straße kein Vergnügen. Der Parkplatz auf der Passhöhe ist einen Halt wert und bietet einen Blick über das mit Deckenmoor und Seen bedeckte Tal, auf Brandon Point und das Meer.

Einer der vielen Sandstrände, die man auf dem Weg zum Brandon Point passiert. Im Hintergrund die Slieve Mish Mountains.

Ab hier wird die Straße wieder breiter und führt nach Dingle Town, der größten Siedlung auf der Halbinsel. In der Stadt nehmen Sie die R559 (Slea Head Drive).

6 Der Slea Head Drive ist eine spektakuläre Rundtour um die Spitze der Halbinsel und zurück nach Dingle Town.

Allein die von dramatischen Klippen umgebenen Sandstrände und mehrere

Heide und Deckenmoor in den Slieve Mish Mountains.

einzigartige Kulturdenkmäler (Fahan Beehive Huts, Gallarus Oratory und Dunbeg Fort) würden diese Tour lohnend machen. Darüber hinaus bietet die Region aber auch Wal- und Delfinbeobachtungstouren, die vom Hafen der kleinen Ortschaft Ventry ablegen (siehe Seite 187).

7 Mit etwas Glück können Wale und Delfine auch vom Dunmore Head, etwa 10km westlich von Ventry, beobachtet werden. Neben der Straße befindet sich ein großer Parkplatz (GPS: 52.110164, -10.465361), von dem aus man die 700m zum Dunmore Head laufen kann. Die Landzunge ist der westlichste Punkt Irlands auf dem Festland und bietet einen Blick auf die Blasket Islands. Gemeine Delfine und Riesenhaie sind die Arten, die Sie von hier aus am wahrscheinlichsten zu Gesicht bekommen. Die Landzunge eignet sich auch zur Vogelbeobachtung, die beiden folgenden Haltepunkte sind allerdings leichter zu erreichen und etwas geschützter.

8 Das kleine Dorf Dunquin liegt 2,5km nördlich von Dunmore Head. Es ist bekannt dafür, dass es seltene und ungewöhnliche Irrgäste wie Rotaugenvireo (aus Nordamerika) und Gelbbrauen-Laubsänger (aus Sibirien) anzieht. Diese Vögel tauchen in der Regel nach Stürmen auf, nachdem sie vom Kurs abgebracht wurden und den Schutz der Hecken und alten Gebäude nutzen, um wieder zu Kräften zu kommen.

9 Clogher Head, 2km weiter nördlich gelegen, ist ein guter Ort, um Seevögel zu sehen. Großer Sturmtaucher, Dunkler Sturmtaucher,

Skua, Schmarotzerraubmöwe und Thorshühnchen sind Arten, die man hier im Herbst häufig beobachten kann. Parken Sie am Straßenrand (GPS: 52.150127, -10.466246) und laufen die kurze Entfernung zur Landspitze.

Der Rest des Slea Head Drive ist gut ausgeschildert und führt zurück nach Dingle Town. In der Stadt nehmen Sie die N86 nach Anascaul. Nach etwa 15km, vor dem Ortseingang, biegen Sie rechts ab auf die R561 nach Castlemaine.

10 Nach etwa 10km erreichen Sie einen der berühmtesten Surfstrände Irlands, Inch Strand. Für Naturliebhaber ist das angrenzende Dünensystem von Interesse. Parken Sie auf dem ausgewiesenen Parkplatz am Straßenrand und folgen Sie einem der Wege in die Dünen. Die Ostseite der Dünen grenzt an Castlemaine Harbour, ein Gebiet mit Salzwiesen und Heideflächen. Hier kann man die in Irland seltene Kreuzkröte entdecken. Das Tier ist vor allem am Rand der Dünen anzutreffen und leicht an dem gelben Streifen zu erkennen, der sich über ihren Rücken zieht.

Sonnenuntergang am Inch Beach.

Fahren Sie weitere 7km auf der R461 nach Aughills / Aughills Bridge und biegen Sie links auf eine kleine Seitenstraße ab (GPS: 52.159263, -9.8693569). es gibt leider keine Wegweiser, aber kurz vor der Abzweigung steht ein relativ neues Haus).

11 Diese schmale Straße führt Sie in die Slieve Mish Mountains. Am höchsten Punkt schlängelt sich die Straße zwischen den Gipfeln von Caherconree und Knockbrack hindurch und bietet neben grandiosen Ausblicken eine gute Gelegenheit, das Deckenmoor der Berge und seine Flora zu erkunden. Am schönsten ist das Gebiet im Spätsommer, wenn Besenheide, Grau-Heide, Glockenheide und Steinbrech in voller Blüte stehen (Parkplatz: GPS 52.172558, -9.874543).

Die Straße bringt Sie schließlich in der Nähe von Derrymore wieder auf die N86 und von dort zurück nach Tralee.

Weitere Exkursionsziele im Südwesten Irlands

A – The Gearagh

GPS: 51.890197, -8.974820. Das Gebiet, das als The Gearagh bekannt ist, ist ein paradox. Dieses Naturschutzgebiet liegt in der Nähe der Stadt Macroon an der R584 und begann seine Existenz als eine der größten Umweltkatastrophen Irlands. Nach der letzten Eiszeit verwandelte sich das Gebiet in einen ausgedehnten Bruchwald und war Anfang des 20. Jahrhunderts das letzte vollständig erhaltene Gebiet dieser Art in Europa. Der Fluss Lee, der in einem nahen gelegenen Gebirge entspringt, breitete sich in der weiten Ebene aus und bildete zahllose Kanäle, die ebenso zahllose Inseln mit Eichen- und Eschenwäldern umgaben. Im Jahr 1954 wurde das Gebiet im Rahmen eines Wasserkraftprojekts geflutet, um die Stadt Cork und ihre Umgebung mit Strom zu versorgen. Über 60% der Wälder wurden zerstört. Heute umfasst das Gearagh-Naturschutzgebiet einen Teil des Stausees und begrüßt den Besucher mit einem gespenstischen Aussehen. Reste der alten Bäume stehen wie mahnende Finger in der weiten Wasserfläche.

Mehrere Inseln, die nun durch Dämme miteinander verbunden sind, überstanden die Flutung, und mit der Zeit erholte sich die Flora und die Tierwelt kehrte zurück. Heute besteht die Vegetation auf den Inseln hauptsächlich aus Weiden und Erlen, zu denen sich verschiedene feuchtigkeitsliebende Wildblumen wie Sumpf-Dotterblume, Mädesüß und andere Arten gesellen. Das Naturschutzgebiet ist ein guter Ort für Wasservögel wie die Pfeifente und Graugans. Graureiher und Blässhuhn sind ebenfalls häufig zu sehen. Die wichtigste Art unter dem Gesichtspunkt des Naturschutzes ist die fast ausgestorbene Flussperlmuschel, die man als Besucher aber nicht zu sehen bekommt.

B – Lough Hyne

GPS: 51.506057, -9.303721. Lough Hyne ist ein kleiner und ungewöhnlicher Meeresarm in der Nähe der Stadt Skibbereen und wurde 1981 zu Irlands erstem Meeresschutzgebiet erklärt. Lough Hyne ist nur durch einen schmalen Kanal, die so genannten „Rapids", mit dem Meer verbunden, und diese besondere Topographie hat eine einzigartige Artenvielfalt hervorgebracht (siehe Kasten auf Seite 30). Viele der Arten, die im Lough Hyne gedeihen, sind nirgendwo sonst in Irland zu finden. Dazu gehören die Schwämme *Plakortis simplex* und *Halicnemia patera*, die Fische Couch's Grundel und Rotlippengrundel sowie zwei Meeresschnecken, die vorwiegend im Mittelmeer vorkommen, *Dicata odhneriand* und *Facelina dubia*.

Leider bleibt diese besondere Tierwelt für den Besucher unter der dunklen Wasseroberfläche verborgen. Der einzige Bewohner, der gelegentlich

The Gearagh

gesichtet werden kann, ist der Fischotter, der in und um den Lough Hyne lebt. Lough Hyne wird vom Knockamagh Hill überragt, der sich auf überschaubare 197 Metern erhebt. Ein Naturlehrpfad führt durch ein Waldgebiet zum Gipfel des Berges, wo man hervorragende Ausblicke über Lough Hyne und die angrenzende Küste hat. Der Wald beherbergt Pflanzen wie Wald-Sauerklee, Hasenglöckchen, Hainsimsen und einen Vertreter der lusitanischen Flora (siehe Seite 106), den Spateligen Steinbrech.

C – Dursey Island

GPS: 51.609428, -10.154724. Dursey liegt vor der Küste der Beara-Halbinsel und hat einen besonderen Status unter den irischen Inseln: Sie kann mit einer Seilbahn erreicht werden (siehe **www.durseyisland.ie**). Die drei kleinen Dörfer auf der Insel sind heute weitgehend unbewohnt. Nur im Sommer werden einige der Häuser als Ferienhäuser genutzt. Mit anderen Worten: Es ist ein großartiger Ort, um dem Alltag zu entfliehen. Die Insel lässt sich am besten über den ausgeschilderten Rundwanderweg erkunden, der an der Seilbahnstation beginnt. Die asphaltierte Hauptstraße führt an der geschützten Südseite der Insel entlang und endet im westlichsten der drei Dörfer. Von hier aus führt ein Pfad zur Westspitze der Insel.

Während die Insel selbst keine übermäßig interessante Flora und Fauna bietet, ist die Westspitze von Dursey ein sehr guter Ort, um Wale und

Vögel zu beobachten. Die nahegelegenen kleineren Inseln mit den Namen „The Bull“, „The Cow“ und „The Calf“ beherbergen einige der größten Vogelkolonien Irlands. Basstölpel (The Bull beherbergt die drittgrößte Kolonie Irlands) und Sturmschwalben kommen in großer Zahl vor. Papageitaucher, Trottellummen und Tordalke brüten ebenfalls auf diesen Inseln, aber in kleinerer Zahl. Im Herbst nutzen Zugvögel Dursey Island als Zwischenstation, und im Laufe der Jahre wurden auf der Insel einige ungewöhnliche Besucher gesichtet, darunter Blauschwanz, Mönchswaldsänger und Bienenfresser. Gemeine Delfine und Große Tümmler können regelmäßig von der Insel aus beobachtet werden, und im Frühjahr und Sommer sind auch Riesenhaie keine Seltenheit.

Zurück im Dorf führt ein schmaler Pfad entlang des Bergrückens, der die Insel krönt, zurück zur Seilbahnstation. Dieser Bergrücken ist der westliche Ausläufer der Slieve Miskish Mountains auf dem Festland. Der Pfad führt über Deckenmoor und ist unwegsam und häufig sehr nass.

Dursey Island

D – Walbeobachtungstouren

Die irischen Küstengewässer gehören zu den besten in Europa, um Wale und Delfine zu beobachten, und wurden 1991 zum Wal- und Delfinschutzgebiet erklärt. Alle Landspitzen entlang der Südwest- und Westküste eignen sich für die Wal- und Delfinbeobachtung vom Land aus. Den besten Blick auf diese faszinierenden Säugetiere hat man jedoch von einem Boot aus.

„Whale Watching“-Bootstouren starten von Baltimore Harbour (**www.whalewatchwestcork.com**) und Reen Pier (**www.corkwhalewatch.com**) in der Grafschaft Cork und von Ventry Harbour (**www.marinetours.ie**) in der Grafschaft Kerry.

Gemeine Delfine, Schweinswale, Zwergwale und das zweitgrößte Tier der Erde, der Finnwal, sind häufig. Im Spätsommer und Herbst gesellen sich regelmäßig Buckelwale dazu. Schwertwale und Rundkopfdelfine sind

seltenere, aber auch regelmäßige Besucher der irischen Küste. Im Frühjahr und Sommer kann man außerdem Riesenhaie und seltener den Mondfisch sehen.
Die Touren dauern durchschnittlich 4-5 Stunden und sind wetterabhängig.

E – Kenmare Seafari

GPS: 51.873201, -9.588961. Der Kenmare River, der trotz seines Namens kein Fluss, sondern eine Meeresbucht ist, ist ein überschwemmtes Gletschertal, das die Halbinseln Beara und Iveragh voneinander trennt. Das östliche Ende der schmalen Bucht ist vor den brutalen Atlantikstürmen weitgehend geschützt und mit kleinen Inseln übersät. Hier finden die Bootsfahrten von Seafari statt (**www.seafariireland.com**).
Seafari wird von Kapitän Raymond Ross, einem erfahrenen Skipper, geleitet und zeigt Ihnen die östliche Hälfte des Kenmare River, wo eine Reihe von Tierarten den Schutz der Bucht genießt. Seehunde sind zahlreich und ziehen ihre Jungen, die im Frühsommer geboren werden, in der Bucht auf. Auch Kegelrobben sind hier zu sehen, allerdings in geringerer Zahl. Vögel wie Kormoran, Krähenscharbe, Graureiher, Austernfischer und andere Watvögel sind ebenfalls häufig anzutreffen. Die Hauptattraktion ist jedoch der Seeadler, der 2007 in Irland wieder angesiedelt wurde und der in den letzten Jahren begonnen hat, am Kenmare River zu brüten. Die Abfahrtszeiten sind gezeitenabhängig und variieren von Tag zu Tag.

Hirschbrunft in Killarney

F – Rothirschbrunft in Killarney

GPS: 52.059176, -9.519147. Die Rothirschherden des Killarney Nationalparks sind die einzigen ursprünglichen Gruppen dieser beeindruckenden Tiere in Irland. Das ganze Jahr über sind sie in den Wäldern und Bergen des Nationalparks verstreut, und Begegnungen mit ihnen sind meist zufällig. Im Herbst jedoch sammeln sich die Tiere in den Tälern um Killarney, um das jährliche Ritual der Brunft zu vollziehen. Von Ende September bis Anfang November fallen die Hirsche und ihre Hirschkühe in die kultivierten Parklandschaften um Lough Leane und Muckross Lake ein. Am frühen Morgen und am Abend sind die Hirsche am aktivsten, während der Rest des Tages etwas ruhiger ist. Einer der besten Orte, um die Brunft zu beobachten, ist das Gebiet um die Killarney Demesne nahe dem Stadtzentrum. Nehmen Sie den Eingang gegenüber St. Mary's Cathedral an der N71. Gehen Sie an der Teestube vorbei und biegen Sie nach etwa 300m rechts ab. Hier trifft man fast immer auf kleine Gruppen von Hirschkühen und röhrende Hirsche. Es ist unbedingt notwendig, während der Brunftzeit auf den Wegen zu bleiben und die Augen offen zu halten. Die Tiere sind oft nur wenige Metern vom Weg entfernt. Seien Sie also vorsichtig, denn einem hormongesteuerten Hirsch ist es egal, wen er niederrennen muss, um sich sein Brutrecht zu sichern.

G – Ballinskelligs Dark Sky Reserve

Irlands abgelegene Ecken entlang der Westküste eignen sich im Allgemeinen sehr gut, um den Nachthimmel zu beobachten, da die Lichtverschmutzung durch nahe gelegene Städte und Dörfer sehr gering ist. Das Gebiet um Ballinskelligs an der Westspitze der Halbinsel Iveragh ist so abgelegen, wie es nur sein kann, und war daher der logische Kandidat, um Irlands erstes Dark Sky Reserve zu werden. Spätsommer, Herbst

Baltimore Beacon mit Sherkin Island und Cape Clear im Hintergrund.

und Winter sind die besten Zeiten, um Meteoritenschauer zu beobachten oder die Milchstraße zu studieren, vorausgesetzt, das Wetter spielt mit. Sie können eine Einführung in die Sternenbeobachtung mit erfahrenen örtlichen Führern buchen (siehe **www.kerrydarkskytourism.com**) oder auf eigene Faust losziehen. St. Finian's Bay (GPS 51.846027, -10.335798) und Ballinskelligs Beach, beide am Skellig Ring an der N70 gelegen, sind die besten Orte, um sich für eine lange Nacht niederzulassen.

H – Cape Clear

Cape Clear ist eine kleine Insel in der äußersten südwestlichen Ecke Irlands und abgesehen vom Fastnet Rock der südlichste Punkt des Landes. Cape Clear ist seit langer Zeit ein Begriff unter Ornithologen und bekannt für seine ansässigen und geradezu berühmt für durchreisende Seevögel und seltene Singvögel. Im Jahr 1959 erkannte eine Gruppe von Vogelbeobachtern das Potenzial des Ortes und gründete das Cape Clear Bird Observatory, das erste seiner Art in Irland. Seitdem werden systematisch Aufzeichnungen durchgeführt. Atlantiksturmtaucher, Dunkler Sturmtaucher, Eissturmvogel, Basstölpel, Skua, Schmarotzerraubmöwe, Dreizehenmöwe, Trottellumme und Tordalk sind die häufigsten Vögel hier, aber im Laufe der Jahre wurden auch seltene und obskure Arten wie Prachtfregattvogel und Schwarzbrauenalbatros gemeldet und die Herbstmigration bringt jedes Jahr die eine oder andere Überraschung.

Fähren zur Insel fahren von Baltimore und Schull aus. Die beste Zeit für einen Besuch ist der Spätsommer und Herbst, und die besten Plätze sind die südlichen Landspitzen der Insel, die den Zugrouten der Vögel am nächsten sind.

Birdwatch Ireland bietet Kurse und Touren auf der Insel an, die von dem örtlichen Vogelwart geleitet werden (**www.capeclearisland.ie** und **www.birdwatchireland.ie/cape-clear-wildlife-weekends/**).

I – Tetrapod Trackway

GPS: 51.929521, -10.345658. Der „Tetrapod" Trackway ist eine paläologische Kuriosität im Nordosten von Valentia Island, einer Insel im Nordwesten der Iveragh Halbinsel. Die Insel kann über eine Brücke von Portmagee aus erreicht werden (siehe Route 10). Auf der Insel angekommen, folgen Sie der Hauptstraße (R565) nach Knightstown, von wo aus der Tetrapod Trackway ausgeschildert ist. Der Zugang zur Route erfolgt vom Parkplatz über einen schmalen Küstenpfad, der nach Regenfällen sehr rutschig sein kann.

Ein Tetrapode ist ein schickes Wort für ein vierbeiniges Lebewesen. Der fragliche Tetrapode hier hinterließ regelmäßige runde Fußabdrücke in den glatten Felsen an der Küste von Valentia Island. Das Besondere an diesen Spuren ist, dass sie im Devon hinterlassen wurden – vor etwa 360 Millionen Jahren. Es handelt sich um eine von nur vier Tetrapoden-Spuren dieses Alters, die weltweit bekannt (die anderen befinden sich in Schottland und in Australien) und von großer evolutionärer Bedeutung sind, da sie den Übergang vom Leben im Meer zum Leben an Land zeigen. Der Tetrapode von Valentia Island gehörte zu den ersten Amphibien und damit zu den ersten Tieren, die an Land leben konnten.

Routen im Westen Irlands

Für viele verkörpert der Westen Irlands die wahre Seele des Landes: das Irland der weiten Sandstrände, steilen Klippen und des ungebändigten Atlantiks. Das Irland mit dem Torffeuer im offenen Kamin und der traditionellen Musik in einem altmodischen Pub. Das Irland der dramatischen Berge und einsamen Moore. Das Irland, wo die Schafe am Wegesrand grasen und das Irland, in dem jeder freundlich ist und Zeit für ein Schwätzchen hat.

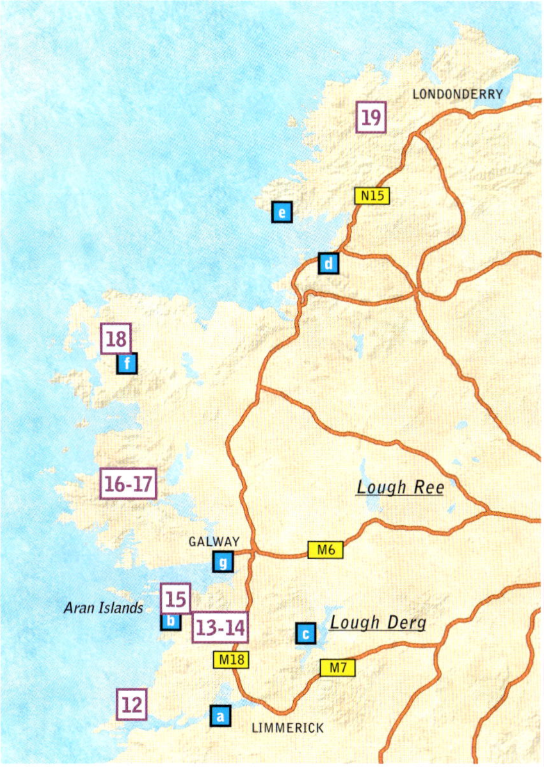

In einigen wenigen Gegenden gibt es dieses Postkarten-Irland noch, aber wie der Rest des Landes, so hat sich auch der Westen stark verändert. Außerdem hat sich herausgestellt, dass ein Teil der Romantik sehr unerwünschte Nebenwirkungen hat: Die freilaufenden Schafe sind für die Erosion der Berghänge verantwortlich, und das gemütliche Torffeuer ist nur durch die Zerstörung von Moorgebieten möglich und produziert beim Verbrennen Treibhausgase.

Der Westen Irlands hat keine klare Grenze, aber besteht grob aus den Grafschaften Clare, Galway, Mayo, Sligo, Leitrim und Donegal. Die südlichste der Grafschaften, Clare, hat eine etwas gespaltene Persönlichkeit mit sanften Hügeln, die mit Feldern, Steinmauern und Hecken bedeckt sind, und einige der dramatischsten Klippenlandschaften in ganz Irland. In der nördlichen Hälfte der Grafschaft findet man den berühmten Burren, eine Kalkstein-Karstlandschaft, die sich optisch vollkommen vom Rest des Landes unterscheidet und die Heimat einer einzigartigen Blumenwelt ist. Außerdem beherbergt der Burren eine der größten Ansammlungen von historischen Bauwerken, die den Zeitraum von der Steinzeit bis zum Mittelalter abdecken.

Die Grafschaft Galway wird von der berühmten Landschaft Connemaras dominiert, die zwei große Gebirgszüge, unberührte Deckenmoore und eine verschlungene, flache Küstenlinie aufweist. Die davon nördlich gelegene Grafschaft Mayo beherbergt ebenfalls ausgedehnte Moorgebiete und einsame Bergketten. Eine davon, der Nephin Beg, wird derzeit zu Irlands erstem Wildnisgebiet verwandelt. Mayos Küste dagegen unterscheidet sich sehr von der Connemaras und wird von schroffen Steilklippen geprägt. Die Grafschaften Sligo und Leitrim erscheinen etwas sanfter und zeichnen sich durch ihre Tafelberge aus, zu denen auch der bekannte Ben Bulben gehört, der in den Werken des Dichters W.B. Yeats verewigt wurde.
In der nordwestlichen Ecke Irlands liegt schließlich die abgelegenste Grafschaft Irlands, Donegal. Diese Grafschaft vereint die besten Eigenschaften der anderen: Ausgedehnte Deckenmoore und dramatische Gebirgszüge, atemberaubende Klippen (von denen einige aus den ältesten Gesteinen Irlands bestehen) und endlose Sandstrände machen Donegal für viel Besucher zur schönsten Grafschaft Irlands.

Einer der vielen Sandstrände an Irlands Westküste.

Höhepunkte

- Der wenig bekannte Loop Head mit Seevogelkolonien im Sommer, Zugvögeln im Herbst, überwinternden Wasser- und Watvögeln im Winter und Irlands einziger ansässiger Gruppe von Großen Tümmlern.
- Die einzigartige Kalkstein-Karstlandschaft des Burren mit einer noch einzigartigeren Flora und einer großen Vielfalt an Schmetterlingen.
- Connemara mit seiner faszinierenden Landschaft, den weiten Deckenmooren (den schönsten Irlands) und *Machair*, einer seltenen Form von Grasland.

Route 12: Loop Head Peninsula

GANZTÄGIG
60 KM

Eine Tour durch eines der am wenigsten bekannten natürlichen Juwelen Irlands. Eine vielfältige Vogelwelt, Große Tümmler und Einblicke in die geologische Vergangenheit.

Lebensräume: Steilklippen & Felsküste, Heide, Watt & Salzwiesen
Charakteristische Arten: Eissturmvogel, Dreizehenmöwe, Tordalk, Trottellumme, Felsenpieper, Alpenkrähe, Kolkrabe, Großer Tümmler

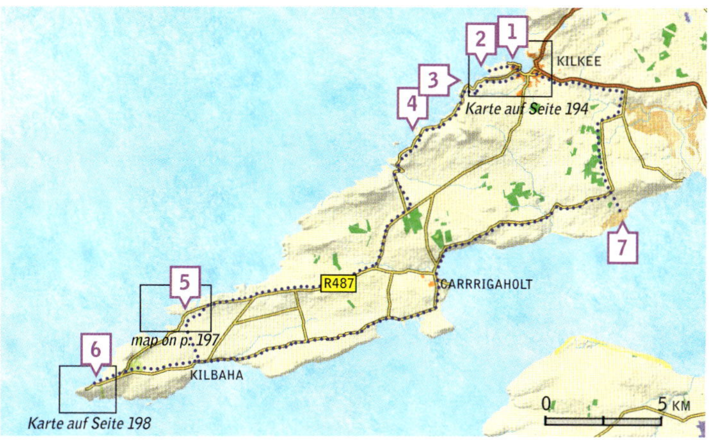

Loop Head (**www.wildloophead.com**) ist eine Halbinsel, die nur durch eine schmale Landbrücke mit dem Festland verbunden ist. Im Norden und Westen ist die Halbinsel dem offenen Atlantik zugewandt, im Süden liegt das Mündungsgebiet des längsten Flusses Irlands, des Shannon. Dieser einzigartigen Lage verdankt die Loop Head Halbinsel ihre Vielfalt an Lebensräumen und eine interessante Flora und Fauna.
Die Stars der Gegend sind die „Shannon Dolphins", Irlands einzige ansässige Gruppe von Großen Tümmlern. Diese Tiere leben seit Jahrhunderten in der Shannon-Mündung, und berücksichtigt man Legenden über Seeungeheuer, wahrscheinlich sogar seit Jahrtausenden. Insgesamt halten sich über 100 Tiere in der Mündung auf, die gewöhnlich in kleinen Gruppen von 10 bis 20 Tieren unterwegs sind und oft vom

Festland aus beobachtet werden können. Auf dieser Route gibt es jedoch weit mehr zu sehen als nur Delfine.

Startpunkt Kilkee.
Kilkee liegt etwa 90km westlich von Limerick an der N67. In Kilkee folgen Sie der Küstenstraße in westlicher Richtung bis zum Parkplatz am Ende der Straße, bekannt als „West End" (GPS: 52.681797, -9.664576).

1 Direkt neben dem Parkplatz liegt das Duggerna-Reef, eine Felsbarriere, die sich in den Eingang der Moore Bay erstreckt und die hufeisenförmige Bucht vor den schlimmsten Stürmen schützt. Die Hauptattraktion hier sind die Pollock Holes, große Gezeitentümpel, die über das Duggerna-Reef verteilt liegen. Sie sind nicht nur ein beliebter Ort zum Schwimmen, sondern beherbergen auch eine Vielzahl von Wildtieren. Sie können hier kleine Pollack-Exemplare, die den Pollock Holes ihren Namen gaben, zusammen mit anderen Fischen sowie Dickhörniger Seerose, Pferdeaktinie, Edelsteinrose, Samtkrabbe, Taschenkrebs, dem essbaren (und seltenen) Steinseeigel und einer Vielzahl anderer Tiere entdecken. Bitte beachten Sie, dass die Gezeitentümpel nur bei Ebbe zugänglich sind und am besten an einem warmen Sommertag mit einer Schnorchelausrüstung erkundet werden.
Wenn Sie über die Bucht blicken, sehen Sie die charakteristischen Klippen des George's Head. Der Parkplatz bei den Pollock Holes und die Terrasse des angrenzenden Cafés sind ein relativ sicherer Ort, um Winterstürme zu beobachten. Bei diesen Ereignissen verwandeln sich die Pollock Holes in einen weißen, schäumenden Strudel und die 20 Metern hohen Klippen des George's Head auf der anderen Seite der Bucht verschwinden unter gigantischen Wellen.

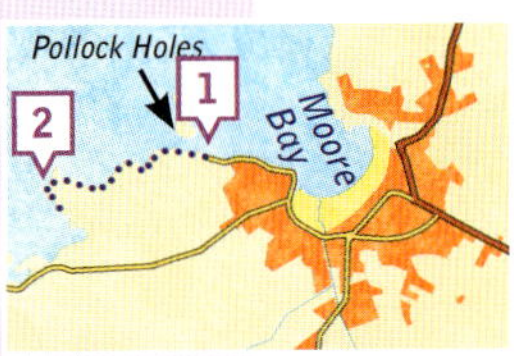

2 Folgen Sie dem geteerten Fußweg (vor Ort als „Kilkee Cliff Walk" bekannt) am Café vorbei und entlang der Klippen. Der Weg führt zum höchsten Punkt der Steilklippen, die das westliche Ende der Moore Bay schützen. Dieser kurze und gut gepflegte Weg (3km hin und zurück) steigt am Ende sehr steil an, die Anstrengung ist aber wegen der spektakulären Aussicht die Mühe wert. Etwa auf halber Strecke führen Stufen zum Fuß der Klippen. Hier finden Sie Sandvulkane, kegelförmige Erhebungen im Felsen mit einer Vertiefung in der Mitte. Sandvulkane entstanden, als sich unter Sand- und Schlammschichten eingeschlossenes Wasser seinen Weg an die Oberfläche bahnte. Häufig sieht man hier Kegelrobben, die in Ufernähe ihren Kopf aus dem Wasser strecken. Silbermöwen und Felsenpieper sind ebenfalls häufig anzutreffen, und auch Alpenkrähen können gelegentlich gesichtet werden. Fahren Sie zurück in das Städtchen und biegen Sie nach etwa 800m rechts ab (gleich nach einer scharfen Rechtskurve). Sie befinden sich nun auf einer Straße, die als Coast Road oder Loop Head Drive bekannt ist (ausgeschildert als Scenic Route). Diese Küstenstraße bietet eine der schönsten Klippenlandschaften Irlands mit einer Reihe von Parkplätzen, von denen aus man die Klippen erkunden kann. Der erste dieser Parkplätze liegt 2,5km außerhalb von Kilkee auf der rechten Seite der Straße (GPS: 52.6733238, -9.687479).

Zwei der Attraktionen, die Loop Head zu bieten hat: Alpenkrähen (oben) und Große Tümmler (unten).

3 Von hier hat man einen wunderbaren Blick auf die Moore Bay und es ist außerdem ein guter Ort, um nach Riesenhaien Ausschau zu halten, die sich hier im Spätsommer sammeln, um sich zu paaren. Der Riesenhai ist der zweitgrößte Fisch der Welt und kommt im Sommer an die Westküste Irlands, um vom reichlich vorhandenen Plankton zu schlemmen. Im Spätsommer bilden die Tiere dann „Mating Circles", d. h. Gruppen von 10-20 Tieren schwimmen stundenlang in einem Kreis direkt unter der Wasseroberfläche. Dies ist Teil des Paarungsrituals der Haie, aber was genau der Sinn und Zweck dieses Verhaltens ist, ist noch unbekannt.

Etwa 1km weiter können Sie am Eingang zu einem alten Steinbruch auf der linken Seite der Straße parken. Von hier aus haben Sie einen schönen Blick auf den Grean Rock, eine verwitterte Felsnadel, die einige hundert Metern von der Küste entfernt steht.

4 Nach weiteren 2km biegen Sie rechts auf den Parkplatz am Castle Point ab (ausgeschildert als Kilkee Cliffs). Dies ist ein guter Ort, um nach Großen Tümmlern und Riesenhaien Ausschau zu halten. Die nahegelegene Felsinsel, bekannt als Illaunonearaun, ist ein Futterplatz für überwinternde Weißwangengänse.
Auch die Steinmauern neben der Straße, bekannt als „Sod Hedges", sind

Die Klippen des Loop Head sind im Frühjahr mit Grasnelken gesäumt.

einen Blick wert. Die Mauern sind mit Wildblumen bewachsen (vor allem Gewöhnlicher Grasnelke, Englischer Fetthenne und Berg-Sandglöckchen) und bieten Solitärbienen und anderen Insekten ein Zuhause. Im Jahr 2021 wurde hier der seltene Grasnelken-Glasflügler (*Synansphecia muscaeformis*) entdeckt.

Die Coast Road mündet schließlich wieder in die Hauptstraße der Halbinsel, die R487, in Richtung des Dorfes Kilbaha und Loop Head. Nach 3km auf der R487 biegen Sie rechts ab und folgen der Straße für weitere 5km bis zu einer Gabelung. Halten Sie sich rechts und folgen Sie den Schildern zu den *Bridges of Ross*.

5 Die *Bridges of Ross* (korrekterweise sollte dies die *Bridge of Ross* sein, aber der alte Name hält sich hartnäckig) ist der letzte noch stehende von ehemals drei natürlichen Felsbögen, der einen schmalen, vom Atlantik erschaffenen Kanal in der Felsküste überspannt. Die Felsbrücke, die über einen kurzen Spaziergang vom Parkplatz aus erreicht werden kann, ist nur eines von vielen interessanten geologischen Merkmalen der Gegend. Der Sandstein und Schiefer, aus denen die Klippen hier bestehen, wurden im Pennsylvanium (Oberkarbon) abgelagert. Loop Head lag damals an einem riesigen Flussdelta, von dem Sand und Schlick ins Meer transportiert wurde. Diese Sedimente verfestigten sich schließlich und bildeten Turbidit-Sedimentgesteine – Gesteine, die durch einen lawinenartigen Ablagerungsvorgang oder Unterwasserströmungen geformt wurden. Die Turbidit-Sedimentgesteine sind heutzutage als deutliche Schichten in den Klippenwänden sichtbar. „Slumps" (Rotations-Blockrutschung), bei denen die Sand- und Schlickschichten unter ihrem eigenen Gewicht zusammenbrachen, erscheinen heute als sich windende und gebogene Gesteinsschichten,

und die bereits beschriebenen Sandvulkane sind weitere geologische Kuriositäten der Gegend.
Eine kleine Bucht direkt unterhalb des Parkplatzes ist ein wunderbarer Ort, um die Flora und Fauna der gezeitenabhängigen Felsküste zu erkunden. Die Bucht kann vom Parkplatz aus über eine in die Klippen gebaute Rampe erreicht werden. Bei nassem Wetter ist Vorsicht geboten, da die Felsplatten und Geröllfelder in der Bucht dann extrem rutschig sind. Algen wie Seetang, Riementang, Meersalat und verschiedene Coralline Algen sind reichlich vorhanden, und die Gezeitentümpel beherbergen eine große Vielfalt an Tieren: Kolonien des vom Aussterben bedrohten Steinseeigels, Gemeinen Einsiedlerkrebs, Bunte Kreiselschnecke, Seehase, Eisseestern, Siebenarmigen Seestern und die allgegenwärtige Gemeine Napfschnecke sind nur einige der Tierarten, die hier zu sehen sind. Die beste Zeit für einen Besuch sind die Springfluten im Frühjahr und Herbst.
Einige der erwähnten geologischen Besonderheiten finden sich am östlichen Ende der Bucht. Sie können über einen schmalen Küstenpfad erreicht werden, der zur Rechten der zur Bucht führenden Rampe beginnt.

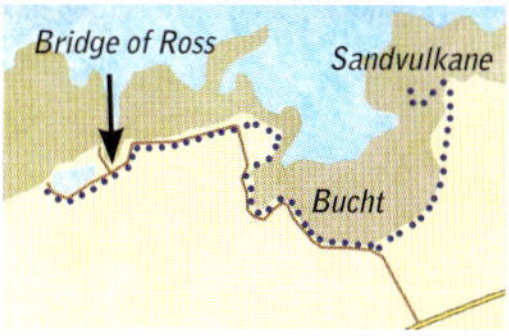

Der Seehase ist nur einer der vielen Bewohner der Gezeitentümpel.

Folgen Sie der Küstenstraße und biegen Sie an der nächsten Kreuzung links nach Kilbaha ab. In diesem kleinen Fischerdorf, das für seine malerische Bucht und seinen Hafen bekannt ist, treffen Sie wieder auf die R487, die zur Spitze der Halbinsel, dem Loop Head, führt.

6 Loop Head bietet einen Leuchtturm, der in den Sommermonaten geöffnet ist, ein Stück Heideland und mehrere Vogelkolonien. Die Heide erstreckt sich vom Parkplatz aus auf beiden Seiten der Straße. Heidekrautarten (Grauheide, Besenheide und Glockenheide) sind vorherrschend und mischen sich mit Wald-Läusekraut, Gewöhnlichem Kreuzblümchen, Blutwurz und dem Fleischfarbenen Knabenkraut, das mit zwei Unterarten vertreten ist. Der Irische Schneehase und die Bekassine sind in diesem Gebiet weit verbreitet, aber leider sehr scheu und gut getarnt.
Ein Pfad, der auf der Südseite der Straße beginnt, führt im Uhrzeigersinn um die Landspitze (1,5km). Hier lassen sich gut Große Tümmler, Kegelrobben und Basstölpel beobachten. Die letzteren kommen von ihren Brutkolonien auf den Skelligs hierher, um das reiche Nahrungsangebot in der Shannon-Mündung zu nutzen (siehe Route 10).
Die erste der Vogelkolonien finden Sie auf der als Dermot und Grainne‘s

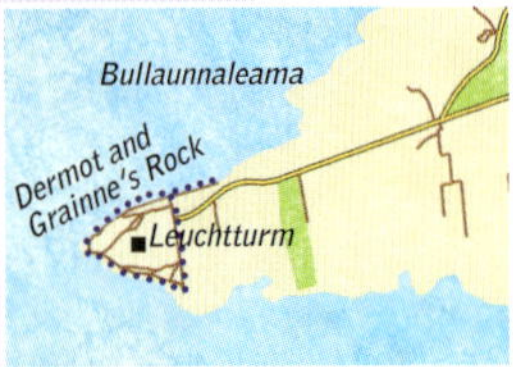

Rock bekannten Felsinsel an der Nordseite des Loop Head. Eissturmvögel und ihr Nachwuchs (der Ende Juni oder Anfang Juli schlüpft) sind hier leicht zu beobachten. Dreizehenmöwen nutzen den Felsen, um im Frühjahr Nistmaterial zu sammeln.

Die Hauptkolonie erreichen Sie, indem Sie vom Parkplatz aus der nördlichen Küstenlinie etwa 1km bis zum charakteristischen Felsbogen bei Bullaunnaleama folgen. Trottellummen, Tordalken und Dreizehenmöwen ziehen hier von Mai bis Anfang August ihren Nachwuchs auf, und auch Alpenkrähen und Felsentauben können hier beobachtet werden. Im Frühjahr und Sommer sind auch Wildblumen weit verbreitet, insbesondere Gewöhnliche Grasnelke, Echtes Löffelkraut, Klippen-Leimkraut und Strand-Aster.

Fahren Sie auf der R487 zurück nach Kilbaha und folgen von hier den Schildern nach Carrigaholt. Nach 13,5km erreichen Sie eine Kreuzung, fahren Sie hier geradeaus und folgen der Küstenstraße L2002 nach Carrigaholt, einem der Ausgangspunkte für Delfinbeobachtungsfahrten (siehe Seite 187). Biegen Sie im Dorf links ab und folgen Sie, nachdem Sie die Brücke überquert haben, der rechtsabbiegenden Straße.

Diese Nebenstraße verläuft entlang der Shannon-Mündung und bietet einige attraktive Ausblicke über die Mündung und hinüber zur Grafschaft Kerry. Nach etwa 8km erreichen Sie das Dorf Querrin. Wenn Sie an der Kreuzung am Ende des Dorfes rechts abbiegen, gelangen Sie zum Pier von Querrin.

Eissturmvögel brüten an den Klippen des Loop Head.

7 Querrin Creek ist eine schmale Bucht, die vom Festland und einer parallel dazu verlaufenden Sandbank gebildet wird. Das Watt und die angrenzenden Salzwiesen der Bucht sind eines der wichtigsten Gebiete für Wat- und Wasservögel in der Shannon-Mündung.

Zu den ansässigen Vögeln gehören unter anderem Austernfischer, Seidenreiher, Sandregenpfeifer und Brandgans. Ab September zeigen sich außerdem überwinternde Ringelgänse, Rotschenkel, Grünschenkel, Brachvogel und Krickenten.

Fahren Sie zurück zur Kreuzung, dort geradeaus und folgen Sie der Straße, bis Sie die N71 erreichen, die Sie zurück nach Kilkee bringt.

Route 13: Der Burren Nationalpark Wanderung

3-4 STUNDEN, 5 KM
MITTELSCHWER

Eine Tour durch die einzigartigen Lebensräume im Südwesten Irlands. Eine besondere Flora und eine reiche geologische Vergangenheit.

Lebensräume: Karst, See & Turlough, Haselwald, Heuwiese
Charakteristische Arten: Bienen-Ragwurz, Fliegen-Ragwurz, Frühlings-Enzian, Skabiosen-Scheckenfalter, Feral Goat

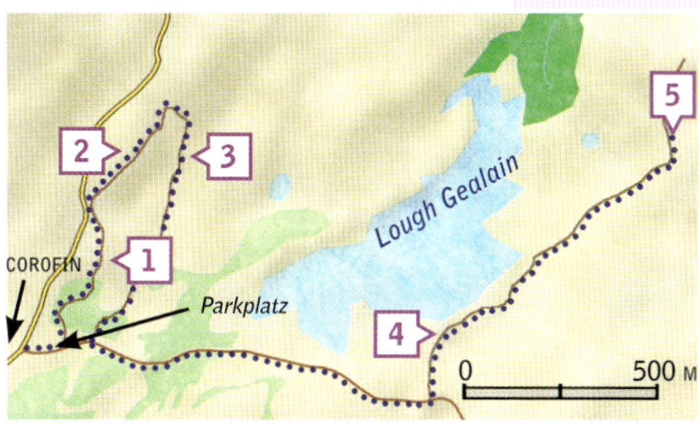

Der Burren ist ein Kalkstein-Karstgebiet und eines der berühmtesten Naturgebiete Irlands. Der Burren unterscheidet sich so sehr vom Rest Irlands, dass wir seiner Landschaft und Ökologie ein ganzes Kapitel gewidmet haben (siehe Seite 76).
Der Burren erstreckt sich über die nördliche Hälfte der Grafschaft Clare und einen kleinen Teil der angrenzenden Grafschaft Galway. Der Name ist eine Anglisierung des irischen Wortes boireann, was so viel wie „Großer Felsen" bedeutet und könnte nicht passender sein. Das Gebiet ist besonders reich an Wildblumen, bietet eine spektakuläre Landschaft und beherbergt auch viele historische Denkmäler.
Diese Route erkundet den Burren Nationalpark, der im östlichen Teil des Burren-Gebietes liegt, und kombiniert mehrere einfache Wanderungen, die alle an einem zentralen Parkplatz an einer schmalen Straße im Herzen des Nationalparks beginnen. Zusammen zeigen Ihnen diese Wanderungen das Beste des Burren Nationalparks.

Startpunkt Gortlecka Crossroads (GPS: 52.997006, -9.035570).

Anreise In Corofin nehmen Sie die R476 (Kilnaboy Road) nach Kilfenora. Nach etwa 3km (nach dem Überqueren der Brücke in Kilnaboy) biegen Sie rechts ab (die Kilnaboy School und die Kirche sind ausgeschildert). Nach etwa 5km erreichen Sie eine Kreuzung mit einem Parkplatz auf der rechten Seite (GPS: 52.996813, -9.037178). Sie können hier parken oder rechts abbiegen, wo Sie einen weiteren kleinen Parkplatz auf der linken Straßenseite finden. Dieser ist auch der Beginn der Route.

Der Parkplatz befindet sich direkt neben dem Beginn des White Trail.

1 Folgen Sie dem Weg und Sie erreichen nach etwa 150m ein Haselwäldchen. Im Winter wird dieser Wald teilweise überflutet und im Frühjahr und Sommer bietet der Waldboden eine Vielzahl von Wildblumen: Buschwindröschen und Stängellose Schlüsselblume sind die ersten Frühjahrsblüher, gefolgt von Orchideen: Männliches Knabenkraut, Großes Zweiblatt und Breitblättrige Ständelwurz sind hier weit verbreitet.

2 Nach etwa 75m verlässt der Weg den Wald und Sie betreten offenes Kalksteingelände. Blutroter Storchenschnabel, Gemeine Eberwurz und Durchwachsenblättriger Bitterling sowie Milzfarn und Braunstieliger Streifenfarn sind einige der Arten, die hier in Felsspalten und auf kleinen Grasflächen gedeihen. An sonnigen Tagen kann man die Bergeidechse beim Sonnenbad auf dem warmen Felsen beobachten, und auch auf wilde Ziegen, kann man treffen. Der Kalkstein selbst besticht durch eine Reihe verschiedener Fossilien: Korallen und Seelilien – letztere erscheinen in Form von Röhren im Kalkstein – sind hier besonders zahlreich zu finden. Der höchste Punkt dieses kleinen Bergrückens, der von einer einsamen Gemeinen Esche markiert wird, bietet einen weiten Blick auf den Berg Mullagh More und die Seen und Turloughs, die zu seinen Füßen liegen.

3 Von hier aus geht es leicht bergab und nach der Überquerung einer Grasfläche erreichen Sie einen weiteren Haselwald. Die folgenden 500m sind eine Mischung aus Wald und offenem Kalksteingelände, bis Sie schließlich eine Heuwiese betreten. Dies ist eine der schönsten traditionell bewirtschafteten Heuwiesen Irlands und ein botanisches Paradies: Hunds-

Burren National Park nach einer ungewöhnlichen Trockenperiode im Sommer.

wurz, Mücken-Händelwurz, Bienen-Ragwurz, Fuchs' Knabenkraut und seine reinweiße Unterart O'Kelly's Spotted Orchid, Klappertopf, Gemeiner Teufelsabbiss, Magerwiesen-Margerite, Gewöhnliche Goldrute und Wiesen-Schlüsselblume sind nur einige der Blumen, die hier im Frühling und Sommer wachsen. Die Wiese ist auch ein guter Ort, um nach Schmetterlingen Ausschau zu halten: Der seltene Skabiosen-Scheckenfalter, Ockerbindiger Samtfalter, Kronwicken-Dickkopffalter und der Zwergbläuling wurden hier neben häufigeren Arten wie Aurorafalter, Tagpfauenauge, Admiral und Großem Ochsenauge beobachtet.
Die Wiese wird im Spätsommer gemäht und dann bis zum Frühjahr von „Belted Galloways", robusten Rindern, die ursprünglich aus Schottland stammen, beweidet.

Der Weg führt zurück zur Hauptstraße in der Nähe des Parkplatzes. Biegen Sie links ab und gehen Sie etwa 1km entlang der Straße, bis Sie den Startpunkt für die Grüne, Blaue und Rote Route erreichen (um Zeit zu sparen, können Sie auch mit dem Auto fahren und am Straßenrand in der Nähe des Einstiegs parken).

4 Folgen Sie dem Weg für etwa 200m, bis Sie Lough Gealain erreichen. Bei diesem Gewässer handelt es sich um eine Kombination aus See und Turlough (letzterer ist eine besondere Art von temporärem See; siehe Seite 77). Der zentrale Teil des Sees trocknet nie aus, aber Schlucklöcher, die mit den Höhlensystemen des Burren verbunden sind, versorgen das Gebiet in Zeiten starker Regenfälle mit Wasser. In sehr nassen Wintern kann sich Lough Gealain bis zur Straße ausdehnen und diese sogar überfluten. In trockenen Sommern, wenn Lough Gealain austrocknet, ist das Gebiet mit Mergel bedeckt, einem karbonatreichen Schlamm, der den Boden des Sees bildet und dem Wasser seine charakteristische türkise Farbe verleiht. Der Brennende Hahnenfuß ist in diesem Gebiet weit verbreitet und das Ufer des Lough Gealain ist eine der beiden Hochburgen des Fingerkrauts in Irland.

5 Folgen Sie dem Weg für eine weitere 300 Metern, bis Sie auf eine Steinmauer treffen, die den Weg kreuzt. Eine Öffnung in der Mauer erlaubt Ihnen, dem Pfad weiter zu folgen. Zu Ihrer Rechten sehen Sie nun ein Stück Grasland, das mit Heidekrautbüscheln durchsetzt ist. Dieses Gebiet ist einer der besten Orte, um zwei der berühmtesten Blumen des Burren zu sehen: Frühlings-Enzian und Silberwurz, die hier im Frühling in großer Zahl vorkommen. Weitere Blumen, die Sie hier sehen können, sind die Weiße Waldhyazinthe, Fliegen-Ragwurz und Gefleckte Waldwurz.

Von hier aus können Sie den ausgeschilderten Wanderwegen folgen oder zum Parkplatz zurückkehren.

Route 14: Lough Bunny und Eagle's Rock

GANZTÄGIG
50 KM

Ein Besuch einiger versteckter Juwelen des Burren. Fantastische Flora und ein verborgener Haselwald.

Lebensräume: Karst, Haselwald, Grasland, See
Charakteristische Arten: Frühlings-Enzian, Braunrote Stendelwurz, Wildziege

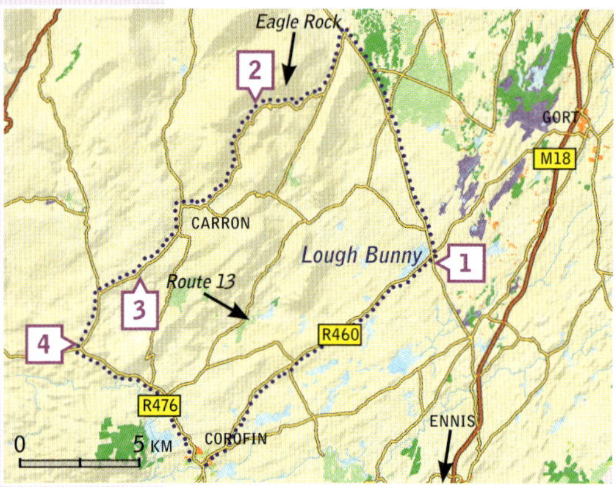

Diese Route besucht einige der weniger bekannten Naturschauplätze des Burren und umfasst den östlichen und den zentralen Burren. Nach Lough Bunny – bekannt für seine besondere Flora – erkunden Sie das Slieve Carran Nature Reserve, das sich am Fuß der Kalksteinklippen des Eagle's Rock erstreckt. Das Reservat ist Teil des Burren Nationalparks und eine der besten Lokalitäten, um die Wildblumen des Burren zu entdecken. Auf der zweiten Hälfte der Route besuchen Sie den größten Turlough des Burren und kommen an einem der bezauberndsten historischen Gebäude der Gegend vorbei.

Startpunkt Das Burren National Park Information Centre im Dorf Corofin, nördlich der Stadt Ennis (GPS: 53.013934, -8.932374). Das kleine Informationszentrum bietet einige grundlegende Informationen über den Burren und den nahen gelegenen Nationalpark.

Folgen Sie der R460 in nördlicher Richtung. Nach etwa 1km halten Sie sich links und folgen der Straße für 11km bis zu einem kleinen Parkplatz auf der linken Seite der Straße am Ufer des Lough Bunny.

1 Lough Bunny ist einer der größten Seen der Gegend und besonders bekannt für seine Flora. Vom Parkplatz aus können Sie die Wildblumen erkunden, indem Sie einem schmalen Pfad entlang des Seeufers folgen. Der seltene Sumpf-Löwenzahn, das schöne Sumpf-Herzblatt und das

fleischfressende Gewöhnliche Fettkraut sind die Highlights. Weitere Arten sind Fuchs' Knabenkraut, Wasserminze, Gemeiner Teufelsabbiss, Safranrebendolde (Irlands giftigste Pflanze) und Sträucher wie Gewöhnlicher Spindelstrauch, Faulbaum, Schlehe und Gewöhnlicher Schneeball. Beeindruckend ist auch der Blick über den See mit der *Skyline* der Berge des Burren auf der anderen Seite. Besonders schön ist es hier kurz nach Sonnenaufgang.

Fahren Sie weiter auf der R460, bis Sie nach 1km eine Kreuzung erreichen. Biegen Sie links ab und folgen Sie der Straße für 10km durch eine flache, karge Kalksteinlandschaft, bis Sie eine kleine Kreuzung erreichen, die leicht zu übersehen ist (ausgeschildert ist hier „The Burren Perfumery and Floral Centre"). Biegen Sie links ab und halten Sie sich nach 2,5km an einer Gabelung rechts. Nach einem weiteren 1km sehen Sie die markante Felswand des Eagle's Rock zu Ihrer Rechten. Ein kleiner Parkplatz befindet sich am Eingangstor zum Slieve Carran Nature Reserve (GPS: 53.076346, -8.998872).

Lough Bunny mit der *Skyline* des Burren im Hintergrund (oben). Der seltene Sumpf-Löwenzahn gedeiht am Ufer des Lough Bunny (unten).

2 Die „Brown Route" (2,5km) beginnt am Parkplatz und führt über Kalkstein und Grasland, die eine Vielzahl von Wildblumen beherbergen. Im Frühjahr blühen hier Silberwurz, Männliches Knabenkraut, Frühlings-Enzian, Stängellose Schlüsselblume und Wiesen-Schlüsselblume. Eine interessante Pflanze ist *Primula x polyantha*, eine Kreuzung aus den beiden Schlüsselblumenarten. Dieser Hybrid vereint die großen Blüten der Stängellosen Schlüsselblume mit dem langen Stängel der Wiesen-Schlüsselblume.

Im Sommer findet man hier unter anderem die Braunrote Stendelwurz, Bibernell-Rose und Rundblättrige Glockenblume.
Nach etwa 1km führt ein Seitenweg in einen Haselwald und zum Fuß des Slieve Carran. Die Kalksteinklippen hier sind als Eagle's Rock bekannt und erinnern an die Zeit, als Steinadler hier nisteten (Steinadler sind in Irland seit etwa 100 Jahren ausgestorben, wurden aber kürzlich wieder angesiedelt; siehe Seite 123). Eine Herde der wilder Ziegen, durchstreift den Wald und die Kalksteinebene regelmäßig und kann auch oft in den Klippen gesehen werden.
Das Waldgebiet ist reich an Farnen und Moosen und Heimat des Baummarders. Im Frühjahr ist der Wald außerdem reich an Hasenglöckchen und Bärlauch, und auf dem Waldboden wächst häufig die Steinbeere. Im Haselwald findet man auch die Ruinen einer frühchristlichen Kirche und eine heilige Quelle.
Der Hauptweg führt in einer Schleife über Kalksteinebenen und durch weitere kleine Haselwäldchen zurück zum Parkplatz.

Folgen Sie der schmalen Straße, die sich in vielen Windungen durch die Landschaft schlängelt. Sie befinden sich nun in den sogenannten Burren Uplands, einem exponierten Kalksteinplateau, bedeckt von vereinzelten Hasel-, Schlehen- und Weißdorn-Büschen. Nach etwa 5km beginnt die Straße abzufallen und nach 7km öffnet sich zu Ihrer Linken eine weite Talsohle.

Der Legende nach war diese Höhle am Fuß des Eagle's Rock einst Heimat eines frühchristlichen Einsiedlers.

3 Dies sind die Carron Polje und dessen Turlough. Eine Polje ist ein Tal mit flachem Boden, das durch anhaltende Auflösung von Kalkgestein entstanden und ein typisches Merkmal von Kalksteinregionen ist. Die Senke entstand vor Millionen von Jahren, als der darüber liegende Schiefer abgetragen wurde und das Regenwasser begann, den darunter liegenden Kalkstein langsam aufzulösen. Unlösliche Bestandteile des Kalksteins (das können Schieferreste, Ton und Gesteinspartikel sein) sammelten sich jedoch im Laufe der Zeit auf dem Talboden an und bildeten schließlich eine undurchlässige Barriere, die eine weitere Auflösung nach unten verhinderte. Infolgedessen verbreiterte sich das Tal nur zu den

Kalkstein-Karst am Eagle's Rock.

Seiten hin, was zu der typischen flachen Form des Talbodens führte. Die Carron Polje ist mit einer Fläche von etwa 4,5km² die größte in Irland.
Nach starken Regenfällen füllt sich die Polje mit Wasser, das hauptsächlich vom Castletown River stammt. Dieser Fluss fließt größtenteils unterirdisch durch eines der Höhlensysteme des Burren und tritt nur kurz oberirdisch in der Carron Polje in Erscheinung. Es ist nicht ungewöhnlich, dass der Turlough im Winter 50% des Talbodens bedeckt. Um die Gegend näher zu erkunden, können Sie am Straßenrand parken. Ein 5km langer, ausgeschilderter Rundweg auf asphaltierten Straßen führt um die Polje herum.

Folgen Sie der Straße bis zu einer Kreuzung. Biegen Sie rechts ab und folgen Sie der Straße bis zu einer weiteren Kreuzung im Dorf Carron. Biegen Sie hier links ab und folgen Sie der Straße für 5km, bis Sie eine weitere Kreuzung erreichen. Biegen Sie links ab.

4 Nach 2,5km sehen Sie auf der rechten Seite eine der ungewöhnlichsten und eindrucksvollsten Ruinen Irlands (GPS: 52.987451, -9.140320). Leamaneh Castle ist eine Kombination aus einem mittelalterlichen Towerhouse (der rechte Teil des Gebäudes) und einem Herrenhaus aus dem 17. Jahrhundert. Das Gebäude befindet sich auf einem Privatgrundstück, aber der Blick von der Straße aus ist mehr als ausreichend.

An der Kreuzung neben dem Gebäude, der sogenannten Leamaneh Crossroads, biegen Sie links ab und fahren zurück nach Corofin (7km).
Wenn Sie diese Route mit der Route durch den Burren-Nationalpark kombinieren möchten, biegen Sie nach 4km links ab, um zur Gortlecka Crossroad zu gelangen.

Route 15: Der westliche Burren

GANZTÄGIG
45 KM

Weite Kalksteinebenen und graue Kalksteinhügel.
Die seltene Flora des westlichen Burren.

Lebensräume: Karst, Grasland, Kalksteinhöhlen
Charakteristische Arten: Pyramiden-Günsel, Graues Sonnenröschen, Frühlings-Enzian, Herbst-Drehwurz; Pracht-, Eis- und Sterntaucher (alle drei im Winter)

Der westliche Burren liegt am Atlantischen Ozean und ist der meistbesuchte Teil des Gebiets. Dieser Küstenabschnitt wirkt kahl, fast brutal, und wird von ausgedehnten Kalksteinebenen, übersät mit Findlingen, und terrassenförmigen, grauen Kalksteinhügeln beherrscht. Sanfte Graslandschaften und geschützten Wälder fehlen fast völlig, aber der löchrige Kalkstein beherbergt ungewöhnliche und seltene Pflanzen. Außerdem kann man hier, besonders im Winter, gut Vögel beobachten.

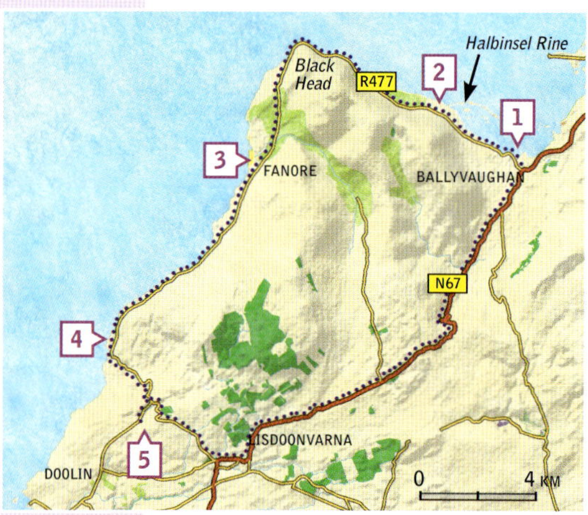

Diese Route führt entlang der Burrenküste, wo einige der schönsten Stellen der Gegend entweder direkt an der Straße liegen oder nur einen kurzen Spaziergang entfernt sind.

Startpunkt Ballyvaughan

Ballyvaughan, eines der größeren Dörfer des Burren, verfügt über einen malerischen Hafenbereich und ist für seine Meeresfrüchte bekannt, die man im Monks Pub direkt am Hafen genießen kann.

Folgen Sie der R477 (Richtung Doolin), dem im Sommer stark befahrenen *Burren Coastal Drive*. Noch in Ballyvaughan kommen Sie an einem Parkplatz direkt an der Küste vorbei.

1 Dies ist ein guter Ort, um überwinternde Wasservögel zu beobachten, insbesondere Ringelgänse, die hier gerne nach Nahrung suchen und rasten. Der nahegelegene Pier bietet einen Blick auf die Bucht, die für ihre große Anzahl an Eistauchern, sowie für Stern- und Prachttaucher bekannt ist (nur im Winter).

Folgen Sie der R477 für etwa 3,5km. Sie sehen kleine, leicht zu übersehende Parkplätze auf beiden Seiten der Straße und den Eingang zur Halbinsel Rine auf der rechten Seite (GPS: 53.131950, -9.190526).

Rasen-Steinbrech wächst in den Spalten im Kalkstein.

2 Ein schmaler Pfad führt zur Küste und zur Halbinsel. Die Rine Peninsula ist eine schmale Sandzunge und einer der besten Orte im Burren, um die Herbst-Drehwurz zu finden. Die geschützte Bucht, die durch die Sandzunge entsteht, ist auch bei Wat- und Wasservögeln sehr beliebt, darunter der überwinternden Ringelgans. Von hier aus hat man außerdem einen herrlichen Blick über Ballyvaughan Bay und zu den Bergen des zentralen Burren.

Fahren Sie weiter auf der R477 bis zum Black Head, dem nördlichsten Punkt des Burren, mit seinem kleinen Leuchtturm, und von dort aus weiter entlang der Atlantikküste.

3 Etwa 4km südwestlich des Black Head liegt das kleine Dorf Fanore. Der Name ist aus dem irischen „Fan Oir" abgeleitet, was so viel wie „Goldener Hang" bedeutet und sich auf die ungewöhnliche Farbe des lokalen Sandstrandes bezieht. Angrenzend an den Strand liegt ein großes Dünensystem, das eine interessante Flora beherbergt. Leider ist diese Flora unter ständiger Bedrohung durch die große Anzahl an Besuchern, die besonders im Sommer das Gebiet sehr stark frequentieren.
Hundswurz, Mücken-Händelwurz, Echtes Labkraut, Strandwinde und Strand-Wolfsmilch sind weit verbreitet. Seltenere Arten sind die Quendel-Sommerwurz und das sehr seltene Sand-Stiefmütterchen (*Viola tricolor ssp. curtisii*), eine Unterart des Wilden Stiefmütterchens, von dem Irland etwa 25% der europäischen Population beherbergt. Die schönste Blumenpracht findet man auf den Grasflächen zwischen den Dünen und dem Parkplatz.

Die R477 führt weiter durch eine Mischung aus Weideland, verstreuten Häusern und Kalksteinebenen. Etwa 8km südlich von Fanore, kurz bevor die Straße ins Landesinnere abbiegt, liegen ein Gebiet bekannt als Ballyryan (das Land östlich der Straße) und Poulsallagh (der Küstenabschnitt westlich der Straße). Ein kleiner Parkplatz befindet sich auf der linken Seite der Straße (GPS: 53.060665, -9.361374).

4 Dies ist eine der am stärksten exponierten Stellen im Burren mit offenen Kalksteinflächen, Findlingen unterschiedlicher Größe und Geröllstränden. Hier wächst eine der seltensten Pflanzen des Burren, der Pyramiden-Günsel, ein kleiner (2-3 cm hoher) und unauffälliger, aber sehr schöner Verwandter des Kriechenden Günsels. Der beste Ort, um den Pyramiden-Günsel zu suchen, ist direkt gegenüber dem Parkplatz in Poulsallagh. Eine weitere Burren-Spezialität, der Rasen-Steinbrech, blüht hier ebenfalls in geschützten Mulden im Kalkstein. Auf der anderen Seite der Straße wächst das Graue Sonnenröschen, eine weitere Rarität, die in diesem Gebiet endemisch ist. Auch häufige Blumen des Burren wie der Frühlings-Enzian und das Männliche Knabenkraut sind hier zu finden.

Poulsallagh im Frühling.

Die letzte Station dieser Tour ist die Doolin Cave, die gut ausgeschildert ist. Folgen Sie der R477 (die ins Landesinnere abbiegt) von Ballyryan aus für 2,5km, dann biegen Sie rechts auf die R479 nach Doolin ab. Die Doolin Cave liegt nach etwa 500m auf der linken Seite.

5 Die Doolin Cave (**www.doolincave.ie**) ist eine der beiden Schauhöhlen des Burren. In der Doolin Cave befindet sich der längste Stalaktit Europas mit einer Länge von über 7 Metern. Die Höhle verfügt auch über einen unterirdischen Fluss und andere typische Merkmale von Kalksteinhöhlen wie Flusssteine und Stalagmiten.

Fahren Sie zurück zur Kreuzung mit der R477 und biegen Sie rechts ab. Nach 3,5km, biegen Sie an der Kreuzung links ab und nach 100m wiederum links auf die N67. Folgen Sie der N67 bis Lisdoonvarna und halten Sie sich im Dorf links, um auf der N67 zu bleiben, die Sie zurück nach Ballyvaughan bringt.

Route 16: Connemara

GANZTÄGIG
90 KM

Die quintessenzielle Landschaft der Westküste Irlands.
Eine dramatische Mischung aus Moorgebieten, Bergketten und Küsten.
Reiche Flora, die einige der wertvollsten Arten Irlands unterstützt.

Lebensräume: Deckenmoor, Machair, Coralstrand
Charakteristische Arten: Mittlerer Sonnentau, Rundblättriger Sonnentau, Purpur-Heide, Irische Heide, Spanische Moorheide, Wasser-Lobelie, See-Pfeifenkraut, Beinbrech, Wilsons Hautfarn, Hundswurz, Westliches Knabenkraut, Grönländische Blässgans

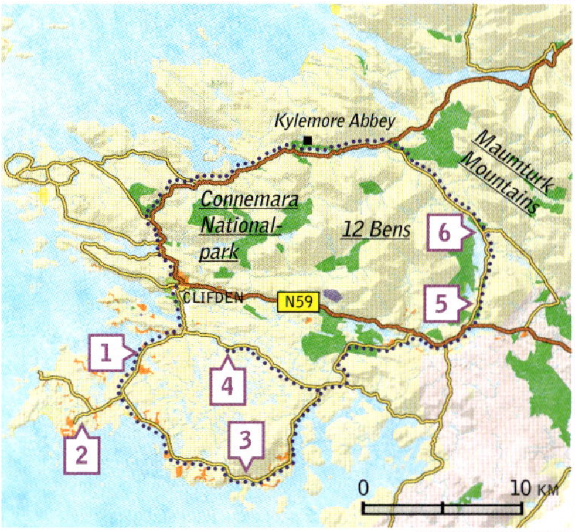

Connemara ist düster, dramatisch und ungewöhnlich schön. Das Gebiet ist nach dem Volksstamm benannt, der das Gebiet einst beherrschte, den *Conmacne Mara* (Conmacne des Meeres).

Connemara ist eine große, massige Halbinsel, die im Norden von der Bucht des Killary Harbour begrenzt wird, im Westen vom Atlantischen Ozean, im Süden von der Galway Bay und im Osten vom langgestreckten Lough Corrib.Das Zentrum der Halbinsel wird von zwei großen Bergketten beherrscht, den Maumturk Mountains un den 12 Bens („Ben" ist das irische Wort für Berg). Die Deckenmoore, die das Land um diese Quarzit- und Granitriesen herum bedecken, sind mit Seen übersät und mit Findlingen bestückt, die von den Gletschern der Eiszeit zurückgelassen wurden.

Das auffälligste Merkmal Connemaras ist jedoch seine Küste, die in unendlichen Windungen verläuft und so unzählige kleine Buchten, Meeresarme und Halbinseln formt. Sandstrände und sogenannte „Coralstrands" (Korallenstrände), die aus den groben Überresten von korallinen Algen und Muscheltieren bestehen, wechseln sich mit algenüberwachsenen Felsküsten ab. Daneben liegen Weideland und Machair, ein seltenes kalziumreiches Grasland. Die Moore und Seen machen Connemara zusammen mit dem Machair zu einer der bedeutendsten botanischen Regionen Irlands.

Diese Route ist eine Tour-de-Force durch Connemara und führt zu den charakteristischsten und interessantesten Orten und Lebensräumen. Die beste Zeit für einen Besuch und um die Flora und Fauna der Deckenmoore und Graslandschaften zu erleben, ist der Sommer. Leider ist dies die Zeit, in der die meisten Urlauber die Gegend besuchen, und besonders im Juli und August kann es unangenehm voll werden.

Startpunkt Clifden
Verlassen Sie Clifden in südlicher Richtung auf der R341 nach Roundstone (ignorieren Sie die Linksabzweigung nach Cashel etwa 3km außerhalb von Clifden).

1 Nach etwa 8km führt die Straße am Strand der Mannin Bay vorbei (ein kleiner Parkplatz liegt am rechten Straßenrand). Dies ist ein schönes Beispiel für einen „Coralstrand" (Korallenstrand). Aus der Ferne scheinen diese Strände aus sehr grobem, hellem Sand zu bestehen, doch bei näherer Betrachtung findet man ausschließlich gebleichte Stücke von korallinen Algen, Muscheln und Schneckentieren, wie z. B. der Gemeinen Napfschnecke, der Gemeinen Herzmuschel und anderen.

Bleiben Sie auf der R341 und biegen Sie nach weiteren 1,5km in dem kleinen Weiler Ballyconneely rechts ab und folgen Sie den Schildern zum Connemara Golf Course. Nach etwa 3km sehen Sie den auffälligen Doon Hill (einen seit langer Zeit erloschenen Vulkan) und die Ruinen der gleichnamigen Burg zu Ihrer Linken. Nur wenige hundert Metern nach der Burg biegen Sie rechts zum ausgeschilderten Golfplatz ab. Nach etwa 500m erstreckt sich Grasland zu beiden Seiten der Straße.

Beim genauen Hinschauen offenbart der *Coral Strand* seine wahre Beschaffenheit.

2 Dies ist eines der Machair Gebiete von Connemara. Machair ist ein kalkhaltiges Grasland mit einer reichen Flora (siehe Seite 127). Am schönsten ist es im Juni und Juli, wenn Hundswurz, Magerwiesen-Margerite, Sand-Stiefmütterchen, Augentrost, Echtes Labkraut, Rundblättrige Glockenblume und andere blühen. Das Moos Brachythecium albicans gehört ebenfalls zu den Kernarten des Machair.

Das kalkhaltige Substrat ist eine Mischung aus Muscheln, Schnecken und Sand, das durch den ständigen Wind ins Landesinnere geweht wurde. An vielen Stellen wurde die Vegetation von den ansässigen Kaninchen weggekratzt und hier wird das Sand-Schnecken-Muschel-Gemisch deutlich sichtbar.

Im Winter wird das Gebiet beweidet, um die Gräser in Schach zu halten und die Wildblumen im Frühjahr wieder zum Blühen zu bringen.

Hundswurz und andere Wildblumen im Ballyconneely Machair.

Kehren Sie nach Ballyconneely zurück und fahren Sie auf der R341 nach Süden. Kurz vor dem Dorf Roundstone lohnt es sich, an einer der zwei ausgeschilderten Abzweigungen rechts abzubiegen. Die erste führt zur Dogs Bay und die zweite zur Gorteen Bay.

3 Beide Abzweigungen führen zu schönen Stränden, die durch einen schmalen Streifen von Machair getrennt sind. Dieses Grasland weist die gleiche Artenzusammensetzung auf wie das am vorherigen Standort beschriebene, was es vor allem für Botaniker attraktiv macht. Beide Orte sind auch beliebte Badeplätze, so dass bei gutem Wetter viel los sein wird.

Kehren Sie zurück auf die R341. Nachdem Sie das kleine Dorf Roundstone verlassen haben, öffnet sich der Blick auf die 12 Bens, eine der beiden Bergketten Connemaras, die sich dramatisch aus der flachen Landschaft erheben. Etwa 5km außerhalb des Dorfes, in einer scharfen Rechtskurve, biegt die L1105 in Richtung Clifden (auch bekannt als Bog Road) nach links ab.

4 Wenn Sie dieser Straße folgen, gelangen Sie in das Roundstone Deckenmoor („Roundstone Bog"), eine der am besten erhaltenen Deckenmoorlandschaften Irlands. Es gibt zahlreiche kleine Parkbuchten, an denen Sie anhalten und diese faszinierende Landschaft im Detail erkunden können. Allerdings ist Vorsicht geboten: Das Moor ist mit Seen und Tümpeln übersät, von denen einige überwuchert und schwer zu erkennen sind. Gräser, Seggen, Stechginster und der kleinere, im Spätsommer blühende Westliche Stechginster, und Heideflächen dominieren die Vegetation. Das Roundstone Bog ist Heimat von nicht weniger als sieben Arten von Heide. Grau-, Glocken- und Besen-Heide sind, wie vielerorts, weit verbreitet, aber auch die selteneren Spanische Moorheide (*Erica mackaiana*) und Purpur-Heide (*Erica erigena*) sind hier zu finden. Auch die sehr seltene Irische Heide (*Daboecia cantabrica*) wächst hier, eine wunderschöne Art mit großen glockenförmigen Blüten, die nur im Westen Irlands und im Nordwesten Spaniens beheimatet ist. In Irland hat sie ihr Hauptverbreitungsgebiet in Connemara. Dorset-Heide (*Erica cilliaris*) ist mit einer kleinen Kolonie (einer von nur zwei in Irland) am östlichen Ende der Bog Road vertreten.

Das ist aber noch nicht alles für Wildblumenliebhaber. Zwischen den Heideflächen gedeihen der Mittlere und der Langblättrige Sonnentau, Beinbrech, Gagel und verschiedene Moose und Flechten. Geflecktes Knabenkraut und Fleischfarbenes Knabenkraut sind relativ häufig anzutreffen (einschließlich der schönen Unterart *pulchella* mit unbefleckten Blättern und rosa Blüten). Das endemische Westliche Knabenkraut (*Dactylorhiza kerryensis*) kommt hier zwar vor, ist aber selten, ebenso wie das Britische Knabenkraut (*Dactylorhiza traunsteinerioides*).

In einigen der Seen wachsen Wasser-Lobelie, See-Pfeifenkraut, Weiße Seerose sowie Wasserschlauch. Das seltene See-Pfeifenkraut (*Eriocaulon aquaticum*), das nur in den Grafschaften Galway, Mayo, Donegal und Kerry vorkommt, hat sein Hauptverbreitungsgebiet in Nordamerika und hat

Roundstone Bog mit den 12 Bens im Hintergrund.

Fleischfarbenes Knabenkraut (links) und Wasser-Lobelie (rechts).

Botaniker lange Zeit vor ein Rätsel gestellt. Inzwischen gilt es jedoch in Irland als heimisch. Auch die Vogelwelt hat einiges zu bieten. Wiesenpieper und Feldlerche sind weit verbreitet, und der Goldregenpfeifer brütet im Roundstone Bog. Grönländische Blässgänse überwintern in dem Gebie und der Steinschmätzer ist ein häufiger Sommergast. Dies ist ein einsamer und unheimlicher Ort, und viele Einheimische weigern sich noch immer, die Straße nach Einbruch der Dunkelheit zu befahren. Eine der Legenden ist mit einem verkümmerten Weißdorn verbunden, der an der Stelle steht, wo einst eine Taverne eine willkommene Raststätte für müde Reisende war. Die Besitzer der Taverne hatten jedoch andere Pläne und die Geister der Reisenden, die ausgeraubt, getötet und in den Moorseen versenkt wurden, spuken noch immer nachts in der Gegend herum. In der Nähe des Weißdorns sind noch die Überreste von „Lazy Beds" (Kartoffelfeldern) und Steinhaufen zu sehen, die angeblich zur alten Taverne gehörten (GPS: 53.450926, -9.944865).

Kehren Sie zur Kreuzung zurück und folgen Sie der R341, bis sie auf die Hauptstraße Connemaras, die N59, trifft. Biegen Sie rechts ab und folgen Sie der N59 für etwa 3km. Biegen Sie links auf die R344 ab, die in Richtung Letterfrack und Connemara National Park ausgeschildert ist. Nach etwa 2,5km sehen Sie einen kleinen Parkplatz und ein Tor zu Ihrer Linken (GPS: 53.486897, -9.740070).
Ein Schotterweg führt hier zum Derryclare Nature Reserve. Folgen Sie dem Weg für 1km, biegen Sie dann links auf einen anderen Weg ab und folgen Sie diesem für 1,5km. Ein Pfad schneidet durch die Nadelbaumplantage zu Ihrer Linken, der Sie nach etwa 400m zum Naturschutzgebiet bringt.

5 Derryclare Wood ist ein kleines Gebiet mit ursprünglichem Eichenwald am Ufer des Derryclare Lough. Die Traubeneiche ist die dominierende Baumart, und Eberesche, Moorbirke, verschiedene Weiden, Gemeine Esche und einige Stieleichen sorgen für Abwechslung.
Die Bodenflora besteht aus typischen Waldpflanzen wie Wald-Sauerklee, Gewöhnlichem Hexenkraut, Echter Nelkenwurz, Sanikel und dem selteneren Waldmeister. Eine für das Gebiet ungewöhnliche Pflanze ist die Englische Fetthenne, eine Art, die normalerweise kalkreiche Lebensräume meidet, hier aber auf dem Kalkstein entlang des Seeufers gedeiht. Auch Wilsons und Englischer Hautfarn sind im Derryclare Wood zu finden.

Fahren Sie weiter auf der R344, die durch das Inagh Valley führt.

6 Dieses Tal, das nach dem gleichnamigen großen See benannt ist, der einen großen Teil des Talbodens bedeckt, trennt die beiden Hauptgebirgsketten Connemaras, die 12 Bens (zu Ihrer Linken) und die Maumturk Mountains (zu Ihrer Rechten). Dieser Straßenabschnitt bietet einige der eindrucksvollsten Landschaften Connemaras und es lohnt sich, an einer der kleinen Parkbuchten anzuhalten und die Landschaft zu bewundern.

Am Ende des Tals erreichen Sie eine Kreuzung. Biegen Sie links auf die N59 ab, die Sie zurück nach Clifden bringt.
Entlang des Weges sehen Sie ausgedehnte Torfabbaugebiete mit den charakteristischen „Turf Banks", wo der Torf gestochen wird. Hier sehen Sie auch die so genannten „Bog Oaks" und „Bog Pines", im Torf konservierte Baumstümpfe, die bei der Ernte des Torfs zum Vorschein kamen. Sie passieren auch die berühmte Kylemore Abbey, ein Benediktinerkloster und ehemaliges Mädcheninternat, das zu einer der größten Touristenattraktionen Irlands geworden ist, und schließlich den Eingang zur folgenden Route.

Lough Inagh und die 12 Bens im Hochsommer.

Route 17: Connemara – Diamond Hill Wanderung

3-4 HOURS, 5,5 KM
MITTELSCHWER-ANSTRENGEND

Die klassische Connemara-Wanderung.
Spektakuläre Aussichten und eine alpine Flora.

Lebensräume: Flaches Moor, felsiger Berggipfel
Charakteristische Arten: Connemara-Pony, Roter Steinbrech, Stern-Steinbrech, Rosenwurz, Purpur-Heide, Irische Heide, Westliches Knabenkraut

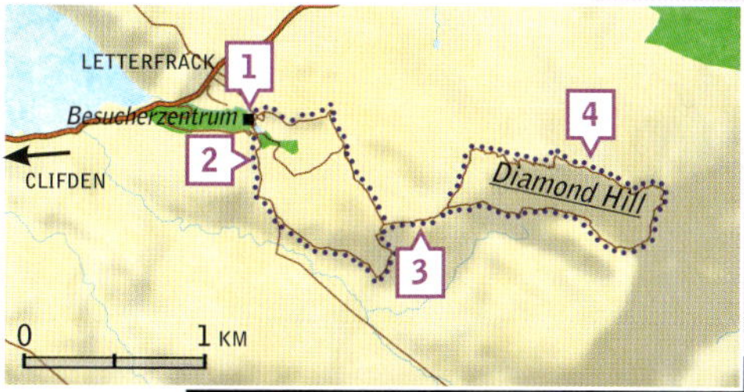

Der Connemara Nationalpark umfasst 2.000 Hektar in der 12 Bens Gebirgskette mit Deckenmoor, Grasland und kleinen halbnatürlichen Waldgebieten. Der größte Teil des Parks ist nur mit Genehmigung zugänglich und erfordert beträchtliche bergsteigerische Fähigkeiten. Ein Netz von Wanderwegen um und auf den Diamond Hill, einen kleineren der „Bens" am Rande der Bergkette, ermöglicht jedoch einen Einblick in die faszinierende Welt der 12 Bens.

Diese Route kombiniert den Lower und den Upper Diamond Hill Walk, die zusammen alle Facetten des Bergs abdecken. Die Wanderung ist gut ausgeschildert, aber bitte beachten Sie, dass bei nassem und windigem Wetter äußerste Vorsicht geboten ist, insbesondere auf dem sehr exponierten Gipfel.

Bach-Nelkenwurz

Startpunkt Connemara Besucherzentrum
Das Besucherzentrum liegt an der N59, am westlichen Dorfrand von Letterfrack und 14km östlich von Clifden (GPS: 53.550432, -9.945320)

1 Vor der Wanderung empfehlen wir einen Abstecher zum Besucherzentrum. Hier gibt es eine Teestube und eine interessante Ausstellung, die Informationen über die Geologie und das Naturerbe der Nationalparks gibt.

2 Der erste Teil des Weges ist größtenteils eben und führt durch ein kleines Waldstück, das die Heimat einiger Singvögel ist, darunter Sing- und Misteldrossel, Buchfink, Zaunkönig und Schwarzkehlchen. Auf den angrenzenden Feldern können Sie das Connemara-Pony sehen, ein Nutztier, das für sein sanftes Wesen und seine Widerstandsfähigkeit bekannt ist und das zu einem festen Bestandteil der Landschaft Connemaras geworden ist. Die Ursprünge der Rasse liegen im Dunkeln. Einige glauben, dass sie von skandinavischen Ponys abstammt, die von den Wikingern eingeführt wurden, andere behaupten, dass sie vom Hobby abstammt, einer inzwischen ausgestorbenen Ponyrasse.

3 An den unteren Hängen des Diamond Hill lässt sich der Übergang vom sehr feuchten atlantischen Deckenmoor zum etwas trockeneren Bergdeckenmoor beobachten. Bemerkenswerte Pflanzen in den feuchteren Teilen sind der Rundblättrige und der Mittlere Sonnentau sowie das Gewöhnliche Fettkraut, drei fleischfressende Pflanzen, die mit ihren klebrigen Blättern Insekten fangen und so ihren Nährstoffbedarf decken. Spateliger Steinbrech, Purpur-Heide (*Erica erigena*) und Irische Heide (*Daboecia cantabrica*), allesamt Mitglieder der lusitanischen Flora (siehe Seite 106), kann man hier ebenfalls finden, als auch das Westliche Knabenkraut

Deckenmoor am Diamond Hill.

Connemara Ponys

(*Dactylorhiza kerryensis*). Wiesenpieper und Feldlerche sind häufig, Bekassinen verstecken sich gerne in der Heide, und Turmfalke und Sperber kommen gelegentlich zu Besuch.

4 Halten Sie am oberen Teil des Weges Ausschau für die in Irland seltenen alpinen Pflanzen wie Rosenwurz, Roten Steinbrech und Sternsteinbrech.
Die Aussicht vom Gipfel ist eine der besten in Irland und bietet einen Blick auf die Landschaft Connemaras aus der Vogelperspektive. An klaren Tagen können Sie die Berge der 12 Bens (im Südosten) und der Mweelrea Mountains (im Nordosten) sehen, die höchsten Berge der Region. Im Nordwesten und Südwesten bieten sich Panoramablicke auf die gezackte Küstenlinie Connemaras und die vorgelagerten Inseln (Inishturk, Inishbofin und Inishshark).

Zusätzliche Bemerkung Etwa 20km nordöstlich des Connemara Nationalparks, an der N59 nach Leenaun, liegt Killary Harbour, Irlands einziger Fjord. Dieses Gebiet hat in Bezug auf die Tier- und Pflanzenwelt nichts Besonderes zu bieten, die Landschaft ist allerdings äußerst beeindruckend.
Ein Aussichtspunkt befindet sich direkt an der N59 (GPS: 53.596374, -9.762514); ein Spaziergang und etwas intimere Eindrücke sind vom Rossroe Pier möglich (GPS: 53.620144, -9.859756), der über eine Nebenstraße zu erreichen ist (folgen Sie den Schildern zum Connemara Hostel).

Route 18: Nord-Mayo

GANZTÄGIG
50 KM

Eine Tour durch die einsamsten Landschaften Irlands. Heimat mehrerer seltener Pflanzen und Vögel.

Lebensräume: Deckenmoor
Charakteristische Arten: Westliches Knabenkraut, Moorschneehuhn, Wachtelkönig, Alpenkrähe

Der Norden der Grafschaft Mayo ist ein schwer zu beschreibender Ort. Worte wie „einsam“, „trostlos“, „verlassen“ und „abgelegen“ kommen einem in den Sinn, aber keiner dieser Ausdrücke kann die Atmosphäre dieser weiten Moorlandschaft mit ihren isolierten Bergketten und der windgepeitschten Küste einfangen. Deckenmoore erstrecken sich von den Küstenebenen bis hinauf in die Berge des Nephin Beg, eines Gebirgszugs, der das Zentrum des Wild Nephin-Ballycroy Nationalparks bildet (**www.wildnephinnationalpark.ie**). Der 1998 gegründete Nationalpark ist der jüngste Irlands und soll in das erste Wildnisgebiet des Landes verwandelt werden und hat eine Fläche von etwa 15.000 Hektar.

Startpunkt Mallaranny (GPS: 53.906632, -9.776957)

1 Das kleine Dorf Mallaranny liegt an einer geschützten Bucht, die bei Ebbe eine große Sandfläche und eine weite Salzwiese offenbart. Hier findet man die typische Salzwiesenvegetation, darunter Gewöhnliche Grasnelke, Echtes Löffelkraut und Strandflieder. Da es sich um ein sehr beliebtes und stark besuchtes Erholungsgebiet handelt, ist die Vogelwelt bis auf Austernfischer und gelegentlich überwinternde Rotschenkel, Grünschenkel und den Großen Brachvogel eher selten anzutreffen, aber wegen der hervorragenden Landschaft ist Mallaranny durchaus einen Besuch wert (GPS: 53.898227, -9.781918).

Fahren Sie in Mallaranny auf der N59 nach Norden und biegen Sie gleich nach dem Ortsausgang rechts ab. Nach etwa 6km sehen Sie auf der linken Seite einen Parkplatz.

2 Hier beginnt der Cleggan Mountain Coastal Trail (2km). Von einem Holzsteg aus können Sie die typische Deckenmoorflora mit Mittlerem und Rundblättrigem Sonnentau, Grau- und Besenheide und Beinbrech erforschen, ohne nasse Füße zu bekommen. Auch das Westliche Knabenkraut und das Fleischfarbene Knabenkraut (*ssp. pulchella*) blühen hier. Eine Besonderheit des Nationalparks ist das Efeu-Moorglöckchen, eine Pflanze, die feuchte Gebiete bevorzugt und oft an Flussufern und Seen wächst. Die winzigen blauen Blüten erscheinen im Juli und August, allerdings ist die Blume, selbst wenn sie blüht, schwer zu entdecken.
Zu den seltenen Brutvögeln des Gebiets gehören der Goldregenpfeifer und das Moorschneehuhn, die beide manchmal am frühen Morgen gesichtet werden können. Ein wichtiger Überwinterungsvogel ist die Grönländische Blässgans, die gelegentlich die Küste besucht, sich aber meist in den abgelegeneren Ecken des Nationalparks aufhält.

Deckenmoor am Cleggan Mountain Coastal Trail.

3 Folgen Sie der N59 für weitere 8km, bis das Besucherzentrum des Nationalparks auf der rechten Straßenseite ausgeschildert ist. Das Zentrum bietet Informationen über den Park im Allgemeinen und die Entstehung der Moore im Besonderen. Es ist auch der Ausgangspunkt für eine Reihe von längeren Wanderungen in den Nephin Beg (siehe F auf Seite 227).

4 Fahren Sie auf der N59 etwa 16km nach Norden, bis Sie die Stadt Bangor erreichen. Dieses Gebiet, das als Bangor-Erris bekannt ist, ist eine der abgelegensten und einsamsten Landschaften der irischen Westküste. Die Weite der Moorflächen und eine Küste, die aus einer Mischung von Schlick- und Sandwatten und kleinen, verwahrlosten Fischerhäfen besteht, verleihen diesem Gebiet eine besondere Atmosphäre.

In Bangor nehmen Sie die R313 nach Bellmullet.

5 Belmullet liegt am Eingang zur Halbinsel Mullet, einem exponierten und dünn besiedelten Landstrich. Die Stadt befindet sich auf der schmalen Landenge, die die Halbinsel mit dem Festland verbindet. Der Ort ist bekannt für seine überwinternden und ungewöhnlichen Möwenarten. Eismöwen und Polarmöwen sind hier häufig und die in Nordamerika heimische Ringschnabelmöwe wurde in Irland erstmals in Belmullet beobachtet. Jährlich werden zwischen 10 und 15 Exemplare in Irland gezählt, viele davon in der Umgebung dieser kleinen Stadt.
Der beste Platz, um die Möwen zu sehen ist der Pier, den man erreicht, indem man am Kreisverkehr im Zentrum der kleinen Stadt rechts abbiegt (GPS: 54.224102, -9.986227).

Verlassen Sie die Stadt, biegen Sie links auf die R313 nach Blacksod ab und nehmen Sie ein Stückchen weiter die erste Abzweigung nach rechts. Nehmen Sie dann die vierte Abzweigung links (etwa 3,2km von der R313 entfernt), die Sie zum schilfbewachsenen Termoncarragh Lake führt, den Sie zu Ihrer Rechten sehen werden (GPS: 54.243837, -10.0499856).

6 Der See und das umliegende Gebiet beherbergen eine große Anzahl von Wat- und Wasservögeln, darunter

Odinshühnchen brüteten im Annagh Marsh bis in die 1980er Jahre (oben). Die flache Küste der Mullet Halbinsel wird von Sandstränden und Wattflächen dominiert (unten).

Grönländische Blässgans, Weißwangengans, Singschwan, Reiherente und Goldregenpfeifer. Der See ist außerdem für seine seltenen Durchzügler bekannt. Im Laufe der Jahre wurden amerikanische Irrgäste wie der Wanderregenpfeifer und die Nordamerikanische Krickente gemeldet. Auch Sturmschwalben, die auf den vorgelagerten Inseln brüten, können gesichtet werden. Der See selbst ist leider nicht zugänglich und kann nur von der Straße aus beobachtet werden. Die Vögel können aber sehr häufig auf den Feldern zwischen der Straße und dem See gesehen werden.

Unterart *Coccinea* des Fleischfarbenen Knabenkrauts.

7 Annagh Marsh, südwestlich des Sees, wird von Birdwatch Ireland als Naturschutzgebiet verwaltet und liegt etwa 1,5km von der letzten Abzweigung auf der rechten Seite der Straße entfernt (GPS: 54.2362329, -10.061460). Das Sumpfgebiet war berühmt für seine Brutkolonie von Odinshühnchen. Die Kolonie schrumpfte leider kontinuierlich und verschwand schließlich in den 1980er Jahren. Die 2002 eingeleiteten Maßnahmen, um die Vögel zurückzugewinnen, zeigen allerdings Erfolge, und in den letzten Jahren wurden einige Vögel in dem Gebiet gesichtet.

Annagh Marsh und die gesamte Halbinsel Mullet sind eine der letzten Hochburgen des Wachtelkönigs auf dem Festland und werden in Einklang mit der Natur bewirtschaftet, um diesen einst häufigen und heute fast ausgestorbenen Sommergast zu erhalten. Die beste Zeit, um den charismatischen Wachtelkönig zu hören (und zu sehen), ist in den Sommermonaten von Juni bis August.

Weitere Brutvögel sind Kiebitz, Bekassine, Alpenkrähe, Felsentaube und Berghänfling. Das Reservat beherbergt auch die seltene Deichhummel. Das Fleischfarbene Knabenkraut (*ssp. coccinea*) und das Purpurrote Knabenkraut (*Dactylorhiza purpurella*) gedeihen im Gebiet.

Das Sumpfgebiet selbst ist nicht zugänglich, kann aber von der Straße aus und von einigen Pfaden, die in die Felder neben dem Reservat führen, gut beobachtet werden. Parkmöglichkeiten sind leider kaum vorhanden, aber falls Sie einen kleinen Spaziergang nicht scheuen, können Sie am nahe gelegenen Strand parken (GPS: 54.234368, -10.067483).

Kehren Sie von Bellmullet nach Bangor zurück und fahren Sie auf der N59 zurück nach Mallaranny.

Route 19: Glenveagh Nationalpark

GANZTÄGIG, 8-15 KM
MITTELSCHWER

Eine Wanderung durch einen besonderen Wald und in ein abgelegenes Bergtal.

Lebensräume: Deckenmoor, Mischwald, See
Charakteristische Arten: Steinadler, Sterntaucher, Goldregenpfeifer, Waldlaubsänger, Grauschnäpper, Irischer Schneehase, Fischotter, Englischer Hautfarn

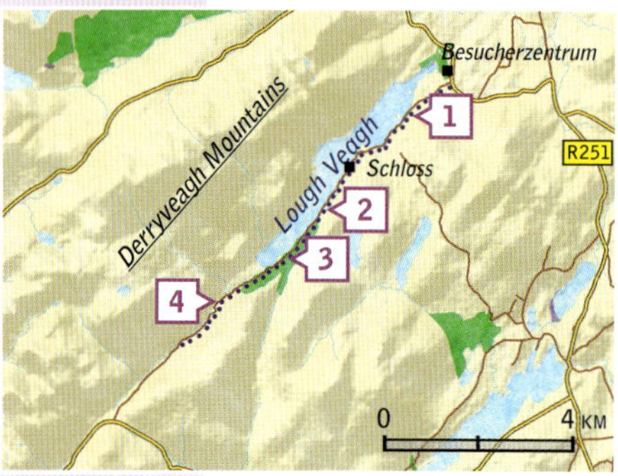

Der Glenveagh Nationalpark in der Grafschaft Donegal ist der nördlichste Nationalpark Irlands, was sich im Vorkommen von zwei Brutvögeln widerspiegelt: dem Sterntaucher und dem Goldregenpfeifer. Der Park erstreckt sich rund um den langgestreckten See Lough Veagh und die an seinem Ufer gelegenen Burg.

Der vorherrschende Lebensraum des Nationalparks ist Deckenmoor, das sich vom Seeufer bis zu den Gipfeln der umliegenden Hügel erstreckt.

Im oberen Teil des Tals von Glenveagh liegen die Überbleibsel der einst weitverbreiteten ursprünglichen Wälder, die das Hauptziel dieser Wanderung sind. Dieser Teil des Nationalparks ist als Upper Glen bekannt und wird durch den Bridle Walk erschlossen, der entlang des Sees verläuft und tief in das Tal hineinführt.

Die Wanderung von 15km Länge (hin und zurück) erkundet den See, die Deckenmoore und die Wälder von Glenveagh. Etwa auf halber Strecke liegt Gleanveagh Castle, das auch mit einem Shuttlebus vom Besucherzentrum aus erreicht werden kann (im Frühjahr und Sommer). Dadurch verkürzt sich die Wanderstrecke um 7km.

Startpunkt Besucherzentrum des Glenveagh National Park (GPS: 55.056251, -7.936921). Der Eingang zum Park liegt an der R251 und ist gut ausgeschildert. Das Besucherzentrum gibt einen Überblick über die Lebensräume, Flora und Fauna des Parks.

1 Der Weg, der das Besucherzentrum mit Glenveagh Castle verbindet, führt am See entlang. Lough Veagh (auch als Lough Beagh bekannt) ist eines der wenigen Brutgebiete des Sterntauchers in Irland, das am südlichen Rand seines Verbreitungsgebietes liegt. Die Vögel brüten auf den kleinen Inseln und können in deren Nähe gesichtet werden. Die Vegetation entlang des Weges ist typisch für ein Deckenmoor und wird von Grauheide und Besenheide dominiert. Mittlerer und Rundblättriger Sonnentau sind ebenfalls weit verbreitet.

2 Glenveagh Castle und das umliegende Anwesen wurden im 19. Jahrhundert von dem berüchtigten John George Adair gegründet. Dieser reiche Grundstücksspekulant kaufte das Land und erbaute das Schloss mit seinen vielen Nebengebäuden und den formalen Gärten, und vertrieb die 244 Pächter, die auf dem Land lebten. Nach seinem Tod wechselte das Anwesen mehrmals den Besitzer, bevor der letzte private Eigentümer das Land und alles darauf an den irischen Staat verkaufte, der das Gebiet 1984 als Glenveagh Nationalpark eröffnete.
Heute sind die einzigen ständigen Bewohner des Schlosses Fledermäuse: Zwerg- und Mückenfledermäuse nutzen die Gebäude als Schlafplatz und können in der Dämmerung um das Schloss herum gesehen werden.

3 Vom Schlosspark aus führt der Weg weiter am Seeufer entlang, durch kleine Waldflecken und entlang von Deckenmoorflächen. Nach etwa 1km erreichen Sie das Hauptwaldgebiet, den Mullangore Wood. Die einheimische Traubeneiche ist der dominierende Baum. Moorbirke, Eberesche, Stechpalme, Hasel, Eibe und Espe (Zitterpappel) vervollständigen das Waldgebiet, und an einigen Stellen taucht die Waldkiefer auf, die einst als Schutzgürtel um den See gepflanzt wurde.

Ein Regenbogen über dem Glenveagh National Park.

Die dichteren Teile des Waldes sind reich an Moosen und Farnen, darunter der seltene Englische Hautfarn und Prächtige Dünnfarn. Zu den Wildblumen, die hier zu sehen sind, gehören Wechselblättriges und Gegenblättriges Milzkraut, Wald-Sauerklee, Buschwindröschen und Hainsimse.

Dieses Waldgebiet ist besonders interessant für Vogelliebhaber. Grauschnäpper und Waldlaubsänger sind in Irland im Allgemeinen selten, aber in Glenveagh regelmäßige Sommergäste. Weitere hier heimische Vögel sind Waldbaumläufer, Buchfink, Eichelhäher und eine Vielzahl von Singvögeln.

Rotwild, Baummarder, Hermelin und Dachs sind ebenfalls häufig, aber scheu und daher schwer zu entdecken. Die Wasserfledermaus kann manchmal im Tiefflug über dem See auf der Suche nach Köcherfliegen, Eintagsfliegen und anderen Insekten beobachtet werden. Auch die größte Fledermaus Irlands, der Kleinabendsegler, kann kurz nach Sonnenuntergang beim Flug über das Blätterdach des Waldes oder hoch über dem See gesichtet werden.

Der Steinadler wurde Anfang der 2000er Jahre im Park wiederangesiedelt und brütet seither erfolgreich und breitet sich aus. Derzeit ist mindestens ein Paar im Tal ansässig, und die Vögel können manchmal über dem See kreisend gesehen werden.

4 Nach etwa 2,5km haben Sie das obere Ende des Sees erreicht. Der Weg verlässt hier den Wald und folgt dem Fluss, der in den Lough Veagh mündet. Der Asteleen Wasserfall stürzt auf der anderen Seite des Tales von den Berghängen, und manchmal kann man in diesem Gebiet Fischotter beobachten.

Der Lebensraum hier ist typisches Deckenmoor, und je weiter man in das Tal eindringt, desto karger wird die Landschaft. Dies ist eines der wenigen Brutgebiete des Goldregenpfeifers in Irland, und manchmal kann man Vögel auf einem Stein sitzend und Ausschau haltend beobachten. Wanderfalke und Kolkrabe sind häufig, ebenso wie der Irische Schneehase. Letzterer fügt sich jedoch sehr gut in die Landschaft ein, und seine Anwesenheit wird nur dann deutlich, wenn er plötzlich davonstürmt.

Vom Ende des Sees aus führt der Weg noch 4,5km weiter und endet an der R254. Dies ist keine Rundwanderung, so dass Sie Ihre Schritte zum Schloss zurückverfolgen müssen.

Zusätzliche Bemerkung Gleich außerhalb der Nationalparkgrenzen, westlich des Lough Veagh, liegt eine der beiden Hauptkolonien der seltenen Spanischen Moorheide (*Erica mackaiana*) in Irland (die andere befindet sich im Roundstone Bog, siehe Route 16). Die Pflanze wächst an der Landenge, die Dunlewy Lough und Lough Nacung verbindet, und kann vom Ausgangspunkt dieser Route über die R251 nach Dunlewy erreicht werden (GPS: 55.019767, -8.148512).

Weitere Exkursionsziele im Westen Irlands

A – Delfinbeobachtung in der Shannon-Mündung

Derzeit bieten zwei Anbieter Bootstouren zur Delfinbeobachtung in der Shannon-Mündung an. Dolphin Discovery Kilrush (**www.discoverdolphins.ie**) beginnt seine Touren am Kilrush Yachthafen und ist hauptsächlich im oberen Mündungsgebiet unterwegs. Dolphinwatch Carrigaholt (**www.dolphinwatch.ie**) erkundet meist das untere Ende des Mündungsgebietes zwischen Carrigaholt und Loop Head.

Die Hauptattraktion dieser Touren sind die „Shannon Dolphins", eine Gruppe von etwa 100 Großen Tümmlern. Auf den 3-4-stündigen Touren können aber auch Seevögel (hauptsächlich Dreizehenmöwen, Eissturmvögel und Basstölpel), Kegelrobben und wilde Ziegen, beobachtet werden.

B – Cliffs of Moher

Die Cliffs of Moher (**www.cliffsofmoher.ie**) in der Grafschaft Clare sind eine der größten Touristenattraktionen Irlands und werden jedes Jahr von rund 1 Million Menschen besucht! Die Anziehungskraft des Gebietes beruht auf einer atemberaubenden Landschaft und gutem Marketing.

Die Schiefer- und Sandsteinklippen erstrecken sich über eine Länge von etwa 14km, erreichen eine Höhe von über 200 Metern und beherbergen eine der größten Vogelkolonien des irischen Festlands. Papageitaucher, Eissturmvögel, Dreizehenmöwen und Tordalke sind die wichtigsten Arten, die man am besten von den Aussichtsplattformen rund um das Besucherzentrum beobachten kann.

Die Cliffs of Moher sind eine der bekanntesten Touristenattraktionen Irlands.

Ein Wanderweg führt vom Dorf Doolin nördlich der Cliffs of Moher bis zum Hag's Head am südlichen Ende der Klippen. Hohe Besucherzahlen in Verbindung mit normaler Erosion haben jedoch ihren Tribut gefordert und an einigen Stellen ist der Weg in schlechtem Zustand und die Klippenkante sehr instabil.

Eine Folge der Popularität der Cliffs of Moher ist, dass

ein Großteil der Klippenrandflora zerstört wurde und heute nur in abgezäunten Bereichen rund um das Besucherzentrum weiter besteht. Ein Besuch der Cliffs of Moher lohnt sich vorwiegend, um die Landschaft zu genießen. Wenn Ihr Hauptziel darin besteht, Vögel zu beobachten, dafür gibt es bessere Orte. Für die dramatische Aussicht empfehlen wir, am Hag's Head (GPS: 52.943309, -9.454295) zu parken und den Küstenweg zum Besucherzentrum abzulaufen.

C – Die Mountshannon Eagles

In den Jahren 2008 und 2009 wurden im Rahmen eines landesweiten Wiederansiedlungsprogramms Seeadler im Killarney Nationalpark ausgesetzt. Im Jahr 2012 fanden zwei der freigelassenen Vögel ihren Weg zum Lough Derg in der Grafschaft Clare, paarten sich und waren die ersten Seeadler, die in 100 Jahren in Irland brüteten. Seitdem nisten die Vögel jedes Jahr auf den Inseln des Sees, obwohl sie nicht bei jedem Brutversuch erfolgreich Nachwuchs aufziehen konnten.

Das Dorf Mountshannon am Westufer des Lough Derg ist der beste Ort in Irland, um einen Blick auf diese wunderbaren Greifvögel zu erhaschen. Ein spezieller Beobachtungsunterstand ist im Hafenbereich des Dorfes für die Öffentlichkeit zugänglich (GPS: 52.929777, -8.427574).

D – Dartry Mountains

Ben Bulben und die umliegenden Dartry Mountains sind die einzigen Tafelberge Irlands und bestehen aus einer Kalksteinschicht, die auf Schlammstein liegt. Die Berge und Täler des Gebiets sind glazialen Ursprungs und wurden geformt, als sich die Gletscher der letzten Eiszeit zurückzogen.

Der Grund für einen Besuch dieser Gegend ist die spektakuläre Landschaft. Besonders das Glencar Tal mit dem gleichnamigen See und Wasserfall und der Gleniff Horseshoe sind atemberaubend schön. Beide sind auf der N4 nördlich von Sligo Town gut ausgeschildert.

Das Gebiet beherbergt auch einige seltene Pflanzen, allen voran das Wimper-Sandkraut. Es ist jedoch nicht möglich, diese zu sehen, da sie auf Privatland wachsen.

E – Slieve League

GPS: 54.627072, -8.684580. Die Klippen des Slieve League befinden sich im Südwesten der Grafschaft Donegal, ausgeschildert von der R263 in Carrick. Diese Steilklippen, die eigentlich die Südseite des Slieve League Gebirgskamms sind, gehören mit über 600 Metern zu den höchsten der Welt und auch zu den malerischsten. Die Steilküste ist mit Deckenmoor und Heideflächen bedeckt, die sich an die fast senkrechten Klippen klammern. Letztere bieten ein beeindrucken-

des Schauspiel, wenn die Heide im Spätsommer blüht.
Es gibt zwei Möglichkeiten, Slieve League hautnah zu erleben. Die erste ist, den Bergrücken selbst abzulaufen und entlang dem treffend benannten „One Man's Path zu wandern". Beachten Sie, dass der Weg nach dem breiten und einfachen Anfang bald sehr schmal wird und nur für erfahrene Wanderer geeignet ist. Bei nassem und windigem Wetter sollte er gemieden werden.
Die zweite Möglichkeit ist eine Bootsfahrt von Teelin Harbour (in der Nähe des Parkplatzes von Slieve League) oder Killybegs (der größten Stadt der Gegend, weiter östlich an der R263) aus. Bei diesen Ausflügen werden manchmal Riesenhaie und Gemeine Delphine gesichtet.

F – Wanderungen im Nephin Beg und auf dem Western Way

Wenn Sie sich nach herausfordernden Wanderungen in abgelegenem und ungebändigtem Gelände sehnen, bietet der Westen Irlands zwei große Wandergebiete. Das eine ist der Nephin Beg, der eine Reihe langer (10km und mehr) Wanderwege bietet, die am Nephin Beg Besucherzentrum beginnen (GPS: 54.024716, -9.823756; Punkt 3 der Route 18). Das andere ist der Western Way, der Connemara (siehe Route 16) und die Grafschaft Mayo durchquert und in Abschnitten begangen werden kann.
Eine gewisse Bergerfahrung und eine gute Kondition sind empfehlenswert, wenn Sie sich auf den Weg machen, um diese Routen zu erkunden. Weitere Informationen finden Sie unter **www.walks.mayo.ie** und **www.thewesternway.ie**.

Slieve League in der Grafschaft Donegal: Der One-Man's-Path verläuft entlang des Grats, den man rechts im Bild sehen kann.

G – Salmon Weir Bridge

GPS: 53.275574, -9.056202. Die Salmon Weir Bridge in der Stadt Galway liegt neben der Kathedrale (eine der bekanntesten Touristenattraktionen der Stadt). Die Brücke ist, wenn auch nicht die beste, so doch die einfachste Möglichkeit, den „Salmon Run" zu erleben, die Wanderung des Atlantischen Lachses vom Ozean zurück in den See, in dem er geboren wurde. Jedes Jahr wandern die Fische vom Atlantik über den kurzen Corrib River in den Lough Corrib, um sich zu paaren. Zwischen Mai und September (Ende Juli und August sind die aktivsten Monate) ziehen die Fische direkt unter der Brücke hindurch, und da das Wasser nicht sehr tief ist, sind sie gut sichtbar.

Routen in Nordirland

Nordirland ist anders als die Republik Irland. Abgesehen von den unterschiedlichen Straßenschildern, Autokennzeichen und dem unverwechselbaren Akzent, wird die viel höhere Bevölkerungsdichte in den Grafschaften Nordirlands sehr schnell deutlich. Rund 30% der gesamten Inselbevölkerung lebt in Nordirland. Die Städte und Dörfer liegen dichter beieinander, das Straßennetz ist verzweigter und größtenteils auch in einem besseren Zustand als im Süden, und es gibt sogar ein funktionierendes öffentliches Verkehrssystem, das selbst die kleinsten Dörfer erreicht. Folglich existieren Wildnisgebiete in kleinerem Maßstab und diese müssen eine grosse Anzahl von Erholungssuchenden und Naturliebhabern ertragen.
Trotz dieser Herausforderung beherbergt Nordirland einige der faszinierendsten Naturgebiete Irlands. Das bekannteste davon, die Antrim Coast and Glens, ist eine „Area of Outstanding Natural Beauty"(Route 21 und D). Sie diente als Kulisse für Game of Thrones, eine der erfolgreichsten Fernsehserien aller Zeiten, und heute gibt es sogar eine ausgeschilderte Game of Thrones Tour. Der weiter südlich gelegene Strangford Lough (Route 23) kann zwar keinen derartigen Celebrity Status für sich beanspruchen, ist aber seit vielen Jahrzehnten ein beliebtes Ziel für Vogelbeobachter. Neben diesen größeren Gebieten gibt es in Nordirland zahlreiche kleine Naturschutzgebiete, „Forest Parks" und andere Orte, an denen die Natur gedeihen kann. Einige der interessantesten sind auf den folgenden Seiten aufgeführt.

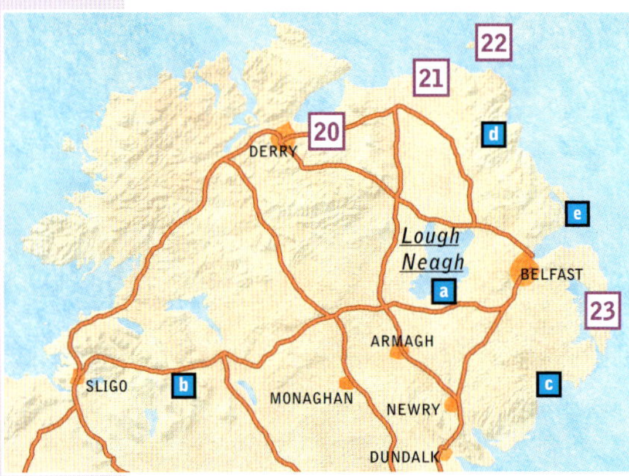

Höhepunkte

- Die Antrim Coast – der wohl faszinierendste Küstenabschnitt Irlands.
- Lough Beg – ein Muss für Vogelliebhaber und Heimat der seltenen Irischen Drehwurz.
- Strangford Lough – eines der berühmtesten Vogelbeobachtungsgebiete Irlands.
- Murlough Nature Reserve – Irlands ältestes Dünensystem mit einer faszinierenden Flora.

Route 20: Die Grafschaft Derry

GANZTÄGIG
110 KM

Landschaft mit langen Sandstränden, ausgedehnten Mündungsschlickflächen und den Heuwiesen eines alten Anwesens. Eine der führenden Vogelbeobachtungsstätten Irlands.

Lebensräume: Sandstrand, Watt, Steilklippen, Heuwiese, See
Charakteristische Arten: Irische Drehwurz, Fleischfarbene Knabenkraut (Unterart *pulchella*) Goldregenpfeifer, Zwergstrandläufer, Eistaucher (winter), Sterntaucher (winter)

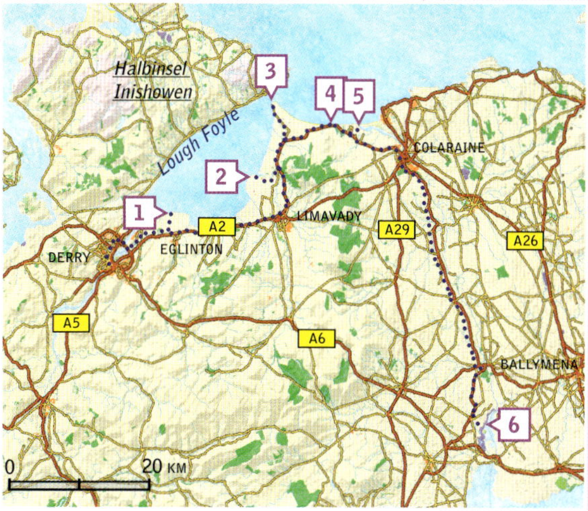

Die Grafschaft Derry, früher Londonderry, liegt in der nordwestlichen Ecke Nordirlands und präsentiert eine eher sanfte Landschaft. Die Küste ist eine Mischung aus langen Sandstränden, nicht zu hohen Klippen und Flussmündungen mit ausgedehnten Wattflächen. Diese Landschaft zieht Wasservögel und Watvögel zu Hunderten und Tausenden an und macht die Gegend zu einem der besten Vogelbeobachtungsgebiete Nordirlands.
Abseits der Küste zeigt sich die Landschaft als typische, domestizierte Agrarlandschaft mit Städten, Dörfern und alten Landgütern. Eines davon, Downhill Demesne, hat die alten Heuwiesen wiederbelebt, die sich heute über sanfte Hügel bis hin zur Küste erstrecken.
Diese Route folgt zum Teil der berühmten Causeway Coastal Route und verbindet die schönsten Küstenorte mit einem Besuch der botanisch reichen Wiesen des Downhill Demesne und dem Lough Beg Nature Reserve, in dem eine der seltensten Orchideen Irlands wächst.

Startpunkt Die Stadt Derry.
Derry ist die größte Stadt in diesem Teil Nordirlands und nach wie vor geprägt vom nordirischen Bürgerkrieg, bekannt als „The Troubles", der hier

Knutt und Steinwälzer (oben). Graugänse (unten).

seinen Anfang nahm. Heute sind die Wandmalereien aus der Zeit der Troubles sowie die nahe gelegene mittelalterliche Stadtmauer und das Stadtzentrum einen Abstecher wert. Um die Stadt zu erkunden, parken Sie am Queens Quay am Ufer des Flusses Foyle, gleich neben dem großen Kreisverkehr. (GPS: 54.9997032, -7.319961)

Vom soeben erwähnten Parkplatz aus fahren Sie nach Norden. Der Queen's Quay geht in die A2 über und nach 2,5km biegen Sie nach Osten (rechts) ab und folgen der A2 über die Foyle-Brücke nach Coleraine und Limavady. Auf der anderen Seite des Flusses biegen Sie wieder links ab (A2 nach Coleraine und Limavady). Entlang dieser Straße ist es möglich, das Ufer des Lough Foyle zu erreichen, indem man links auf eine der kleinen Nebenstraßen abbiegt. Eine der besten ist Eglinton Embankment, das man erreicht, indem man am vierten Kreisverkehr im Dorf Eglinton links abbiegt (Richtung Campsie Industrial Estate). Nehmen Sie dann die nächste Straße rechts (Donnybrewer) und die erste links (Station Road), die Sie nach etwa 3km zum Ufer bringt. (GPS: 55.060059, -7.183526)

1 Lough Foyle ist der größte Meeresarm an der Nordküste. Während die Westküste (in der Grafschaft Donegal) überwiegend felsig ist, besteht das östliche Ufer in der Grafschaft Derry aus ausgedehnten Watt- und Sandflächen. Zu den Vögeln, die hier häufig anzutreffen sind, gehören Zwerg- und Singschwan, Grönländische Blässgans, Ringel- und Graugans, Pfeifente, Stockente und Spießente die zu Hunderten und manchmal sogar zu Tausenden auftreten. Die beste Zeit für einen Besuch ist Oktober, wenn die Anzahl der Vögel am höchsten ist. Es wird vermutet, dass viele Vögel hier zum ersten Mal auf ihrer Reise Land sehen und während einige den ganzen

Winter bleiben, ziehen andere nach einigen Tagen oder Wochen Rast weiter nach Süden. Zu den Watvögeln gehören Austernfischer, Großer Brachvogel, Pfuhlschnepfe, Kiebitz, Goldregenpfeifer, Alpenstrandläufer, Rotschenkel, Grünschenkel und Steinwälzer. Im Herbst können Durchzügler wie Dunkler Wasserläufer, Sichelstrandläufer und Zwergstrandläufer auftauchen.

Fahren Sie zurück und biegen Sie links auf die A2 ab. Am Stadtrand von Limavady biegen Sie am ersten Kreisverkehr links ab (Causeway Coastal Route / B69 / Seacoast Road). Nach etwa 5km biegen Sie links in eine kleine Seitenstraße (Carrowclare Rd.) ein, die Sie nach etwa 2,5km zum Roe Estuary Nature Reserve führt. Parkmöglichkeiten befinden sich am Ende der Straße (GPS: 55.104137, -6.989405).

2 Hier mündet der Fluss Roe in den Lough Foyle und bietet eine weitere Gelegenheit, die Wasservögel und Watvögel des Lough Foyle zu beobachten. Außerdem sind Fischotter hier sehr häufig und können oft in der Nähe der alten Eisenbahnbrücke gesichtet werden. Allerdings ist hier Vorsicht geboten. Der Boden ist hier sehr schlammig und an manchen Stellen unbegehbar.

Zurück auf der Seacoast Road biegen Sie links ab, um weiter nach Norden zu fahren, bis die Straße wieder auf die A2 trifft. Biegen Sie links ab (Richtung Coleraine) und fahren Sie etwa 5km weiter nach Norden, bevor Sie erneut links auf die B202/Point Road abbiegen, die Sie zum Magilligan Point Nature Reserve am nordöstlichen Ende des Lough Foyle führt. (GPS: 55.191106, -6.959792)

3 Magilligan Point ist ein guter Ort, um im Winter Eistaucher, Sterntaucher und Haubentaucher zu beobachten. Auch Prachttaucher und Ohrentaucher werden gelegentlich gemeldet.
Vom Parkplatz aus können Sie einen leichten, 4km langen Rundweg durch eines der größten Dünensysteme Irlands laufen, dessen Topografie sich von Jahr zu Jahr nach Winterstürmen verändert. Der Weg ist nicht ausgeschildert, aber wir empfehlen, am Strand, entlang der Dünen, in Richtung Norden um die Landspitze herum zu wandern. Nach etwa 650m sehen Sie auf der rechten Seite einen Pfad, der in die Dünen hineinführt und Sie zurück zum Parkplatz bringt. Es gibt jedoch viele weitere kleine Wege, die durch die Dünen führen und die es wert sind, erkundet zu werden, wenn man die Wildblumen sehen möchte. Im Sommer ist eine typische Dünenflora zu sehen, darunter Hundswurz, Hornklee und Rundblättrige Glockenblume. Eine interessante historische Besonderheit ist der Martello Tower, ein Wachturm aus dem frühen 19. Jahrhundert. Etwa 50 dieser Türme wurden von der britischen Regierung als erste Verteidigungslinie

Eine der Heuwiesen der Downhill Estate (oben) und eine der vielen Wildblumen, die man dort finden kann: Mücken-Händelwurz (unten).

entlang der gesamten irischen Küste während der Napoleonischen Kriege errichtet.
Fahren Sie zurück zur A2 und biegen Sie links ab. Nach ca. 8km erreichen Sie den Eingang zum Downhill Estate, das vom National Trust verwaltet wird (der Eintritt ist kostenpflichtig).

4 Das Anwesen ist vor allem bekannt für Downhill House, ein Herrenhaus aus dem Jahr 18. Jahrhundert, von dem nur noch die Mauern erhalten sind, und den Mussenden Temple, ein ungewöhnliches, tempelartiges Gebäude mit italienischem Flair, das als Bibliothek mit Blick auf das Meer errichtet wurde. Das Gebiet um die beiden Gebäude wird als traditionelle Heuwiese bewirtschaftet. Die Blumen, die hier wachsen, sind alle keine Seltenheiten, sie aber zusammen auf einer Wiese zu sehen, ist etwas ganz Besonderes. Zu den Arten gehören das Mädesüß, der Kriechende Hahnenfuß, Hornklee, Gewöhnliche Braunelle, Hundswurz, Fuchs' Knabenkraut und verschiedene Gräser.
Die Aussicht von den Klippen ist eine der berühmtesten Irlands, mit Blick auf Downhill Strand am Fuß der Klippen, Magilligan Point und die Grafschaft Donegal im Westen und die Causeway Coast im Osten.

Das Mündungsgebiet des Flusses Bann liegt nur eine kurze Autofahrt von Downhill entfernt. Fahren Sie auf der A2 2,5km in Richtung Osten und biegen Sie in Articlave links ab. Biegen Sie nach 1,5km an der Kreuzung links ab, überqueren Sie die Brücke und biegen Sie rechts ab. Parken Sie auf dem Parkplatz kurz vor dem Bahnübergang. (GPS: 55.158917, -6.762157)

5 Überqueren Sie die Eisenbahnbrücke zu Fuß und folgen Sie einem kurzen Stück Straße, das Sie zu den Dünen am Rand der Flussmündung führt. Am östlichen Ende des Dünensystems befindet sich ein Unterstand zur Vogelbeobachtung.
Im Sommer brüten in dem Gebiet Flussseeschwalben. Im Herbst und Winter sind Haubentaucher, Stockente, Krickente, Pfeifente, Schellente, Sandregenpfeifer, Goldregenpfeifer, Kiebitz, Knutt, Alpenstrandläufer, Großer Brachvogel, Rotschenkel, Grünschenkel und Sanderling häufig. Seltenere Arten sind Zwergstrandläufer, Dunkler Wasserläufer und gelegentlich Skua und Seeschwalben.

Die letzte Station auf dieser Route ist Lough Beg, ein kleiner (5km langer und 1,5km breiter) und größtenteils flacher See am Fluss Bann nördlich von Irlands größtem See, dem Lough Neagh. Um zum Lough Beg zu gelangen, nehmen Sie die A2 nach Coleraine und folgen dann der A54 nach Kilrea und Bellaghy. Das Naturreservat Lough Beg befindet sich südöstlich von Bellaghy (nehmen Sie die Drumanee Road). Parkmöglichkeiten gibt es am Church Island (GPS: 54.795914, -6.498073). Von hier aus führt ein Pfad zum Naturschutzgebiet.

6 Das Naturschutzgebiet besteht aus einer Mischung aus weiten Schilfgürteln am Rande des Sees, Mischwald und Feuchtwiesen, die einige seltene und interessante Pflanzenarten beherbergen, darunter das Fleischfarbene Knabenkraut (einschließlich der Unterart *pulchella*), die Weiße

Lough Beg Nature Reserve

Eistaucher im Winterkleid (oben) und Rotschenkel (unten).

und Grünliche Waldhyazinthe und die Irische Drehwurz.
Die geschützte Lage und die Mischung der verschiedenen Lebensräume machen den Lough Beg für eine Vielzahl von Vögeln attraktiv, und der See ist seit vielen Jahrzehnten eines der wichtigsten Vogelbeobachtungsgebiete in Irland.
Gordon D'Arcy, einer der angesehensten Naturkundler Irlands, verzeichnete in den 1970er Jahren insgesamt 171 Arten auf und um den See. Viele dieser Arten sind herbstliche Durchzügler: Uferschnepfe, Waldwasserläufer, Bruchwasserläufer, Flussuferläufer, Grünschenkel, Knutt, Zwergstrandläufer, Sichelstrandläufer und Kampfläufer sind häufig. Vom Kurs abgekommene Zugvögel aus Nordamerika sind auch oft anzutreffen, und in den meisten Jahren tauchen Graubruststrandläufer, Großer Schlammläufer, Großer und Kleiner Gelbschenkel und Wilson-Wassertreter auf. Die Wintergäste sind dieselben, die auch an der Küste des Lough Foyle anzutreffen sind, und sie besuchen den See in großer Zahl. Der Frühjahrszug bringt Regenbrachvögel und Uferschnepfen sowie manchmal die seltene Knäkente. Zu den Brutvögeln gehören Haubentaucher, Stockente, Krickente, Reiherente, Mittelsäger, Brandgans, Kiebitz, Bekassine, Großer Brachvogel, Rotschenkel und Lachmöwe. Eisvogel und Rohrammer können ebenfalls am Rande des Sees gesichtet werden, und auch Greifvögel wie Turmfalke, Wanderfalke und Sperber sind in der Gegend heimisch.

Von hier aus können Sie nach Coleraine zurückkehren, von wo aus Sie die B17 nehmen können, die Sie nach Bushmills, dem Ausgangspunkt der Route 2, bringt. Wenn Sie im Frühjahr unterwegs sind, lohnt sich ein Besuch von Portglenone, das zwischen Bellaghy und Kilrea an der A54 liegt (GPS: 54.861971, -6.464923). Der Wald am Rande des Dorfs, der an den Fluss Bann grenzt, präsentiert im Mai und Juni eine der schönsten Hasenglöckchen-Darbietungen in ganz Irland.

Route 21: Causeway Coast

GANZTÄGIG
35 KM

Eine Tour entlang einer der berühmtesten Fahrtrouten Irlands. Ein Geschichtsbuch geologischer Ereignisse, geschrieben auf einer märchenhaften Landschaft.

Lebensräume: Steilklippen, Felsküste, Sandstrände, Dünen
Charakteristische Arten: Eiderente, Brandgans, Kegelrobbe, Goldammer, Feldschwirl, Senfweißling, Großer Perlmuttfalter, Bienen-Ragwurz, Mücken-Händelwurz, Astmoos-Steinbrech, Austernpflanze

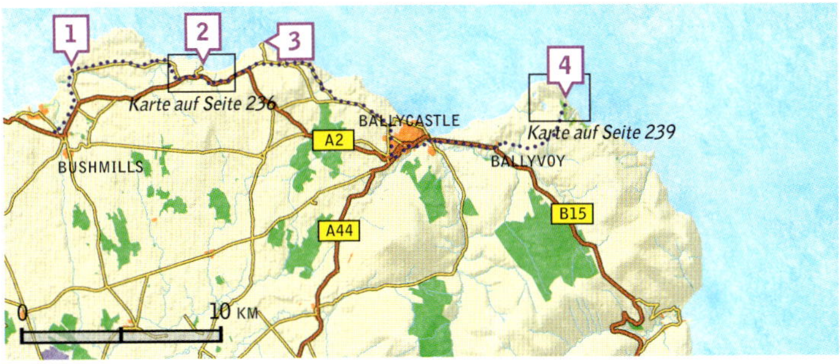

Causeway Coast and Glens ist eine *Area of Outstanding Natural Beauty* und erstreckt sich über die nordöstliche Ecke Irlands. Die vorherige Route erkundete Abschnitte des westlichen Teils; diese Route besucht die bekanntere östlichen Hälfte. Unsere Route besteht aus 4 kurzen Wanderungen entlang des 33km langen Abschnitts der malerischen Küstenstraße.
Unterwegs passieren Sie den berühmten Giant's Causeway und die Carrick-A-Rede-Hängebrücke sowie die Nine Glens of Antrim (Die 9 Täler der Grafschaft Antrim), die von den Gletschern der Eiszeit aus einem hohen Basaltplateau herausgeschliffen wurden.
Abgesehen von der atemberaubenden Landschaft ist das bemerkenswerteste Merkmal des Gebiets seine Geologie, die 500 Millionen Jahre zurückreicht und Gesteine aus sehr unterschiedlichen Epochen zusammenbringt. Wildblumen, seltene und nicht so seltene, sind weit verbreitet, vor allem in den Dünensystemen entlang der Nordküste und in den bewaldeten Gebieten der Glens of Antrim. Abgesehen von den allgegenwärtigen Wildkaninchen sind die meisten Wildtiere in diesem Gebiet leider eher schwer zu Gesicht zu bekommen. Der geduldige Beobachter kann jedoch vom Ufer aus einen

Blick auf Kegelrobben, Riesenhaie und den Mondfisch erhaschen. Vogelbeobachter können an der Küste Eiderenten und Brandgänse in großer Zahl beobachten oder die Seevogelkolonien auf Rathlin Island besuchen. Das Ackerland in Küstennähe ist eine der letzten Hochburgen der Goldammer.

Startpunkt Bushmills – eines der wichtigsten Städtchen im Norden der Grafschaft Antrim und berühmt für seine Whiskey-Brennerei.

Fahren Sie auf der Hauptstraße von Bushmills (A2) nach Norden und biegen Sie nach 1,5km links auf die Causeway Road/B146 ab. Folgen Sie den Schildern zum Giant's Causeway.

1 Die erste Wanderung (2km hin und zurück) führt zum Giant's Causeway, der zum UNESCO-Weltkulturerbe gehört und eine der Hauptattraktionen Nordirlands ist. Das Herzstück der Stätte ist der Giant's Causeway selbst, der aus unzähligen Basaltsäulen besteht, die sich wie ein Damm in den Ozean erstrecken.
Dasselbe Basaltgestein gibt es auch auf der schottischen Insel Staffa. Der Legende nach, bauten zwei rivalisierende Giganten den Damm, einer von der Grafschaft Antrim aus und der andere von Staffa aus, um sich auf halbem Wegen zu treffen und ihre Streitigkeiten beizulegen. Der eigentliche Ursprung der meist sechseckigen Säulen war eine Ära langanhaltender vulkanischer Aktivität, die vor etwa 60 Millionen Jahren begann und das Gebiet mit einer bis zu 1800 Metern dicken Basaltschicht bedeckte. Die Klippen, die die Bucht des Giant's Causeway umschließen, bestehen

Sonnenuntergang am Giant's Causeway.

ebenfalls aus Basalt und weisen weitere interessante Basaltstrukturen wie die treffend benannte Organ („Orgel") auf. Der Landstreifen zwischen Küste und Klippen beherbergt eine Vielfalt an Wildblumen, darunter Astmoos-Steinbrech, Sand-Thymian, Rundblättrige Glockenblume und Austernpflanze.
Leider hat der National Trust, der das Gelände verwaltet, den Zugang zum Giant's Causeway außerhalb der Öffnungszeiten zunehmend erschwert. Eine Alternative ist, den Parkplatz für den Causeway Coast Walk etwa 100m weiter entlang der Straße zu benutzen und dem Küstenpfad zu folgen, der den Giant's Causeway von der Spitze der Klippen aus überblickt.

Kreideklippen an der Whitepark Bay.

Kehren Sie auf die Causeway Road zurück und folgen Sie dieser, bis sie wieder auf die A2 trifft. Biegen Sie links ab (Ballycastle). Nach 1,5km biegen Sie erneut links ab und folgen dem Schild „Whitepark Bay" und nutzen den ausgewiesenen Parkplatz (GPS 55.228862, -6.406522).

2 Ein schmaler Pfad führt vom Parkplatz zu den Dünen und dem Sandstrand der Whitepark Bay. Die Bucht wird von Kreidefelsen eingerahmt, an deren Fuß sich ein breites Dünensystem erstreckt. Der Weg (2km hin und zurück) führt durch die Dünen, Sie können aber auch am Strand entlang gehen und das Dünensystem hier und da nach Belieben betreten. Die Dünen sind einer der besten Orte in Nordirland, um auf die Jagd nach Wildblumen zu gehen. Orchideen sind mit acht Arten vertreten, darunter Hundswurz, Bienen-Ragwurz, Mücken-Händelwurz und Hohlzunge. Wiesen-Storchschnabel, Hasenglöckchen, Wald-Wicke und die seltenen Farne Gewöhnliche Natternzunge und Mondraute sind hier ebenfalls häufig anzutreffen. Der Reichtum an Wildblumen zieht Insekten an, insbesondere Schmetterlinge und Nachtfalter. Dazu gehören der Große Perlmuttfalter, Hauhechel-Bläuling und das Kleine Wiesenvögelchen sowie der seltene Senfweißling. In den Büschen, die sich in den Dünen angesiedelt haben, sind Dorngrasmücke und Feldschwirl zu Hause, und am Strand nisten Sandregenpfeifer und Austernfischer.

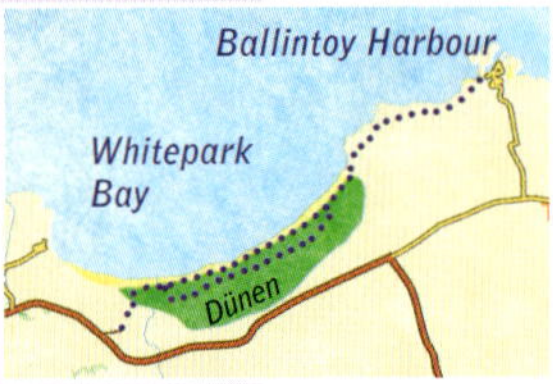

Fahren Sie weiter auf der A2, die als B15 weiter nach Ballintoy führt (die eigentliche A2 zweigt nach rechts ins Landesinnere ab, aber diese Route folgt der B15 entlang der Küste). Nach 3km und bevor Sie das Dorf Ballintoy erreichen, biegen Sie links auf eine kleine Straße ab, die Sie zum Ballintoy Harbour führt. Die seltene Goldammer kann manchmal auf den Feldern neben der Straße beobachtet werden.

3 Die Küstenwanderung, die am Hafen beginnt, führt Sie an einigen der interessantesten geologischen Merkmale der Gegend vorbei, darunter dem berühmten „Elephant Rock" (Elefantenfelsen). Felsnadeln, Felsbögen und Höhlen, die alle aus den Basalt- und Kreidefelsen herauserodiert wurden, machen diesen kurzen Spaziergang sehr interessant. Wildkaninchen sind hier ebenfalls sehr häufig anzutreffen und Eiderenten können oft am Ufer gesichtet werden. Bei Ebbe kann man bei guter Planung zur Whitepark Bay hinübergehen und die Wanderung hier und die vorhergehende können zu einer längeren Tour kombiniert werden, die insgesamt 6km hin und zurück umfasst.

Vom Hafen aus kehren Sie zur Hauptstraße zurück und folgen der B15 nach Ballycastle, einem geschäftigen Städtchen am Meer. Von hier aus legt die Fähre zur Insel Rathlin (siehe Route 3) ab. In Ballycastle kehren Sie auf die A2 zurück (die am Stadtrand nach links abbiegt) und folgen der Causeway Coastal Route (A2) für 3km nach Ballyvoy.

Felsbogen (links im Bild) und Elephant Rock (in der Mitte) findet man zwischen Ballintoy Harbour und Whitepark Bay.

Im Dorf Ballyvoy, in einer scharfen Rechtskurve, biegen Sie links ab und fahren in Richtung Fair Head und Murlough Bay. Von hier aus folgen Sie den Schildern nach Murlough Bay (die Schilder nach Fair Head bringen Sie auf die Spitze der Klippen des Fair Head). Nach 2,3km biegen Sie links ab, und nach weiteren 1,3km geht es wieder links auf eine Straße, die hinunter zur Murlough Bay führt, wo Sie die letzte Wanderung auf dieser Tour unternehmen können. (GPS55.2155487, -6.128625)

Fair Head

4 Dieses Naturschutzgebiet scheint einem Märchen entsprungen zu sein und war einer der Drehorte für die Serie *Game of Thrones*. Eine mit Geröll bedeckte Küste steigt steil in Bereiche mit artenreichem, meist feuchtem, kalkhaltigem Grasland, kargen Geröllfeldern und kleinen Waldgebieten an, und darüber ragen die senkrechten Klippen des Fair Head auf. Die Wälder bestehen aus Esche, Birke und Hasel, und auf dem Waldboden wachsen Echte Nelkenwurz, Sanikel, Stängellose Schlüsselblume, Rippenfarn und Hay-Scented Fern (*Dryopteris aemula*). Auf den Wiesen findet man Purgier-Lein, Sand-Thymian, Mücken-Händelwurz, Sumpf-Herzblatt und den sehr seltenen Fetthennen-Steinbrech.

Ein kleiner Pfad, der am oberen Parkplatz am Aussichtspunkt beginnt, führt zu den Geröllfeldern und zum Wald. Ein weiterer Weg, der in der Nähe des unteren Parkplatzes direkt an der Küste beginnt, verläuft entlang des Ufers und bietet wunderbare Ausblicke auf die Klippen des Fair Head und hinüber nach Schottland. Der Weg, der die beiden Parkplätze miteinander verbindet, verläuft entlang des Graslandes.

Kehren Sie von hier entweder zum Ausgangspunkt zurück oder fahren Sie auf der A2 Causeway Coastal Route zu den Glens of Antrim (siehe Ziel D).

Route 22: Rathlin Island

GANZTÄGIG
21 KM

Eine Wanderung auf Irlands nördlichster bewohnter Insel. Herrliche Vogelkolonien.

Lebensräume: Steilklippen, Felsküste, Grasland
Charakteristische Arten: Papageitaucher, Trottellumme, Gryllteiste, Eissturmvogel, Atlantiksturmvogel, , Wachtelkönig, Alpenkrähe, Kegelrobbe, Pyramiden-Günsel, Feld-Enzian

Rathlin Island (**www.rathlincommunity.org**) ist die nördlichste bewohnte Insel Irlands und genießt einen sehr guten Ruf unter Ornithologen für ihre Seevogelkolonien and andere seltene Vögel. Die Insel hat enge geologische und historische Verbindungen zu Schottland, das nur etwa 25km entfernt liegt. Die Legende besagt, dass Robert the Bruce, der legendäre schottische König, während seines Exils einige Zeit in einer Höhle auf Rathlin verbrachte, wo ihn eine Spinne dazu inspirierte, in seine Heimat zurückzukehren und die englischen Besatzer zu vertreiben.

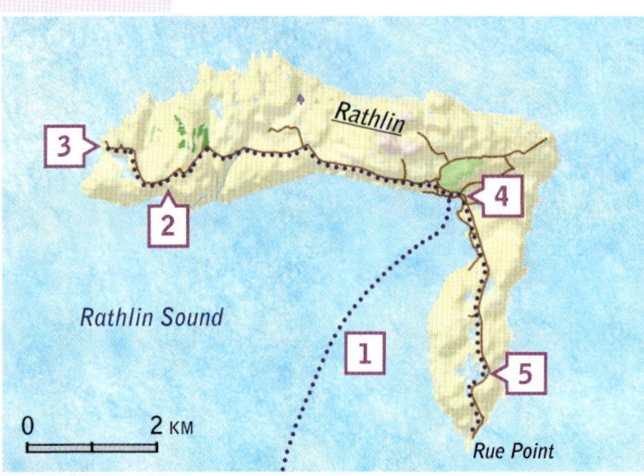

Die Insel liegt 10km von Ballycastle entfernt (siehe Route 21) und es werden täglich fünf Überfahrten angeboten. Es besteht auch die Möglichkeit, auf der Insel zu übernachten, entweder in einem der B&Bs, Jugendherbergen oder Ferienhäusern. Die Seevogelkolonien findet man am westlichen Ende der Insel. Diese Kolonien und andere Schutzgebiete auf der Insel werden von der RSPB (Royal Society for the Protection of Birds) verwaltet, die in den letzten Jahren erfolgreich die Alpenkrähe (zurzeit lebt hier das einzige Brutpaar in Nordirland) und den Wachtelkönig, der fast vier Jahrzehnte lang von der Insel verschwunden war, wieder angesiedelt hat. Im Jahr 2021 wurden vier männliche Wachtelkönige registriert, was auf die Rückkehr von Brutpaaren auf die Insel hoffen lässt.

Der Hafen und das einzige kleine Dorf der Insel liegen in der Mitte der bumerangförmigen Insel; die beiden Hauptattraktionen befinden sich am jeweiligen anderen Ende, 4km bzw. 6,5km von der Anlegestelle entfernt.

Um alles, was es zu sehen gibt ohne Hektik zu erleben, empfehlen wir Ihnen, am Hafen ein Fahrrad zu mieten. Im Sommer können Sie auch einen Minibus zu den Vogelkolonien am westlichen Ende der Insel nehmen.

Trottellummen und Tordalken (oben) und Dreizehenmöwe im Jugendkleid (unten).

Startpunkt Hafen von Ballycastle (GPS: 55.206433, -6.240110)
Die Fähre nach Rathlin Island legt vom Hafen der Stadt nördlich des Strandes ab. Ein Parkplatz am Hafen ist vorhanden und die Überfahrt kann unter **www.rathlinballycastle-ferry.com** gebucht werden.

1 Die Fahrt zur Insel dauert etwa eine halbe Stunde. Manchmal kann man Gemeine Delfine und Große Tümmler sehen und im Frühjahr und Sommer besuchen auch Riesenhaie die Gegend.

Von der Anlegestelle auf Rathlin haben Sie die Wahl, zuerst zu den Vogelkolonien zu laufen oder zu fahren (wie in dieser Routenbeschreibung) oder Richtung Süden zu wandern.

2 Der Höhepunkt von Rathlin Island, die Vogelkolonien, befindet sich am westlichen Ende der Insel. Um dorthin zu gelangen, folgen Sie der Hauptstraße für etwa 6,5km.
Entlang des Weges lohnt es sich, einen Blick auf die meist naturbelassenen Wiesen zu werfen, die eine reiche Vielfalt an Wildblumen aufweisen: Pyramiden-Günsel, Feld-Enzian und Sternmoos gehören zu den seltensten Pflanzen Irlands und wachsen hier am Wegesrand. Weniger seltene Pflanzen wie Echtes Labkraut, Augentrost, Englische Fetthenne und eine Vielzahl von Orchideen, darunter Berg-Waldhyazinthe (Grünliche Waldhyazinthe), Hundswurz, Geflecktes Knabenkraut, Fuchs‘ Knabenkraut und das Männliche Knabenkraut findet man hier ebenfalls.

3 An der Westspitze von Rathlin Island befinden sich zwei Naturschutzgebiete: das Kebble National Nature Reserve, das sich um den kleinen See Lough Kebble herum erstreckt, und das RSPB Rathlin Cliffs Reserve.

Im letzteren findet man die brütenden Seevögel, das Seabird Centre und das West Lighthouse, das eine Aussichtsplattform bietet. Trottellumme, Tordalk, Papageitaucher, Eissturmvogel, Atlantiksturmtaucher, Dreizehenmöwe, Mantel- und Heringsmöwe und Gryllteiste brüten hier und können von der Plattform aus beobachtet werden. Die Brutvögel bleiben von etwa Mai bis Juli.
Das Kebble National Nature Reserve ist eine Mischung aus Heide-, Gras- und Sumpfland. Mäusebussard, Wanderfalke und Kolkrabe können hier beobachtet werden, und auch Bekassine, Sturmmöwe und Lachmöwe sind hier zu Hause. Die Heide und das Grasland sind auch reich an den bereits erwähnten Wildblumen.

Kehren Sie zum Hafen zurück und wandern / radeln Sie etwa 800m am Ufer entlang nach Süden, bis Sie eine Bucht erreichen, die als Mill Bay bekannt ist und an deren südlichem Ende ein altes Gebäude steht.

4 Bei dem Gebäude handelt es sich um ein altes Lagerhaus, das ein Überbleibsel der einst florierenden Seetangindustrie ist. Seetang wurde hier im 18. und 19. Jahrhundert in industriellem Maßstab geerntet und vor allem zur Jodgewinnung genutzt. In den letzten Jahren wurde die Seetangernte auf der Insel wiederbelebt, doch jetzt wird der Seetang (und andere Algenarten) als „Superfood" vermarktet.
Die Bucht selbst ist ein beliebter Rastplatz für die Kegelrobben der Insel, die hier aus nächster Nähe beobachtet werden können. Eiderenten nisten in unmittelbarer Nähe der Robbenkolonie und können oft beim Ausruhen zwischen den Robben beobachtet werden.

5 Je nachdem, wie viel Zeit Sie auf der Insel verbringen, können Sie den Weg fortsetzen, der nun ins Landesinnere abbiegt und schließlich zum südlichen Ende der Insel führt. Es sind etwa 3,5km bis zur südlichsten Spitze der Insel, die einen Leuchtturm und eine wunderschöne Landschaft bietet. Nach etwa 1km beginnt der Weg, an den Seen der Insel und den angrenzenden Feuchtgebieten vorbeizuführen. Bekassine, Kiebitz, Reiherente, Teichhuhn und Blässhuhn können hier beobachtet werden.

Kegelrobben in der Mills Bay auf Rathlin Island.

Route 23: Strangford Lough

GANZTÄGIG
60 KM

Eine Tour um einen der größten Meeresarme Irlands.
Ein Paradies für Vögel und Vogelbeobachter.

Lebensräume: Watt und Salzwiesen, Felsküste
Charakteristische Arten: Ringelgans (vorwiegend Hellbäuchig und gelegentlich Dunkelbäuchig), Rotschenkel, Kegelrobbe

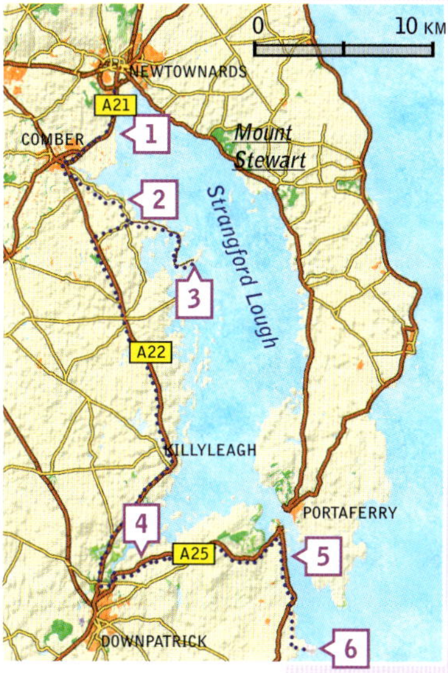

Strangford Lough ist 30km lang und 8km breit, und trennt die Halbinsel Ards vom Festland. An der Südspitze knickt die Halbinsel leicht nach Westen ab und trifft auf eine Landzunge, die sich vom Festland in den Meeresarm erstreckt. Das Ergebnis ist ein Kanal von nur 800 Metern Breite, aber etwa 30 Metern Tiefe, das als Narrows bekannt ist und den Strangford Lough mit der Irischen See verbindet.
Die Küste des Meeresarms ist fast durchgehend flach und die Westküste präsentiert zahllose kleine Buchten, Halbinseln und Inseln.
Rund 40% des Gebiets besteht aus Wattflächen und küstennahen Seen. Diese Kombination von Lebensräumen macht den Strangford Lough für Wat- und Wasservögel sehr attraktiv. In Spitzenzeiten sind rund 25.000 Gänse und Enten und etwa 45.000 Watvögel auf und um den Meeresarm herum zu Hause. Dazu gehören Ringelgänse (meist die hellbäuchige Variante, aber der Strangford Lough ist einer der wenigen Orte, an denen gelegentlich auch die unkelbäuchige Ringelgans beobachtet wurde), Singschwan, Pfeifente, Krickente, Knutt, Rotschenkel, Kiebitz, Goldregenpfeifer und Alpenstrandläufer. Die beste Zeit für einen Besuch ist der Herbst, wenn die Wintergäste eingetroffen sind. Aber auch dann ist die Beobachtung einer großen Anzahl von Vögeln aufgrund der großen Ausdehnung des Watts nicht garantiert.
Die beste Zeit, um Vögel zu Gesicht zu bekommen, sind die drei Stunden vor und nach dem Höchststand der Flut (siehe Seite 258 für Informationen zum Gezeitenstand). Im Sommer ist die Zahl der Vögel deutlich geringer und umfasst Brutvogelarten wie Brandgans und Reiherente sowie Austernfischer und Kiebitz.

Ein einsamer Großer Brachvogel am Strangford Lough.

Startpunkt Newtownards (18km östlich von Belfast)
Von Newtownards aus fahren Sie auf der A21 in Richtung Süden nach Comber. Biegen Sie nach etwa 2km, und vor der Ortschaft Comber, links auf die Ringcreevy Road ab, die in die Island Hill Road übergeht, die an einem Parkplatz endet. (GPS: 54.546228, -5.699990)

1 Vom Parkplatz aus hat man einen hervorragenden Blick auf das Watt. Dies ist einer der besten Plätze am Strangford Lough, um Ringelgänse und Watvögel, insbesondere Rotschenkel und Grünschenkel, zu beobachten, vor allem im Frühherbst, wenn das Seegras noch eine gute Nahrungsquelle für die Vögel bietet.
Sie können von hier aus weiter der Straße folgen, die über einen Betonweg nach Rough Island führt, eine von über 100 Inseln im Strangford Lough, von denen einige über Brücken und Dämme mit dem Festland verbunden sind. Die meisten dieser Inseln sind Drumlins – Ablagerungen von Kies und Sand, die von zurückweichenden Gletschern zurückgelassen wurden.

Fahren Sie zurück auf die A21 und biegen Sie links Richtung Comber ab. Am zweiten Kreisverkehr fahren Sie auf die A22 nach Killyleagh. Nach 500m biegen Sie links ab und folgen dem Schild nach Mahee Island. Nach weiteren 4km sehen Sie ein Schild zum Castle Espie Wetlands Centre. (GPS: 54.530566, -5.695823)

2 Das Besucherzentrum bietet einige kleine Seen, die Überreste eines ehemaligen Steinbruchs sind. Seltene Watvögel wie Kampfläufer und Uferschnepfe können hier manchmal beobachtet werden. Mehrere Wege verbinden Beobachtungunterstände, die Ausblicke auf die Seen und das Watt erlauben. Ringelgänse, Pfeifenten, Brandgänse und eine Vielzahl von

Watvögeln tauchen hier in großer Zahl auf, aber man sollte unbedingt, wie erwähnt, kurz vor oder nach der Flut ankommen, da sich die Vögel sonst auf den riesigen Wattgebieten ausbreiten und vom Festland kaum zu sehen sind.

Fahren Sie weiter auf der Ballydrain Road. Nach 1,5km biegen Sie links nach Mahee Island und Nendrum ab.

3 Die Straße führt zu zwei Inseln. Mit ihren vielen kleinen Buchten ist dies eine der malerischsten Gegenden des Strangford Lough. Die erste Insel, die Sie über einen Damm erreichen, ist Reagh Island, von der aus Sie nicht nur einen schönen Blick auf den Strangford Lough haben, sondern auch einen guten Zugang zum Watt. Spießenten, Löffelenten und Uferschnepfen sind regelmäßige Besucher der kleinen Buchten.
Die Insel Mahee am Ende der Straße beherbergt die Überreste eines frühchristlichen Klosters auf der Spitze eines Hügels, von wo man eine einmalige Aussicht über den Strangford Lough genießen kann.

Viele der Inseln des Strangford Lough sind Drumlins, die von den sich zurückziehenden Gletschern der Eiszeit geformt wurden.

Kehren Sie zur Ballydrain Road zurück und fahren Sie geradeaus (Richtung Lisbane) zur A22, wo Sie links abbiegen und in Richtung Süden nach Downpatrick fahren. Am Stadtrand von Downpatrick, kurz nach der Überquerung des Flusses, biegen Sie links auf die A25 nach Strangford ab. Nach 2km biegen Sie links zum Quoile Countryside Centre ab, das Sie erreichen, indem Sie ein Stückchen weiter wieder links abbiegen. (GPS: 54.349620, -5.699659)

4 Dieses Naturreservat verfügt über ein Informationszentrum und ist ein guter Ort, um Brutvögel wie Haubentaucher, Graureiher, Brandgans und Reiherente zu beobachten. Im Winter kommen zahlreiche, meist verwilderte Graugänse sowie Pfeifenten, Krickenten, Stockenten, Schellenten und Tafelenten zur Nahrungssuche in die geschützte Bucht.

Kehren Sie auf die Hauptstraße (A25) zurück und biegen Sie links ab, um nach Strangford (14km) zu fahren. Dann folgen Sie der Straße nach Süden (Shore Road / A2) in Richtung Ardglass entlang der Narrows.

5 Nach etwa 1,8km erreichen Sie die Cloghy Rocks. (GPS: 54.3546514, -5.551203) Hier kann man gut Kegelrobben und Seehunde beim Sonnenbaden auf den Felsen beobachten. Das Gebiet ist als Brutort für Seehunde bekannt, und zwischen Juni und August kann man hier auch Jungtiere sehen. Auch Watvögel wie Rotschenkel und Austernfischer sind hier häufig anzutreffen und können bei Ebbe bei der Nahrungssuche beobachtet werden.

Für den Besucher weitgehend unsichtbar, aber dennoch erwähnenswert, ist die ungewöhnlich reiche Unterwasserflora und -fauna. Algen, Schwämme, Seeanemonen, Seesterne und viele andere Arten profitieren von den Nährstoffen, die durch die starken Gezeitenströme geliefert werden. Durch die Gezeiten entstehen starke Höhenunterschiede zwischen dem Meer und dem Strangford Lough und die dadurch entstehende Strömung muss sich durch die engen Narrows zwängen. Die durchschnittliche Gezeitenströmung in den Narrows beträgt 3,5 m/s, und es wurden Geschwindigkeiten von bis zu 4,8 m/s gemessen.

Frühlings-Blaustern im Killard Nature Reserve.

6 Weitere 5km weiter südlich auf der A2 biegen Sie links auf eine Nebenstraße (Richtung Ballyhornan) ab und folgen der Beschilderung zum Killard Nature Reserve. (GPS: 54.314470, -5.533870)

Das Killard Nature Reserve ist eine kleine Landzunge an der Mündung des Strangford Lough, die im Frühjahr und Sommer besonders attraktiv ist. Auf den Wiesen entlang der Küste wachsen zahlreiche interessante Wildblumen wie Frühlings-Blaustern, Hasenglöckchen, Wildes Stiefmütterchen, Kriechender Hauhechel, Hundswurz, Acker-Witwenblume und Wiesen-Flockenblume.

Von hier aus können Sie zum Ausgangspunkt der Route zurückkehren oder die Autofähre in Strangford nehmen, die Sie nach Portaferry auf der Ostseite des Strangford Lough bringt. Die A20 führt von hier ebenfalls zurück nach Newtownards. Die Möglichkeiten zur Vogelbeobachtung entlang dieser Straße sind weniger gut als am anderen Ufer, aber das Watt südlich von Greyabbey und ein Aussichtspunkt südlich des Eingangs zum Mount Stewart House können gute Ergebnisse für Ringelgänse und Watvögel liefern.

Weitere Exkursionsziele in Nordirland

A – Naturschutzgebiet Oxford Island

GPS: 54.495565, -6.384002. Das Oxford Island Nature Reserve liegt an der M1 nördlich von Lurgan am Ufer von Irlands größtem Süßwassersee, dem Lough Neagh. Trotz ihres Namens ist Oxford Island keine richtige Insel, sondern eine Halbinsel, die in eine geschützte Ecke des Sees ragt und bei überwinternden Vögeln sehr beliebt ist. Tafelente, Reiherente, Schellente, Krickente, Stockente und Bergente sind häufige Arten und Sing- und Zwergschwäne sind oft auf den nahen gelegenen Feldern zu sehen. Das Gebiet zieht allerdings auch seltenere Arten an. Kolbenente, Zwergsäger, Ringschnabelente und Gänsesäger wurden hier schon beobachtet. Im Sommer sieht man Hauben- und Zwergtaucher auf dem See, während Fitis, Feldschwirl, Schilfrohrsänger und Rohrammer in den kleinen Waldflecken und Schilfgürteln der Halbinsel brüten.

Marble Arch Caves

Das Reservat verfügt auch über Heuwiesen mit einer reichen Flora, die wiederum zahlreiche Insekten anlockt. Vor allem Schmetterlinge sind reichlich vorhanden, wenn auch meist die häufigeren Arten wie Hauhechel-Bläuling, Admiral, Aurorafalter, Kleiner Feuerfalter, Brauner Waldvogel und Waldbrettspiel.

Das Reservat verfügt über ein Netz von Wegen und fünf Beobachtungsunterstände (**www.oxfordisland.com**).

B – Marble Arch Caves Geopark

GPS: 54.258020, -7.813294. Die Marble Arch Caves, ein UNESCO Global Geopark, sind Teil des Kalksteingebiets, zu dem auch die Cuilcagh Mountains und der Cavan Burren gehören, und das sich von der Grafschaft Fermanagh in Nordirland in die Grafschaft Cavan in der Re-

publik Irland erstreckt. Die Marble Arch Caves können über die Marlbank Road östlich der A509 erreicht werden.
Die Höhlen können im Rahmen von Führungen per Boot und zu Fuß erkundet werden und bieten einen einzigartigen Einblick in eine unterirdische Kalksteinwelt. Stalaktiten und Stalagmiten, kleine, klare Tümpel und Flüsse sind Teil dieses faszinierenden Höhlensystems.
In der Nähe des Besucherzentrums der Marble Arch Caves liegt das Cladagh Glen Nature Reserve, eine enge Kalksteinschlucht, die von einem der Flüsse gebildet wurde, die auch die Marble Arch Caves geformt haben. Die Schlucht ist von einem alten Eschenwald bedeckt, in dem eine Vielzahl von Wildblumen, darunter Hasenglöckchen und Bärlauch, sowie eine Fülle von Farnen und Moosen wachsen.
Weitere sehenswerte Orte in der Nähe sind der Cavan Burren Park, ein Kalkstein-Karstgebiet, das dem Burren in der Grafschaft Clare ähnelt. Der Cuilcagh Boardwalk Trail führt durch die Deckenmoore der Cuilcagh Mountains (**www.marblearchvaves.co.uk**; **www.cavanburrenpark.ie**).

C – Murlough Nature Reserve

GPS: 54.233483, -5.863755. Das Murlough National Nature Reserve an der A2 bei Dundrum umfasst eines der größten und ältesten Dünensysteme Irlands, das vor schätzungsweise 6.000 Jahren entstand. Es beherbergt eine reichhaltige Flora und Fauna, darunter 23 Schmetterlingsarten, wie den gefährdeten Skabiosen-Scheckenfalter, seltene Nachtfalter wie die Schwarze Glattrückeneule und die Weiden-Gelbeule sowie Irlands kleinstes Säugetier, die Zwergspitzmaus. Auch Vögel wie Schwarzkehlchen, Ringelgans, Seidenreiher und Alpenstrandläufer sind in diesem Gebiet häufig anzutreffen. Die wahren Schmuckstücke des Ortes sind jedoch die Wildblumen: Hügel-Vergissmeinnicht, Bauernsenf, Gemeiner Teufelsabbiss, Stängellose Schlüsselblume, Hasenglöckchen, Grau- und Besenheide und viele andere Arten.
Die Dünen können über ein Netzwerk von Holzstegen erkundet werden. Wegen der empfindlichen und sensiblen Natur des Gebiets wird davon abgeraten, diese Wege zu verlassen.

D – Die Glens von Antrim

GPS: 55.018255, -6.098037. Der zweite Teil der Causway Coastal Route (sieh Route 21) führt entlang der Ostküste der Grafschaft Antrim und bietet Zugang zu den Nine Glens of Antrim: Glenarm, Glencloy, Glenarriff, Glencorp, Glenballyemon, Glenaan, Glendun, Glenshesk und Glentaisie. Die Glens sind Gletschertäler, die sich alle grundlegend voneinander unterscheiden: Einige sind schmal, andere breit; einige sind bewaldet, andere sind mit

Deckenmoor bedeckt und wieder andere wurden in Ackerland verwandelt.

Das bekannteste der Täler ist Glenariff, auch bekannt als „Queen of the Glens“. Kurz bevor Sie das Dorf Waterfoot erreichen, verlässt die A43 die A2 und schlängelt sich bergauf. Nach etwa 7km ist der Glenariff Forest Park auf der linken Seite ausgeschildert.

Die Flüsse Inver und Glenariff haben am oberen Ende des Glens eine enge Klamm in den Felsen gegraben und stürzen über eine Reihe von Wasserfällen in Richtung Küste. Holzstege machen diesen wunderbaren Ort zugänglich und bilden ein Netz von 4 Wanderwegen (Viewpoint, Waterfall, Scenic und Rainbow) entlang der Flüsse und durch Waldgebiete. Aufgrund des feuchten Mikroklimas sind diese Wälder besonders reich an Moosen und Farnen. Typische Waldpflanzen wie Echte Nelkenwurz, Stängellose Schlüsselblume, Hasenglöckchen und Rote Lichtnelke sind weit verbreitet und häufig.

Ess Na Larach Wasserfall im Glenariff Forest Park.

Ein Besuch der Glens of Antrim kann mit der Route 21 kombiniert werden.

E – Gobbins Cliff Path

GPS: 54.780591, -5.707414. The Gobbins ist ein einzigartiger Klippenpfad, der an der Ostseite der Halbinsel Islandmagee verläuft. Er wurde erstmals 1902 eröffnet, aber aufgrund von Instandhaltungsproblemen und trotz des großen Erfolges 1954 geschlossen. Im Jahr 2016 wurde der Gobbins Cliff Path neugestaltet und rekonstruiert – wiedereröffnet. Heute besteht der Pfad aus einer Reihe von Brücken, Tunneln und Wegen, die sich an eine steile Klippenwand schmiegen.

Der Pfad, der nur im Rahmen von Führungen zugänglich ist, bietet einen einzigartigen Blick auf eine wunderschöne Felslandschaft und die Geologie der Region (**www.thegobbinscliffpath.com**).

THE NORTH FACE

TOURISTISCHE HINWEISE & BEOBACHTUNGSTIPPS

Reisen nach Irland

Irlands größte Flughäfen in der Republik befinden sich in Dublin (Ostküste), Cork (Südküste) und Shannon (Westküste) und in Nordirland in Belfast (Belfast International Airport). Dublin und Belfast werden von den meisten Ländern aus angeflogen, Cork und Shannon bieten eine kleinere Auswahl an Strecken.

Neben den großen Flughäfen gibt es auch eine Reihe von kleineren, lokalen Flughäfen. Der Flughafen Kerry ist in den letzten Jahren stetig gewachsen und stellt eine gute Alternative zu den etablierten Großflughäfen dar, vor allem wenn Sie den Südwesten bereisen möchten. Der Flughafen Knock in der Grafschaft Mayo wurde ursprünglich für Pilgerreisende gegründet, die das Heiligtum von Knock besuchen möchten, wird aber zunehmend von anderen Reisenden genutzt. Der Belfast City Airport ist der zweite Flughafen in Belfast und bietet hauptsächlich Flüge in das Vereinigte Königreich an.

Die größten Fluggesellschaften Irlands sind die ehemalige staatliche Fluggesellschaft Aer Lingus und die bekannte Ryan Air, die günstige Flüge zu verschiedenen europäischen Zielen anbietet.

Irland kann auch mit Fähren (Auto- und Passagierfähren) aus dem Vereinigten Königreich (Liverpool Birkenhead, Cairnryan, Douglas, Holyhead und Pembroke), Frankreich (Cherbourg und Rosscoff) und Spanien (Bilbao) erreicht werden. Die Häfen in der Republik Irland befinden sich in Rosslare (Südosten), Cork (Süden) und Dublin (Osten) und in Nordirland in Belfast und Larne.

Flughäfen
www.dublinairport.com
www.corkairport.com
www.shannonairport.ie
www.belfastairport.com
www.belfastcityairport.com
www.kerryairport.ie
www.irelandwestairport.com

Fähren
www.irishferries.com
www.stenaline.ie
www.directferries.co.uk
www.poferries.com
www.directferries.ie
www.brittany-ferries.ie

Häfen
www.dublinport.ie
www.rosslareeuroport.ie
www.portofcork.ie
www.belfast-harbour.co.uk
www.portoflarne.co.uk

Reisen in Irland

Das irische Straßennetz im Allgemeinen und die Autobahnen im Besonderen wurden in den letzten Jahrzehnten stark verbessert, so dass es heute relativ schnell und einfach ist, das Land von Osten nach Westen und von Norden nach Süden zu durchqueren. Die Fahrt von Dublin an der Ostküste nach Galway im Westen dauert zum Beispiel knappe 3 Stunden. Nur im äußersten Nordwesten, in der Grafschaft Donegal, und in geringerem Maße im Südwesten, in der Grafschaft Cork und in der Grafschaft Kerry, fehlen große Verbindungsstraßen und man ist weitgehend auf kleine regionale („R") und lokale („L") Straßen angewiesen.

Sprache

Irlands Amtssprache ist Irisch, eine Form des Gälischen. Im täglichen Leben ist jedoch Englisch (mit einem ausgeprägten Akzent) die gängige Sprache. Nur in einigen wenigen sogenannten Gaeltacht-Gebieten ist Irisch die Umgangssprache (und selbst hier ist der tagtägliche Gebrauch der Sprache rückläufig). Auf Straßenschildern wird der irische Ortsname immer zusammen mit der englischen Version angegeben. Die englischen Versionen sind meist phonetisch anglisierte Versionen des irischen Originals. Die irischen Ortsnamen geben oft einen Hinweis auf die Naturgeschichte oder das Kulturerbe eines Ortes: *Kil* taucht zum Beispiel in zahlreichen Ortsnamen auf und bedeutet Kirche, *Dair* und *Darach* stehen für Eiche und tauchen auch in vielen Ortsnamen wie Derry (*Diore* – Eichenwald), Adare (*Ath-Dara* – Der Fjord der Eiche) oder Kildare (Kirche der Eiche) auf.

Auto

Das Auto ist immer noch das beste Transportmittel, um in Irland von einem Ort zum anderen zu gelangen. Mietwagen der großen internationalen und kleineren nationalen Unternehmen sind an allen Flughäfen erhältlich, oder Sie können Ihr eigenes Auto mitbringen, wenn Sie mit der Fähre nach Irland reisen.

Irland ist eines der wenigen Länder der Welt, in denen Linksverkehr herrscht. Das ist gewöhnungsbedürftig, stellt aber selten ein wirkliches Problem dar.

Geschwindigkeitsbegrenzungen und Entfernungen werden in der Republik in Kilometern pro Stunde und in Nordirland in Meilen angegeben, worauf man nach dem Überqueren der Grenze achten sollte. Das Straßennetz ist insgesamt in einem guten Zustand, doch sollten Sie beachten, dass viele Landstraßen gerade breit genug für ein Fahrzeug sind. In diesen Fällen sind Ausweichbuchten in regelmäßigen Abständen vorhanden, man muss allerdings vorausschauend – und nicht zu schnell – fahren. Die Straßenränder können instabil sein oder einen Graben und Schlaglöcher verbergen, was vor allem nach sehr nassen Wintern ein Problem darstellt.

Tankstellen gibt es alle paar Kilometer, aber wenn Sie ein Elektroauto fahren, sollten Sie sich vorher über die Verfügbarkeit von Ladestationen entlang Ihrer Route informieren (**www.esb.ie/ecars/charge-point-map**). Das Netz in Irland befindet sich noch im Aufbau, insbesondere in ländlichen Gebieten.

Wohnmobil

Wohnmobile sind in den letzten Jahren immer beliebter geworden. Sie sind sehr praktisch, aber man muss seine Route sorgfältiger planen. Ausgewiesene Wohnmobilstellplätze sind rar und die meisten Reisenden nutzen öffentliche Parkplätze, Häfen und Ausweichbuchten. Welche Stellplätze für Wohnmobile erlaubt sind, ist von Grafschaft zu Grafschaft unterschiedlich, und es empfiehlt sich, vor dem Übernachten das örtliche Fremdenverkehrsamt aufzusuchen (mehr dazu unter der Rubrik Camping auf Seite 256).
Es gibt eine Reihe von Unternehmen, die Wohnmobile in Irland vermieten, und eine Google-Suche bringt eine gute Auswahl.

Öffentliche Verkehrsmittel

Irland verfügt über ein Netz von Bus- (**www.buseireann.ie**) und Zugverbindungen (**www.irishrail.ie**), die jedoch nur größere Städte regelmäßig anfahren. Ländliche Gebiete werden bestenfalls ein- oder zweimal am Tag bedient, und einige Gebiete sind überhaupt nicht an das Netz angebunden. Da die meisten Reiseziele in diesem Buch in ländlichen Gebieten liegen, ist diese Art der Beförderung nicht empfehlenswert.
Eine praktikable Lösung, sollten Sie sich für öffentliche Verkehrsmittel entscheiden, ist die Kombination aus Zug und Bus und dem örtlichen Fahrrad- oder E-Bike-Verleih. Nachdem Sie mit Bus und Bahn an Ihrem Ziel angekommen sind, können Sie vor Ort für ein oder zwei Tage ein Fahrrad/E-Bike mieten, das Sie in die entlegeneren Gebiete bringt. Fahrradverleihe gibt es in den meisten Orten, vor allem in denen, die vom Tourismus leben. Allerdings wird dieser Service oft nur während der Saison (April/Mai-August/September) angeboten.

Fahrrad

In den richtigen Jahreszeiten ist das Fahrrad das perfekte Fortbewegungsmittel in Irland. Solange man die Hauptstraßen meidet, außerhalb der Hauptsaison reist und auf etwas Wind und Regen vorbereitet ist, macht Radeln in Irland Spaß. Sie können Ihr eigenes Fahrrad mitbringen oder vor Ort mieten. Fahrräder und E-Bikes können online für einen längeren Zeitraum vorgebucht werden (auch hier finden Sie bei einer schnellen Google-Suche eine gute Auswahl), um sie am Zielflughafen abzuholen.
Wenn Sie nur gelegentlich mit dem Fahrrad fahren möchten, können Sie in den meisten Städten und Dörfern auch Fahrräder und E-Bikes für ein paar Stunden oder einen Tag mieten. Für einige der Ziele in diesem Buch bietet das Fahrrad eine gute Alternative zum Auto, wenn Sie die nötige Zeit haben, um die Routen in einem langsameren Tempo abzufahren. Die folgenden Routen eignen sich für diese Herangehensweise:

- Route 3: Muckross Lake (Fahrradverleih in Killarney)
- Route 5: Mittlerer Teil der Dingle-Halbinsel (Beginn und Ende in Dingle Town/Fahrradverleih in Dingle Town)
- Cape Clear (Fahrradverleih auf der Insel)
- Route 6: Loop Head (Fahrradverleih in Kilkee oder Carrigaholt)
- Route 8: Lough Bunny und Eagle's Rock (Fahrradverleih in Corofin)

- Route 9: Burren West (Fahrradverleih in Ballyvaughan)
- Route 12: Glenveagh National Park (Fahrradverleih **www.grassroutes.ie**)
- Route 15: Rathlin Island (Fahrradverleih auf der Insel)
- Route 17: Shannon Callows (Fahrradverleih in Banagher)
- Route 20: Rund um den Hafen von Wexford (Fahrradverleih in Wexford Town)

Reisezeiten

Wann Sie reisen sollten, hängt hauptsächlich davon ab, was Sie sehen möchten und wie viel Sie bereit sind zu zahlen. Der Sommer ist die Hauptsaison (Juli und August), was bedeutet, dass die Straßen stark befahren sind und alles, von der Autovermietung bis zur Unterkunft, teurer ist. Die Wintersaison, die von November bis Februar dauert, ist die ruhigste und auch die günstigste Zeit des Jahres (mit Ausnahme von Weihnachten und Neujahr), aber viele Unterkünfte und Restaurants sind in dieser Zeit geschlossen, so dass es etwas schwieriger ist, eine Unterkunft und Verpflegung zu finden, besonders in ländlichen Gegenden. Frühling und Herbst sind in der Regel die besten Reisezeiten, alles ist preiswert(er) und der Verkehr ist erträglich, und außerdem sind dies statistisch gesehen die Jahreszeiten mit dem meisten Sonnenschein und dem wenigsten Regen.

Sie müssen sich jedoch überlegen, was Sie sehen wollen. Die Wildblumen sind im Allgemeinen von Mai bis Juli am schönsten. Brütende Seevögel sind von Ende April bis Mitte August anzutreffen, wobei die beste Zeit für deren Beobachtung die Monate Mai,

Kalender

Januar und Februar Überwinterung von Wat- und Wasservögeln; dies ist auch eine gute Zeit,um Stürme zu erleben, da Irland in regelmäßigen Abständen von Tiefdruckgebieten vom Atlantik heimgesucht wird.

März und April Die ersten Frühlingsblumen beginnen zu blühen (vor allem häufige Arten wie Stängellose Schlüsselblume, Scharbockskraut und Hain-Veilchen); Eissturmvögel kehren zu ihren Nistplätzen zurück und Kolkraben haben bereits mit der Brut begonnen.

Mai und Juni Papageitaucher, Tordalk, Trottellumme und Dreizehenmöwe treffen ein und beginnen mit ihren Paarungsritualen; die ersten Riesenhaie tauchen in den Küstengewässern auf; Wildblumen sind reichlich vorhanden, und einige der besonderen Blumen des Burren blühen (Frühlings-Enzian, Pyramiden-Günsel und verschiedene Orchideenarten, darunter die Gefleckte Waldwurz).

Juli und August Die Brutzeit der Seevögel ist im Juli in vollem Gange und klingt im August ab; Orchideen wie die Irische Drehwurz, Bienen-Ragwurz und Fliegen-Ragwurz blühen neben vielen anderen Wildblumen, und die Saison zur Walbeobachtung beginnt.

September und Oktober Man sieht Spätblüher wie Herbst-Drehwurz und Bitteren Kranzenzian, und Sträucher (Schlehe, Weißdorn, Gewöhnlicher Schneeball und andere) tragen bunte Beeren. Die ersten überwinternden Wat- und Wasservögel treffen ein und der herbstliche Vogelzug ist in vollem Gange. Die Hirschbrunft in Killarney findet im Oktober statt; auch die Riesenhaie zeigen ihr Paarungsverhalten.

November und Dezember Die überwinternden Wat- und Wasservögel sind in voller Zahl anwesend; die ersten Winterstürme fegen über das Land.

Juni und Juli sind, in denen auch die Wildblumen an der Küste in voller Blüte stehen. Auch für andere Vögel ist das Frühjahr eine gute Zeit: Singvögel auf der Partnersuche präsentieren sich lautstark der Welt und den Vogelbeobachtern. Der *Dawn Chorus* (wörtlich übersetzt ist das der Morgendämmerung-Chor) ist jedes Jahr ein großes Ereignis, das jeden Mai Vogelfreunde aus ganz Irland in den frühen Morgenstunden aus dem Bett lockt. Die Wintergäste kommen ab September und bleiben bis April und manchmal bis in den Mai hinein. Die größte Anzahl von Vögeln versammelt sich normalerweise von November bis Februar.

Wale, insbesondere Finn- und Buckelwale, sind ab Juni zu sehen und bleiben den ganzen Sommer über und bis weit in den Herbst hinein. Riesenhaie kommen etwas früher, etwa im Mai, und bleiben ebenfalls bis zum Herbst.

Unterkunft

Das Angebot an Unterkünften in Irland reicht von billigen Jugendherbergen bis hin zu teuren, hochklassigen Schlosshotels. Camping und sein luxuriöseres Gegenstück, Glamping, erfreuen sich wachsender Beliebtheit, aber während traditionelles Camping immer noch eine billige Art der Übernachtung ist, ist Glamping ziemlich kostspielig geworden.

Bed & Breakfast

Die beste Übernachtungsmöglichkeit ist immer noch das traditionelle, familiengeführte Bed & Breakfast. Das Konzept des Bed & Breakfast (B&B) hat in Irland eine lange Tradition. Ursprünglich vermieteten Familien ihr Gästezimmer an Reisende, um nebenbei etwas Geld dazuzuverdienen. Im Laufe der Jahre wurden einige B&Bs jedoch mehr zu einem professionellen Unternehmen als zu einem *home away from home* für Reisende, und einige sind sogar zu unpersönlichen, hotelähnlichen Einrichtungen mutiert, vor allem in Touristenhochburgen wie Killarney und Clifden.

Glücklicherweise gibt es noch B&Bs im alten Stil, vor allem in ländlichen Gegenden abseits der bekannten Touristenrouten. Ein großer Vorteil und Charme der familiengeführten Unterkünfte ist, dass sie eine Quelle für lokale Insider-Informationen sind. Die Gastgeber sind in der Regel sehr hilfsbereit und teilen gerne Tipps und Geschichten, die in keinem Reiseführer (nicht einmal in diesem) zu finden sind.

Außerhalb der Sommersaison kann man auch spontan an die Tür klopfen – meistens ist dann noch ein Zimmer frei. Im Juli und August ist es ratsam, im Voraus zu buchen. Dies kann durch einen einfachen Telefonanruf geschehen (Direktbuchung ist oft billiger als Online-Buchung) oder online über eine der großen internationalen oder nationalen Buchungsseiten. Eine schnelle Google-Suche wird zahlreiche Ergebnisse liefern.

Air B&B (**www.airbnb.ie**) ist in Irland ebenfalls weit verbreitet und greift die ursprüngliche Idee von B&B auf: Einzelpersonen vermieten ein freies Zimmer. Sie sollten jedoch die Konditionen sorgfältig prüfen, z. B. ist das Frühstück nicht immer inbegriffen und die Check-in- und Check-out-Zeiten können sehr restriktiv sein.

Wenn Sie nach B&Bs suchen, werden Sie wahrscheinlich auf den Begriff *Farmhouse*

Accommodation stoßen. Dies sind ebenfalls B&Bs, die meist in sehr ländlichen Gebieten ohne Geschäfte und Restaurants in der Nähe liegen. Diese Unterkünfte bieten oft Abendessen und Lunchpakete an.

Hotels und Herbergen

Hotels gibt es nur in den größeren Städten und sind in der Regel teurer. Die meisten Hotels bevorzugen eine Voranmeldung, nehmen aber vor allem in der Nebensaison auch Laufkundschaft an. Jugendherbergen sind die günstigste Möglichkeit, in Irland zu übernachten. Die meisten bieten sowohl Schlafsäle als auch Familien- oder Einzelzimmer zu vernünftigen Preisen an. Die beste Möglichkeit, eine Herberge zu finden und zu buchen, ist die Website des irischen Herbergsverbands: **www.anoige.ie**.

Camping

In Irland ist das Zelten nicht so beliebt wie in anderen Ländern, was wahrscheinlich an dem unberechenbaren Wetter und dem Mangel an offiziellen Campingplätzen mit Toiletten und Duschen liegt. Wild Zelten ist im Allgemeinen erlaubt oder wird zumindest toleriert, aber nicht überall. Der beste Weg, um herauszufinden, was wo erlaubt ist und was nicht, ist ein Besuch im örtlichen Fremdenverkehrsbüro oder eine Anfrage bei den örtlichen Landbesitzern. Um festzustellen, wem das Land gehört, geht man am besten in den *Pub* (Kneipe) und unterhält sich mit den *Locals* (Einheimischen). Erkundigen Sie sich auch nach den Regeln für das Anzünden eines Feuers und, falls Sie auf Privatgrundstücken zelten, nach den Toiletten.
Das größte Problem beim Zelten in Irland ist das Wetter. Starker Wind und ein paar

Der Wildcamping-Code

- Der Campingplatz muss mindestens 400 Meter von der nächsten Straße entfernt sein.
- Der Campingplatz muss mindestens 400 Meter vom nächsten Gebäude entfernt sein.
- Die Zelte müssen nach jeder zweiten Nacht versetzt werden, damit sich die Vegetation erholen kann.
- Camper müssen alle Lebensmittelabfälle und Abfälle entfernen, unabhängig davon, ob sie biologisch abbaubar sind oder nicht. Vergrabene Abfälle werden häufig von Tieren auf der Futter suche oder durch Erosion freigelegt.
- Seife und Zahnpasta müssen mindestens 30 Meter von Wasserläufen entfernt aufbewahrt werden.
- Das Waschen von Geschirr und Besteck muss in einem Abstand von mindestens 30 Metern zu jeglichen Gewässern erfolgen. Alle Abwässer müssen gesiebt werden, bevor sie entsorgt werden. Auf keinen Fall darf das beim Waschen verwendete Abwasser in Seen, Bäche oder Flüsse entsorgt werden.
- Camper haben sich ruhig zu verhalten, um die örtliche Bevölkerung, die Tierwelt und andere Besucher nicht zu stören.
- Die Campingplätze müssen optisch unauffällig gehalten werden.
- Campingplätze müssen so hinterlassen werden, wie sie vorgefunden wurden, oder besser.

Stunden starker Regen können eine Nacht im Zelt ziemlich ungemütlich machen. Ein wasserdichtes und stabiles Zelt ist ein Muss und ein Plan B für den Fall der Fälle ist sehr empfehlenswert.

Glamping

Glamping, die Verschmelzung von *Glamour* und *Camping*, ist in Irland sehr populär geworden, und fast überall im Land sind Glampingplätze aus dem Boden geschossen. Die Unterkünfte reichen von umgestalteten Metallcontainern oder einem alten Pferdewagen bis hin zu Hobbit Pods und alten Flugzeugen. Aufgrund seiner Beliebtheit sind die Preise fürs Glamping im Vergleich zu anderen Unterkünften relativ hoch und man zahlt viel für die Neuartigkeit dieser Erfahrung.

Ferienwohnungen und -häuser

Ferienhäuser sind eine Überlegung wert, wenn Sie planen, Ihren Aufenthalt in Irland in einem bestimmten Gebiet zu verbringen und in einer größeren Gruppe reisen (die meisten Ferienhäuser bieten zwei und mehr Schlafzimmer). Die Mietdauer beträgt in der Regel sieben Nächte (von Samstag bis Samstag), einige Häuser werden auch für nur drei oder vier Nächte angeboten. Die Preise sind im Frühjahr, Herbst und Winter angemessen, können aber in der Hochsaison exorbitant hoch sein.

Strategische Standpunkte für den Aufenthalt

Da Unterkünfte in Irland sehr weit verstreut liegen, beschränken wir unsere Empfehlungen auf größere Städte und Dörfer. Es lohnt sich allerdings, Unterkünfte etwas außerhalb dieser Städte und Dörfer in Erwägung zu ziehen, da diese oft etwas billiger und häufig auch charmanter sind als die direkt in den Städten.

Süd-West

Killarney ist ein guter Ausgangspunkt, um den Südwesten einschließlich der Halbinseln zu erkunden, mit dem zusätzlichen Vorteil, dass der Killarney National Park direkt vor der Haustür liegt. Kenmare ist ebenfalls eine Überlegung wert und liegt genau zwischen dem Killarney-Nationalpark und der Beara-Halbinsel.
Wenn Sie eine Walbeobachtungstour planen, wäre eine Basis, die näher an den Ablegestellen liegt, eine Erleichterung für Sie. Für Cork wäre dies Skibbereen, für Kerry wäre es Dingle Town.

Westen

Da der Westen ein viel größeres Gebiet umfasst, ist es so gut wie unmöglich, alles von einer einzigen Basis aus zu erkunden. Kilkee liegt am Rande der Halbinsel Loop Head und etwa 1,5 Stunden vom Burren entfernt. Galway City ist eine gute Basis, um sowohl Connemara als auch den Burren zu erkunden (jeweils etwa 1 bis 1,5 Stunden Anfahrt). Ennis und Kinvarra liegen beide am Rande des Burren-Gebiets. Clifden ist die beste Wahl, wenn Sie in Connemara bleiben möchten. Westport oder Newport sind gute Ausgangspunkte für den Wild Nephin / Ballycroy-Nationalpark und Nord-Mayo. Sligo liegt in der Nähe der Dartry Mountains und Dunglow ist ein schönes Städtchen, von dem aus man die Grafschaft Donegal erkunden kann.

Nordirland

Für die *Antrim Coast and Glens* ist Ballymoney ein guter Ausgangspunkt. Die mittelgroße Stadt liegt etwas abseits der Haupttouristenroute und ist daher preiswerter, aber dennoch nur etwa 20 Minuten vom Giant's Causeway entfernt.
Newtownards ist die größte, aber nicht unbedingt die schönste Stadt am Strangford Lough. Portaferry im Süden und Greyabbey am Ostufer sind malerischer, verlängern aber Ihre Reisezeit, wenn Sie nur die Hotspots an der Westseite des Strangford Lough besuchen wollen.

Midlands, Osten und Süden

Um die Midlands zu erkunden, bieten sich eine Reihe von Städten an, von denen aus man die Shannon Callows und die Moorgebiete besuchen kann. Dazu gehören Tullamore, Portlaoise, Roscrea und Birr.
Für die Ostküste ist Dublin die naheliegende Wahl. Wenn Sie die Großstadt mit dem typischen Verkehr und den überhöhten Preisen meiden möchten, sind Navan, Trim, Wicklow und Kildare gute Alternativen. Von letzterer aus kann man sogar sowohl den Osten als auch die Midlands erkunden. Für die Südküste empfehlen wir die Städte Wexford und New Ross.

Bequemes Reisen und Sicherheit

Sicherheit

Irland ist im Allgemeinen ein sicheres Land für Reisende. Wie in anderen Ländern auch, ziehen touristische Hotspots jedoch kriminelle Opportunisten an. Wenn Sie Ihren gesunden Menschenverstand nutzen, z. B. keine Wertsachen im Auto lassen und nicht mit teuren Spektiven, Kameras und Handys herumlaufen, ist es unwahrscheinlich, dass Sie mit einer schlechten Erfahrung nach Hause fahren. Eine weit größere Gefahr stellen das irische Wetter und das Meer dar.

Gezeiten und Wetter

Das irische Wetter ist unberechenbar und kann innerhalb von Minuten von einem milden Tag mit Sonnenschein zu einem wilden Sturm mit Regen und Hagel umschlagen. Besonders gefährlich ist dies in den Bergen und an anderen abgelegenen Orten. Jedes Jahr stranden oder verirren sich Wanderer aufgrund der schlechten Sichtverhältnisse und erleiden in der Folge Unterkühlungen oder ziehen sich andere Verletzungen zu, meist weil sie nicht richtig ausgerüstet sind. Wasserdichte und warme Kleidung ist in den irischen Bergen ein Muss, auch wenn es auf Meereshöhe über 20 Grad warm und sonnig ist. Vergewissern Sie sich auch, dass Ihr Mobiltelefon voll aufgeladen ist, bevor Sie losgehen. Es ist auch ratsam, zusätzliche Lebensmittel und Getränke mitzu-

nehmen, und ein Biwakzelt/-sack bietet Schutz, falls Sie gezwungen werden, die Nacht auf dem Berg zu verbringen.
An der Küste ist die Situation ähnlich, mit der zusätzlichen Gefahr der Gezeiten. Die wichtigste Information bei einem Besuch an der Küste sind die Zeiten von Ebbe und Flut. Außerdem sollten Sie sich mit der Topografie des von Ihnen besuchten Küstenabschnitts vertraut machen, insbesondere wenn Sie längere Spaziergänge planen. Es kommt nicht selten vor, dass Wanderer von der einlaufenden Flut überrascht und vom Festland abgeschnitten werden.
Es gibt mehrere Websites und Apps, die Ihnen die Zeiten für Ebbe und Flut in Irland anzeigen. Bitte beachten Sie, dass insbesondere bei Apps die Anzahl der Orte stark variiert und nicht alle Apps die Sommer- und Winterzeit berücksichtigen:
Im Internet: www.marine.ie (suche nach „tidal oberservations") und **www.tidetime.org**.
Via App: Tides Near Me und Ireland Tides.

Wandern

Irland ist bei Wanderern sehr beliebt. Eine Reihe von Fernwanderwegen durchquert das Land, am bekanntesten sind der Western Way (**www.westernway.ie**) und der Ireland Way (**www.theirelandway.ie**). Es gibt unzählige kürzere Routen und Rundwanderwege, die Irland zu einem Paradies für Wanderlustige machen. Der offensichtliche Nachteil des Wanderns ist, dass man dem launischen irischen Wetter ausgesetzt ist. Angemessene wasser- und winddichte Kleidung ist ein Muss, um den raueren Bedingungen im Freien zu trotzen. So lässt sich selbst bei strömendem Regen das Wandern genießen.
Leider gibt es in Irland kein *right to roam* (das Recht zu wandern) wie im benachbarten Großbritannien. Das bedeutet, dass man auf markierten Wegen bleiben muss oder die Erlaubnis des Landbesitzers einholen muss, bevor man öffentliche Wege verlässt.

Schwimmen

Schwimmen ist ein beliebter Zeitvertreib, und viele Einheimische nehmen täglich ein Bad im Meer. Die Wassertemperaturen sind jedoch nur sehr selten angenehm, und für die meiste Zeit des Jahres ist ein Neoprenanzug empfehlenswert. Einige Gefahren, denen man sich bewusst sein sollte, sind die folgenden: Mancherorts werden noch immer Abwässer ins Meer geleitet, was zu Bakterien wie E. Coli im Wasser führen kann. Beliebte Badestellen werden regelmäßig getestet und gegebenenfalls geschlossen, bis das Wasser wieder sicher ist. Ein weiteres Problem sind starke Strömungen, sogenannte *Rip-Tides* oder *Rip-Currents*, die Sie innerhalb von Minuten aufs offene Meer hinausziehen können. Stellen, an denen solche Strömungen auftreten, sind mit Warnschildern gekennzeichnet.
Bevor Sie ins Wasser gehen, insbesondere an Orten, die nicht zum Schwimmen ausgewiesen sind, sollten Sie sich unbedingt vor Ort (Fremdenverkehrsamt) über sichere Bade- und Schwimmstellen informieren. Strände / Strandabschnitte, die sicher zum Schwimmen sind und von Rettungsschwimmern überwacht werden, sind mit gelb-roten Flaggen gekennzeichnet. Eine gute Website für die Vorausplanung ist **www.outdoorswimming.ie**. Sie deckt sowohl die Küste als auch die Binnenseen ab.

Seawatching

Es gibt zwei Arten von Seawatching in Irland, und beide erfordern sehr unterschiedliche Voraussetzungen, um erfolgreich zu sein.

Vögel: Wenn Sie Vögel beobachten wollen, sind der Frühling und vor allem der Herbst die besten Zeiten, denn dann sind die Zugvögel unterwegs. Die beste Zeit zum Beobachten ist während oder unmittelbar nach stürmischem Wetter. Unter diesen Bedingungen halten sich die Zugvögel in Küstennähe auf oder gehen sogar an Land, um Schutz zu suchen. Wenn Sie bei windigem Wetter beobachten, denken Sie bitte an Ihre eigene Sicherheit und halten Sie sich von Klippenrändern fern.

Wale, Delfine und Riesenhaie: Wal- und Delfinbeobachtungen vom Land aus sind das ganze Jahr über möglich, aber im Sommer und Herbst sind die besten Ergebnisse zu erwarten. Die besten Bedingungen bietet ruhiges Wetter mit leichtem oder keinem Wind und guter Sicht. Das wichtigste Kriterium ist der Zustand der Meeresoberfläche: je glatter, desto besser. Bei ruhigen oder nahezu ruhigen Bedingungen ist es leicht, den Sprühnebel eines ausatmenden Wales in der Ferne zu erkennen oder eine Flosse durch die Wasseroberfläche schneiden zu sehen. Je unruhiger das Wasser wird, desto schwieriger ist es, einen Wal oder Delfin von der Wellenbewegung zu unterscheiden. Ein gutes Fernglas oder ein Spektiv sind unerlässlich, vor allem für Wale, die sich meist von der unmittelbaren Küste fernhalten.

Verantwortungsvoller Tourismus

Verantwortungsvoller und nachhaltiger Tourismus beginnt schon, bevor man einen Fuß vor die Tür setzt. In Zeiten des Klimawandels und des sich beschleunigenden Verlusts der biologischen Vielfalt könnte man jede Urlaubsreise als unnötig deklarieren. Leider ist das nicht ganz so einfach. Viele Länder, darunter auch Irland, sind vom Tourismus abhängig, und ohne Besucher aus der ganzen Welt würde die Wirtschaft dieser Länder zusammenbrechen. Dadurch würden die Naturschätze des Landes ihren wirtschaftlichen Wert und folglich leider auch einen wichtigen Anreiz, diese zu schützen, verlieren.

Kleine Verhaltensänderungen jedes einzelnen Reisenden können sich im Großen positiv auswirken, z. B.: die Anzahl der jährlich besuchten Ziele einschränken, Flugreisen vermeiden oder zumindest Fluggesellschaften wählen, die ihre Kohlendioxidemissionen ausgleichen (auch wenn diese *Greenwashing*-Praxis von vielen angezweifelt wird), im Zielland so umweltfreundlich wie möglich reisen (Irland ist leider eines der Länder, in denen das schwierig ist), versuchen, Plastikflaschen und andere abgepackte Lebensmittel zu vermeiden und natürlich dem Motto *Leave only Footprints, take only memories* („Hinterlasse nur Fußabdrücke und nimm nur Erinnerungen mit“) folgen.

Wenn Sie ein Natur- oder Wildnisgebiet besuchen, ist es eine Selbstverständlichkeit, sich verantwortungsvoll zu verhalten und weder die Vegetation noch ruhende oder brütende Tiere zu stören. Leider sind manche Besucher, insbesondere Fotografen, manchmal etwas übereifrig und „vergessen“ das Wohlergehen der Flora und Fauna, um das Foto“ oder einen näheren Blick zu erhaschen.

Die allgemeine Regel für die Beobachtung von Tieren lautet: Halten Sie einen respektvollen Abstand und erlauben Sie dem Tier, zu Ihnen kommen. Bei Wildblumen gilt: Anschauen, aber nicht anfassen, und respektieren Sie auch alle anderen Pflanzen, die um das Objekt Ihres Interesses herum wachsen. Das Entfernen von Pflanzen in Nationalparks und Naturschutzgebieten ist eine Straftat, und auch in Gebieten ohne besonderen Schutz sollte man nicht „gärtnern", um eine besonders schöne Blume besser betrachten zu können, es sei denn, man verfügt über fortgeschrittene botanische Kenntnisse. Sie könnten unwissentlich erheblichen Schaden anrichten: Vor vielen Jahren, als ich einen Fotoworkshop im Burren leitete, bemerkte ich, wie einer meiner Teilnehmer Grashalme entfernte, um einen besseren Blick auf einen Frühlings-Enzian zu erhaschen. Ich konnte ihn gerade noch rechtzeitig aufhalten, bevor er einen Pyramiden-Günsel, eine äußerst seltene und geschützte Blütenpflanze, herausriss.

Vögel

Laut Gesetz ist das Fotografieren von nistenden Vögeln nur mit einer Lizenz des *National Parks and Wildlife Service* erlaubt. In vielen Situationen gibt es jedoch eine gewisse Grauzone, insbesondere wenn es um brütende Seevögel und andere Küstenvögel geht, vor allem auf einigen der beliebten Inseln wie Skellig Michael und Great Saltee.

Die allgemeine Regel lautet: Halten Sie einen Abstand von mindestens 10 Metern zu den Vögeln. Solange der Vogel Sie ignoriert, ist alles in Ordnung. Sobald der Vogel Sie bemerkt und jede Ihrer Bewegungen beobachtet, ist das ein Zeichen, dass Sie sich etwas zurückziehen sollten. Während der Brutzeit ist dies unerlässlich, um den Bruterfolg nicht zu gefährden. Für den Rest des Jahres gehört es zum guten Ton und hilft, den Stresspegel der Vögel niedrig zu halten, damit Sie und andere Vogelfreunde die Vögel auch in Zukunft beobachten können.

Robben und andere Säugetiere

Die meisten Säugetiere bemerken Sie lange, bevor Sie sie sehen, und verschwinden in der Regel, ohne dass Sie sie je zu Gesicht bekommen. Für Robben, die sich am Ufer entspannen, gilt die gleiche Regel wie für Vögel: Halten Sie einen guten Abstand, und wenn das Tier den Kopf hebt und Ihnen mit seinem Blick folgt, ist es Zeit, sich zurückzuziehen.

Sollten Sie auf eine verletzte Robbe oder ein Robbenjungtier stoßen (was im Spätsommer und Herbst sehr wahrscheinlich ist), nähern Sie sich nicht und versuchen Sie nicht zu helfen, sondern wenden Sie sich an Seal Rescue Ireland (**www.sealrescueireland.org**), die über ein Netz geschulter Freiwilliger in ganz Irland verfügt. Meist ist die Mutter in der Nähe und das Jungtier ruht sich nur kurz aus.

Die anderen Säugetiere, denen Sie begegnen können, sind Hirsche: entweder der einheimische Rothirsch oder die eingeführten Sika- und Damhirsche. In den meisten Fällen werden die Tiere verschwunden sein, bevor Sie sie bemerken. In den seltenen Fällen, in denen Sie auf eine Hirschherde stoßen, gilt die gleiche Regel wie zuvor: Halten Sie Abstand, drängen Sie die Tiere nicht versehentlich in die Enge und beobachten

Sie ihr Verhalten. Das ist besonders wichtig während der Brunft im Herbst, wenn die männlichen Tiere hormongesteuert sind und in der Regel alles außer anderen Hirschen und ihren Weibchen ignorieren. Das bedeutet, dass man den Tieren ungewöhnlich nahekommen, aber auch, dass man sich mit einem plötzlich angreifenden Hirsch konfrontiert sehen kann.

Whale Watching

Für Wal- und Delfinbeobachtungstouren wählen Sie bitte nur zertifizierte Anbieter, die die nationalen Richtlinien befolgen:

- Wenn Wale oder Delfine zum ersten Mal auftauchen, sollten die Boote ihren der zeitigen Kurs halten.
- Die Bootsgeschwindigkeit sollte unter 7 Knoten gehalten werden.
- Wale und Delfine dürfen nicht verfolgt werden.
- Delfine nähern sich sehr oft Booten, um auf der Bugwelle zu reiten. Es gilt daher immer: Die Delfine kommen zum Boot, nicht das Boot zu den Delfinen.
- Halten Sie einen Abstand von mindestens 100 m zu Walen ein.
- Halten Sie einen Abstand von 200 m zu anderen Booten in der Nähe ein.
- Versuchen Sie, ihren Kurs parallel zu den Walen oder Delfinen zu halten.
- Treiben Sie keine Wale oder Delfine zwischen Boote.
- Besondere Vorsicht ist geboten, wenn junge Kälber zu sehen sind – stellen Sie sich nicht zwischen die Mutter und ihr Kalb.
- Aufeinanderfolgende Boote müssen denselben Kurs fahren.
- Boote sollten nicht länger als 30 Minuten mit Walen oder Delfinen verweilen.
- Versuchen Sie NICHT, mit den Tieren zu schwimmen.

Wenn Sie auf einen gestrandeten Wal (tot oder lebendig) oder ein Tier, das zu stranden droht, stoßen, wenden Sie sich an die Irish Whale and Dolphin Group (www.iwdg.ie) und befolgen Sie deren Rat. Versuchen Sie nicht, einen Wal oder Delfin selbst zurück ins Meer zu befördern. Die einzige Sofortmaßnahme besteht darin, das Tier mit nassen Handtüchern feucht zu halten, aber darauf zu achten, dass das Blasloch nicht abgedeckt wird, und zu warten, bis geschulte Mitglieder der IWDG vor Ort eintreffen.

In Irland gibt es auch ein paar Einzelgänger unter den Großen Tümmlern, die gelegentlich den Kontakt zu Menschen suchen. Der berühmteste ist, oder besser gesagt, war Fungie, der fast 40 Jahre lang im Hafen von Dingle lebte, aber 2020 verschwand. Es wird nicht empfohlen, mit diesen Delfinen zu schwimmen, es sei denn, man hat Erfahrung und weiß, wie man das Verhalten der Tiere zu deuten hat.

Vorschläge für Touren

Sollten Sie Ihre Reiseroute durch Irland nach Ihren eigenen speziellen Interessen planen wollen – ein Vogelliebhaber wird andere Ziele aufsuchen als ein Botaniker oder Walbeobachter – so schlagen wir Ihnen hier einige spezialisierte Reiserouten durch Irland vor.

Irland für Vogelbeobachter

Irland bietet eine Vielzahl von Möglichkeiten für Vogelbeobachter. Im Sommer sind die beeindruckendsten Vogelansammlungen die brütenden Seevögel. Im Winter treffen sich Wasservögel und Watvögel zu Hunderten und Tausenden in Flussmündungen und an großen Seen. Raritäten sind vor allem während des Herbstzuges anzutreffen, der von jeder Landzunge entlang der West- und Südwestküste aus beobachtet werden kann.

Sommer-Route: Eine Reise von der Südküste, die auf der Great Saltee beginnt und dann der Küstenlinie erst nach Westen und schließlich nach Norden folgt, passiert alle wichtigen Brutkolonien, wobei die letzte Station die Kolonie auf Rathlin Island in Nordirland ist. Da sich viele Kolonien auf Inseln befinden, sollten Sie genug Zeit einplanen. Die wichtigsten Arten, die Sie antreffen werden, sind Eissturmvogel, Dreizehenmöwe, Tordalk, Trottellumme, Papageitaucher und Atlantiksturmtaucher sowie die ansässigen Möwen, Kormoran, Krähenscharbe und Alpenkrähe. An einigen Stellen können auch Singvögel, Krähenvögel und andere Arten beobachtet werden.

Hauptkolonien:

- Great Saltee, Grafschaft Wexford (Bootsfahrt zur Insel – Tagesausflug): Atlantik sturmtaucher, Basstölpel, Eissturmvogel, Dreizehenmöwe, Papageitaucher, Tordalk, Trottellumme.
- Lady's Island, Grafschaft Wexford: Rosenseeschwalbe (zweitgrößte Kolonie in Europa) und Brandseeschwalbe.
- Cape Clear, Grafschaft Cork (Bootsfahrt zur Insel – Übernachtung empfohlen): Trottellumme, Gryllteiste, Tordalk, Felsentaube, Sperber, Wanderfalke, Turmfalke, Alpenkrähe, Kolkrabe, verschiedene Singvögel. Eine der besten Lokalitäten für seltene Zugvögel und Sturmtaucherarten
- Die Skelligs (Bootsfahrt zur Insel – Tagesausflug): größte irische Basstölpel-Kolonie auf Little Skellig (nur vom Boot aus zu sehen), Papageitaucher, Tordalk, Trottellumme, Dreizehenmöwe und Eissturmvogel auf Skellig Michael.
- Loop Head, Grafschaft Clare: Eissturmvogel, Dreizehenmöwe, Tordalk, Trottellumme, Felsentaube, Alpenkrähe, Kolkrabe, Bluthänfling, Steinschmätzer, Strand- und Wiesenpieper.
- Cliffs of Moher, Grafschaft Clare: Eissturmvogel, Dreizehenmöwe, Tordalk, Trottellumme, Papageitaucher.
- Clare Island, Grafschaft Mayo (Bootsfahrt zur Insel – Übernachtung empfohlen): Eissturmvogel, Dreizehenmöwe, Trottellumme, Tordalk, Alpenkrähe (zahlreich), Strand- und Wiesenpieper, Zaunkönig, Steinschmätzer, Feldlerche.
- Horn Head, Grafschaft Donegal: Eissturmvogel, Dreizehenmöwe, Trottellumme, Tordalk, Papageitaucher, Gryllteiste.
- Tory Island, Grafschaft Donegal (Bootsfahrt zur Insel – Übernachtung empfohlen): Tordalk, Trottellumme, Papageitaucher, Eissturmvogel, Küsten- und Flussseeschwalbe, Eiderente, Wachtelkönig.
- Rathlin Island, Grafschaft Antrim (Bootsfahrt zur Insel – Tagesausflug oder Über-

nachtung): Eissturmvogel, Trottellumme, Tordalk, Papageitaucher, Dreizehenmöwe, Atlantiksturmtaucher, Basstölpel, Gryllteiste, Mäusebussard, Wanderfalke, Turmfalke, Zwergtaucher, Brandgans, Braunkehlchen, Schilfrohrsänger, Berghänfling.

Andere bemerkenswerte Sommervögel:
- Goldammer, Rebhuhn und Moorschneehuhn: Lough Boora Parklands, Grafschaft Offaly
- Ringdrossel: Wicklow Mountains Nationalpark, Grafschaft Wicklow
- Seeadler: Mountshannon, Lough Derg, Grafschaft Clare
- Eisvogel und Wasseramsel: Flüsse und Kanäle, hauptsächlich in den Midlands und im Osten des Landes.

Winterroute

Um überwinternde Wat- und Wasservögel zu beobachten, können Sie einer ähnlichen Route folgen, die an den Wexford Slobs im Südosten beginnt und sich dann im Uhrzeigersinn um Irland herum entlang der Flussmündungen und Meeresarme bewegt. Darüber hinaus können Sie auch einige der größeren Seen in Küstennähe besuchen, die ebenfalls überwinternde Vögel anziehen. Die häufigsten sind Austernfischer, Rotschenkel, Grünschenkel, Kiebitz, Sandregenpfeifer und Großer Brachvogel, die an fast jedem der aufgeführten Orte auftauchen.

Empfohlene Lokalitäten:
- Wexford Slobs, Grafschaft Wexford: größte Ansammlung von Grönländischen Blässgänsen und anderen Wat- und Wasservögeln.
- Hafen von Cork, Grafschaft Cork: hauptsächlich Watvögel, darunter Flussuferläufer, Sichelstrandläufer, Goldregenpfeifer und Uferschnepfe; Haubentaucher; Eismöwe, Polarmöwe und Ringschnabelmöwe.
- Cape Clear, Grafschaft Cork (Bootsfahrt zur Insel – Übernachtung empfohlen): Zugvögel im Herbst; im Winter Stern- und Eistaucher, Skua, Krabbentaucher, Rotdrossel, Wacholderdrossel.
- Dursey Island, Grafschaft Cork (Seilbahn zur Insel – Tagesausflug): Die Insel ist bekannt für seltene Singvögel: Karmingimpel, Klappergrasmücke und Orpheus spötter sind regelmäßig anzutreffen, seltenere Arten sind Pieperwaldsänger und Doppelschnepfe; im Sommer fischen Basstölpel, die in der Nähe auf dem Bull Rock brüten, in der Gegend.
- Tralee Bay, Grafschaft Kerry: eine Vielzahl von Wat- und Wasservögeln, darunter Ringelgans, Singschwan, Rotschenkel, Grünschenkel, Kampfläufer, Alpenstrandläufer und Sanderling; Eis- und Sterntaucher; Polar- und Eismöwe.
- Shannon Mündung, Grafschaft Clare: ähnlich der Tralee Bay – große Vielfalt an Wat- und Wasservögeln, darunter Ringelgans, Krickente, Rotschenkel, Grünschenkel, Alpenstrandläufer und Sanderling; Sterntaucher.
- Galway Bay, Grafschaft Galway: Sandregenpfeifer, Goldregenpfeifer und Kiebitzregenpfeifer; Alpenstrandläufer, Bekassine, Steinwälzer und andere Watvögel;

Haubentaucher; Ringelgans, Brandgans, Pfeifente, Krickente und andere Wasservögel.

- Lough Corrib, Grafschaft Galway: Haubentaucher, Pfeifente, Krickente, Löffelente, Tafelente, Kiebitz, Bekassine, Großer Brachvogel.
- Killala Bay, Grafschaft Mayo: Rotschenkel, Grünschenkel, Gold- und Kiebitzregenpfeifer, Knutt, Alpenstrandläufer, Stern- und Eistaucher, Mittelsäger, Reiherente, Pfeifente, Krickente, Ringelgans.
- Cummeen Strand und Lisadell, Grafschaft Sligo: Ringelgans, Brandgans, Pfeifente, Krickente, Mittelsäger, Eismöwe und Polarmöwe.
- Lough Swilly, Grafschaft Donegal: Sterntaucher, Singschwan, Zwergschwan, Graugans, Grönländische Blässgans; Pfeifente, Krickente, Spießente, Schellente und andere Enten; Zwergstrandläufer, Kampfläufer und Steinwälzer.
- Lough Foyle, Grafschaft Derry: Ähnlich wie Lough Swilly, aber außerdem Haubentaucher und Ohrentaucher; Merlin, Sperber, Turmfalke und Wanderfalke; Knutt und Sanderling; Schneeammer, Berghänfling und Grünling.
- Belfast Lough, Belfast: Enten, Taucher und Watvögel.
- Strangford Lough, Grafschaft Down: Singschwan, Ringelgans; verschiedene Enten und Watvögel, darunter Uferschnepfe und Pfuhlschnepfe, Zwergschnepfe, Bekassine, Alpenstrandläufer und Knutt.
- Dundalk Bay, Grafschaft Louth: eine Vielzahl von Watvögeln, Enten, Gänsen und Tauchern.
- Bull Island, Dublin: ähnlich wie Dundalk Bay, aber außerdem Schwarzkopfmöwe, Polarmöwe und Eismöwe; Rosenseeschwalbe und Trauerseeschwalbe können gelegentlich gesehen werden.
- Kilcoole, Grafschaft Wicklow: Singschwan, Zwergschwan, Graugans, Pfeifente, Krickente und Zwergmöwe

Irland für Geologen

Kalkstein bildet einen Großteil des irischen Grundgesteins. Es ist daher keine Überraschung, dass viele geologisch interessantesten Stätten aus diesem Sedimentgestein bestehen.

Der Burren in der Grafschaft Clare ist eine Kalkstein-Karstlandschaft, die weiter nördlich in der Grafschaft Cavan ein kleines Geschwisterchen, den Cavan-Burren, hat. Beide Gebiete haben den Status eines UNESCO Global Geoparks und bieten Fossilien von Meerestieren, Höhlen, Findlinge, Klippen und andere spezielle Merkmale von Karstgebieten (siehe Route 13).

Irlands dritter UNESCO-Geopark befindet sich an der Südküste in der Grafschaft Waterford. Die Copper Coast ist nach den Kupferminen aus dem 19. Jahrhundert benannt und bietet eine Reihe interessanter Felsformationen aus Kalkstein, kalkhaltigen Lehm- und Schluffstein, schwarzen Schiefer mit hellen Rhyolith- und Andesit-Intrusionen. An einigen Stellen im Geopark finden sich auch Trilobiten Fossilien. Die Küstenlinie selbst besteht aus malerischen Klippen, Buchten und Felsnadeln.

Ebenfalls bekannt für ihre Geologie ist die Küste der Grafschaft Antrim, die Gesteine

aus verschiedenen Epochen bietet, darunter Kalkstein und Kreide, Sandstein und Basalt. Letzteres gibt es in Irland nur in der Grafschaft Antrim und zeigt sich am besten am Giant's Causeway, einem UNESCO-Weltkulturerbe (siehe Route 21).
Ein weniger bekannter Ort ist die Halbinsel Loop Head in der Grafschaft Clare. Die Klippen und Felsküsten bestehen aus Schiefer und Sandstein und zeigen Sandvulkane, Felsbögen und Felsnadeln (siehe Route 12).
www.burrengeopark.ie
www.cavanburrenpark.ie
www.coppercoastgeopark.com

Irland für Botaniker

Für die meisten Besucher, die zum ersten Mal nach Irland kommen, ist die reiche Flora des Landes eine unerwartete Überraschung. Die Küste allein weist eine große Vielfalt an Wildblumen in verschiedenen Lebensräumen auf, die von Felsküsten und Klippen (Gewöhnliche Grasnelke, Echtes Löffelkraut, Klippen-Leimkraut, usw.) über Dünen (Hundswurz, Sand-Stiefmütterchen, Stranddistel, usw.) bis hin zu Salzwiesen und Schlickflächen (Queller, Schuppenmiere, Strandflieder, usw.) reichen.
Der Südwesten Irlands, insbesondere das Gebiet um Glengarriff und der Killarney Nationalpark, beherbergen die letzten verbliebenen einheimischen Wälder Irlands, die manchmal auch als Atlantische Regenwälder oder Keltische Regenwälder bezeichnet werden und eine reiche Vielfalt an Moosen und Flechten aufweisen und eine Hochburg der lusitanischen Flora in Irland sind. Diese Wälder beherbergen auch seltene Farne wie Wilson's Hautfarn, Englischen Hautfarn und den Prächtigen Dünnfarm. Einer der Höhepunkte ist der Reenadinna Wood, einer der letzten Eibenwälder in Europa (siehe Route 9).
Irlands berühmtestes Ziel für Botaniker ist jedoch der Burren, eine Kalkstein-Karstlandschaft in der Grafschaft Clare. Das Gebiet ist bekannt für seine ungewöhnliche Mischung von Wildblumen. Alpine, arktische und mediterrane Pflanzen wachsen hier Seite an Seite und in (für sie) ungewöhnlichen Lebensräumen. Das klassische Dreigestirn sind der Frühlings-Enzian, die Silberwurz und das Männliche Knabenkraut, die vom Meeresspiegel bis zu den Berggipfeln nebeneinander wachsen (siehe Seite 104). Der Burren ist auch für seine große Vielfalt an Orchideen bekannt, darunter die Gefleckte Waldwurz, Fliegen- und Bienen-Ragwurz, Weiße Waldhyazinthe und Berg-Waldhyazinthe und die Herbst-Drehwurz. Das Naturreservat Lough Beg in Nordirland ist der Hauptstandort der seltenen Irischen Drehwurz (Route 20).
Ein weniger bekannter Standort für Wildblumen sind die Shannon Callows, eines der letzten natürlichen Überschwemmungsgebiete Europas, wo traditionelle landwirtschaftliche Methoden artenreiche Heuwiesen erhalten haben (siehe Seite 40 und Route 3).
Gute Orte zur Erkundung der atlantischen Deckenmoorflora sind der Wild Nephin Nationalpark in der Grafschaft Mayo (Route 18) und Roundstone Bog in Connemara (Route 16). Letzteres beherbergt auch einige Exemplare der seltenen Irischen Heide.

Irland für Walbeobachter

Der Südwesten und Westen Irlands ist einer der besten Orte Europas für die Beobachtung von Walen und Delfinen. Über 25 Wal- und Delfinarten wurden in irischen Gewässern nachgewiesen. Die häufigsten sind Gemeiner Delfin, Großer Tümmler, Schweinswal, Zwergwal, Buckelwal und Finnwal, aber auch andere Arten wie Blauwal, Schwertwal, Rundkopfdelfin wurden gesichtet.
Bootstouren starten von einer Reihe von Orten im Südwesten (siehe Seite 187 und225), aber mit etwas Glück kann man Wale und Delfine auch von einer der vielen Landzungen entlang der irischen Küste aus beobachten. Weitere Informationen über Wale und Delfine in Irland und darüber, wo und wann man nach ihnen Ausschau halten kann, finden Sie auf der Website der Irish Whale and Dolphin Group: **www.iwdg.ie**.
Orte für die Walbeobachtung an Land: **www.iwdg.ie/where-and-how-to-do-a-watch/**
Walbeobachtung vom Boot aus: **www.marinetours.ie**; **www.whalewatchwestcork.com**; **www.corkwhalewatch.com**; **www.atlanticwhaleandwildlifetours.com**

Weitere Informationen

Literaturvorschläge

Alle im Folgenden empfohlenen Bücher und Webseiten sind in Englisch, vergleichbare Bücher und Webseiten in deutscher Sprache gibt es leider nicht.
Flora und Fauna allgemein
Paul Sterry's *Complete Irish Wildlife* (Collins, ISBN: 0007349513)) ist ein guter Einstiegsführer, der die wichtigsten Tier- und Pflanzenarten Irlands abdeckt. Für die Erkundung der Küste empfiehlt sich *Ireland's Seashore* von Lucy Taylor & Emma Nickelsen (Gill Books, ISBN: 9781848893412). Es ist ein einfacher, aber praktischer Bestimmungsführer für Flora und Fauna der Meeresküste.
Flora Das beste Handbuch zur Pflanzenbestimmung in Irland ist *The Wildflowers of Ireland* von Zoe Devlin (Gill Books, ISBN: 9780717191871). Der klassische Bestimmungsführer für die Karstflora des Burren ist *The Wild Plants of the Burren and Aran Islands* von Charles Nelson (Gill Books, ISBN: 9781848892668).
Leider vergriffen ist Declan Doogue's *The Wildflowers of Ireland*, eine Naturgeschichte der irischen Wildblumen mit einer kleinen Geschichte der Botanik in Irland.
Im Internet gibt es mit **www.irishwildflowers.ie** und **www.wildflowersofireland.net** zwei Online-Führer zu Irlands Wildblumen. Letzterer wird von Zoe Devlin, der Autorin von *The Wildflowers of Ireland*, betrieben.
Vögel Birdwatch Ireland ist der irische Partner von Birdlife International, und ihre Website **www.birdwatchireland.ie** bietet reichlich Informationen.
Leider vergriffen ist Eric Dempsey: *The Complete Guide to Ireland's Birds*, der beste Bestimmungsführer für Vögel in Irland.
Säugetiere **www.iwdg.ie** ist die Webseite der Irish Whale and Dolphin Group, die unter anderem einen umfangreichen Führer zu Irlands Walen und Delfinen bietet:
https://iwdg.ie/product/a-guide-to-the-identification-of-the-whales-and-dolphin-of-ireland/

Naturgeschichte und Geologie

Michael Viney ist der Autor von *Ireland*, eine informative, umfassende und unterhaltsame Naturgeschichte Irlands, ideal, wenn Sie sich mit der irischen Naturgeschichte im Detail beschäftigen wollen.
Ein etwas aufwühlender Überblick über den Zustand der irischen Natur und Tierwelt im 21. Jahrhundert ist *Whittled Away* von Padraic Fogarty (Gill Books, ISBN: 9781848893108).
Ein praktischer Leitfaden und eine Einführung in die Geologie Irlands ist *Geology of Ireland* (verschiedene Autoren; Gill Books, ISBN: 9781848891661).
Zwei gute Bücher über die Naturgeschichte von zwei der berühmtesten Naturgebiete Irlands sind leider vergriffen: Gordon D'Arcy *The Natural History of the Burren* und Tony Whilde T*he Natural History of Connemara.*

Wanderführer

Es gibt zu viele Wanderführer für Irland, um einen bestimmten zu empfehlen. Es gibt allerdings eine Reihe von Quellen im Internet, mit denen Sie Ihre Plannung beginnen können: **www.trails.ie** ist eine gute Quelle für Spaziergänge und Wanderungen in Irland; **www.mountaineeringireland.ie** ist die Website des nationalen Dachverbands für Bergsteigen und Bergwandern und **www.adrianhendroff.com** ist die Webseite von Adrian Hendroff, einem der erfahrensten Bergsteiger Irlands und Autor mehrerer Wanderführer für Irland.

Weitere interessante Webseiten:
www.iwt.ie: Webseite des Irish Wildlife Trust
www.ipcc.ie: Webssite des Irish Peatland Conservation Council
www.irelandswildlife.com: Webseite von Calvin Jones, Naturliebhaber und Autor
www.npws.ie: Webseite des National Parks and Wildlife Service
www.burrenbeo.com: Webseite des Burrenbeo Trust
www.museum.ie: Ein Führer durch Irlands Nationalmuseum
www.discoverireland.ie: Eine gute Webseite, um einen Urlaub in Irland zu planen

Karten

Die besten Karten sind die Ordnance Survey Discovery Maps (1:50.000). Für Irland sind 75 und für Nordirland 18 Karten erhältlich (**www.osi.ie**). Eine Alternative zu den Papierkarten ist Outdoor Active (**www.outdooractive.com**), das alle OS-Karten in einem digitalen Format anbietet.

DANKSAGUNG

Einen Crossbill Guide zu schreiben, ist keine leichte Aufgabe, und obwohl ich für alle Texte und Bilder verantwortlich bin, wäre dieses Buch ohne die direkte oder indirekte Hilfe einer ganz besonderen Gruppe von Menschen nicht möglich gewesen.
In Irland möchte ich mich bei Pádraic Fogarty vom Irish Wildlife Trust für seine andauernde Hilfe und Unterstützung bedanken; ebenso bei Stephen Newton und Brian Caffrey von Birdwatch Ireland für ihr immer offenes Ohr; bei Richard Duff von Irish Photography Hides für seine Unterstützung und dafür, dass er einige anständige Bilder des Baummarders möglich gemacht hat, und bei Simon Berrow von der Irish Whale and Dolphin Group dafür, dass er mir vor etwa 25 Jahren einen ersten Einblick in die irische Naturgeschichte gegeben hat und seitdem sein unerschöpfliches Wissen mit mir teilt.
Ein großes Dankeschön geht auch an die Naturexperten in meiner Nachbarschaft, mit denen ich in den letzten Jahren zusammenarbeiten durfte: Trea und Kevin Heapes, Robert Brown, Laura J. Foley, Dixie Collins, John Glynn und Nick Larter.
Ein ganz besonderes Dankeschön geht an Geoff und Sue und Magee für viele unvergessliche Trips zu den Shannon Dolphins.
Mein Dank gilt auch Brian und das Team von Bermingham Cameras in Dublin.
Auch wenn mein Name als Hauptautor gelistet ist, so ist ein Crossbill Guide immer ein Gemeinschaftswerk, und das trifft in diesem Fall ganz besonders zu. In erster Linie möchte ich Dirk Hilbers für zwei Jahre harter, aber angenehmer Arbeit an diesem Projekt danken. Ein Dankeschön geht auch an den Rest des Crossbill-Teams: Kim Lotterman, Horst Wolter, Oscar Lourens, John Cantelo und Alex Tabak.
Ein weiteres besonderes Dankeschön geht an Sean McKay für das Korrekturlesen und Tipps und Ratschläge während dieses Projekts.

Carsten Krieger, February 2022

BILDNACHWEIS

Alle Fotos © Carsten Krieger, außer:
Crossbill Guides / Hilbers, Dirk: Buchrücken, 5 (2. von oben), 101, 122, 126 (unten), 159 (oben und unten), 213 (rechts), 220 (oben)
Crossbill Guides / Vliegenthart, Albert: 126 (oben)
Dekker, Hans: 110 (oben)

Illustrationen
Illustrationen auf Seite 79 von Crossbill Guides / Wolter, Horst

Irlands Vögeln und Fundorte

Die Nummern in der folgenden Liste beziehen sich auf die Routen in diesem Reiseführer.

Eistaucher	(Winter, selten, 1, 3, 4)
Sterntaucher	(Winter, selten, 20, 23)
Ohrentaucher	(Winter, selten, 4, 11, 23)
Basstölpel	(brütend, lokal häufig, 5,10, 22)
Eissturmvogel	(brütend, örtlich häufig, 5, 10, 12, 22)
Großer Sturmtaucher	(Durchzug, selten, 11, 12, 18)
Dunkler Sturmtaucher	(Durchzug, selten, 11, 12, 18)
Atlantik-Sturmtaucher	(brütend, selten, 5, 10)
Sturmschwalbe	(brütend, lokal und selten, Skerries, 11, 18)
Schmarotzerraubmöwe	(Durchzug, selten, 11, 12, 18,22)
Spatelraubmöwe	(Durchzug, selten, 11, 12, 18,22)
Skua	(Winter, selten; Brut, selten, 11, 12, 18, 22)
Eismöwe	(Winter, selten, 11, 12, 18)
Polarmöwe	(Winter, selten, 11, 12, 18)
Schwarzkopfmöwe	(Winter, selten, 4 und Ostküste, brütend, selten auf Our Lady's Island)
Zwergmöwe	(Winter, selten, 11, Ostküste Standorte)
Dreizehenmöwe	(brütend, lokal häufig, 5, 10, 12, 22)
Trauerseeschwalbe	(Durchzug, selten, 18)
Küstenseeschwalbe	(brütend, lokal und selten, 16, 18, Our Lady's Island)
Rosenseeschwalbe	(brütend, lokal und selten, OurLady'sIsland,Skerries)
Brandseeschwalbe	(brütend, örtlich häufig, 23, Our Lady's island)
Zwergseeschwalbe	(brütend, örtlich häufig, Our Lady's Island)
Trottellumme	(brütend, örtlich häufig, 5, 10, 12, 22)
Tordalk	(brütend, örtlich häufig, 5, 10, 12, 22)
Gryllteiste	(brütend, lokal und selten, 6, 22, 23)
Papageientaucher	(brütend, örtlich häufig, 5, 10, Cliffs of Moher)
Kraehenscharbe	(brütend, häufig, 5, 6, 10, 12, 18, 22)
Seidenreiher	(brütend, häufig, 4, 11, 12, 18, 20, 23)
Austernfischer	(brütend, lokal häufig, 4, 11, 12, 18, 20, 23)
Sandregenpfeifer	(brütend, örtlich häufig, 11, 12, 18, 20, 23)
Kiebitz	(ganzjährig, relativ häufig, 2 & 3 (brütend & überwinternd); 2, 3, 4, 11, 12, 18, 20, 23 (überwinternd)
Goldregenpfeifer	(brütend, lokal, selten, 16, 18, 19)
Kiebitzregenpfeifer	(Winter, lokal, 4, Ostküste Standorte)
Kampfläufer	(Durchzug und Winter, lokal, selten, 23, Standorte an der Ostküste)
Graubruststrandläufer	(Durchzug, selten, 11, 12)
Zwergstrandläufer	(Durchzug, selten, 11, 12, 20, 23)
Sichelstrandläufer	(Durchzug und Winter, lokal, selten, 11, 23)
Knutt	(Winter, lokal häufig, 11, 12, 20, 23, Standorte an der Ostküste)
Meerstrandläufer	(Winter, örtlich häufig, 11, 18, 23, Standorte an der Ostküste)
Regenbrachvogel	(Durchzug, 4, 11, 12, 15, 18, 20, 23)
Pfuhlschnepfe	(Winter, häufig, 4, 6, 11, 12, 23)
Uferschnepfe	(Winter, häufig, 4, 6, 11, 12, 23)
Zwergschnepfe	(Winter, selten, 4, 11, 23)
Thorshühnchen	(Durchzug, häufig, 11, 12, 18, 20)
Zwergschwan	(Winter, lokal häufig, 4, 20, 23)
Singschwan	(Winter, örtlich häufig, 4, 11, 20, 23)
Ringelgans	(Winter, örtlich häufig, 4, 11, 12, 18, 20, 23)
Weisswangengans	(Winter, örtlich häufig, 4, 11, 12, 18, 20, 23)

Grönlaendische Blässgans	(Winter, örtlich häufig, 4, 12, 18, 23)
Kurzschnabelgans	(Winter, selten, 4)
Schellente	(Winter, häufig, 4, 6, 11, 18, 20, 23)
Bergente	(Winter, häufig, 4, 6, 11, 18, 20, 23)
Spießente	(Winter, selten, 4, 6, 11, 23)
Trauerente	(Winter, häufig, 4, 11, 18)
Samtente	(Winter, selten, 4, 11, 18, 23, Standorte an der Ostküste)
Eiderente	(resident, häufig an Nordküste, 20, 21, 23)
Eisente	(Winter, selten, 4, 11, 23, Standorte an der Ostküste)
Mittelsäger	(ansässig, häufig, 4, 11, 18, 20, 23)
Wasserralle	(ansässig und im Winter, häufig, 2, 3, 11, 19)
Kornweihe	(ansässig, selten, 1, 2, 3, 20)
Steinadler	(ortsansässig – wiederange-siedelt, selten, 19)
Seeadler	(ansässig – wiederangesie-delt, selten, 8, Mountshannon/Lough Derg)
Merlin	(ansässig, selten, 1, 7, 8)
Wanderfalke	(ortsansässig, lokal häufig, 1,4, 7, 8, 21, 23)
Schleiereule	(ansässig, selten, 2, 3, 8, 21, 23)
Waldohreule	(ansässig, selten, 1, 4, 9)
Sumpfohreule	(Winter und Durchzug, selten, 4, 6)
Moorschneehuhn	(ansässig, selten, 1, 2, 3, 8)
Rebhuhn	(ansässig, selten, 2)
Wachtel	(Sommer und Durchzug, selten,4, 6)
Wachtelkönig	(Sommer, selten, 18)
Felsentaube	(ansässig, selten, 11, 12)
Turteltaube	(Durchzug, selten, 4, 6)
Kolkrabe	(ansässig, häufig, 1, 4, 6, 11, 12, 16, 17, 19)
Alpenkrähe	(ansässig, örtlich häufig, 11, 12, 15, 16,)
Eisvogel	(ansässig, örtlich häufig, 3, 4, 8, 9)
Strandpieper	(ansässig, häufig, 4, 6, 11,12, 15, 18, 20, 21)
Gebirgsstelze	(ansässig, häufig, 1, 7, 8, 9, 16, 19, 21)
Trauerbachstelze	(ansässig, häufig, alle Strecken)
Hausrotschwanz	(Durchzügler, selten, 4, 6, Ost Küstenstandorte)
Gartenrotschwanz	(Durchzug, selten, 4, 6)
Braunkehlchen	(Durchzug und Sommer, 2, 3, 4, 6, 18)
Schwarzkehlchen	(ansässig, häufig, alle Strecken)
Steinschmätzer	(Sommer, häufig, 1, 4, 6, 11, 12, 13, 14, 15, 16, 17, 18, 19, 21, 23)
Ringdrossel	(ansässig, selten, 1)
Wacholderdrossel	(Winter, häufig, 2, 3, 4, 8, 9, 13, 16, 21, 23)
Rotdrossel	(Winter, häufig, 2, 3, 4, 8, 9, 13, 16, 21, 23)
Wasseramsel	(ansässig, selten, 1, 9, 17)
Feldschwirl	(Sommer, häufig, 2, 3, 4, 11, 13, 18)
Waldlaubsänger	(Durchzug und Sommer, selten, 1)
Gelbbrauen-Laubsänger	(Durchzug, selten, 4, 6)
Grauschnäpper	(Sommer, häufig, 2, 3, 4, 6, 8, 9, 13, 21)
Baumläufer	(ansässig, lokal häufig, 1, 4, 7, 8, 9, 19)
Zeisig	(ansässig, örtlich häufig, 7, 8, 9, 16, 18, 21)
Berghänfling	(ansässig, selten, 11, 16, 20)
Alpen-Birkenzeisig	(gebietsansässig, örtlich häufig, 11, 16, 18, 19, 20)
Gimpel	(gebietsansässig, örtlich häufig, 1, 4, 7, 8, 9)
Feldsperling	(gebietsansässig, selten, 4, 15, 23)
Goldammer	(gebietsansässig, selten, 2, 3,Irish Photography Hides)
Schneeammer	(Durchzug und Winter, selten, 4,11, 20)